知识产权
基层培训难点问题研究

骆庆国 ◎ 著

首都经济贸易大学出版社
Capital University of Economics and Business Press
·北京·

图书在版编目（CIP）数据

知识产权基层培训难点问题研究 / 骆庆国著.
北京 : 首都经济贸易大学出版社, 2025. 6. -- ISBN 978-7-5638-3884-4
Ⅰ. D923.404
中国国家版本馆CIP数据核字第2025PC0062号

知识产权基层培训难点问题研究
ZHISHI CHANQUAN JICENG PEIXUN NANDIAN WENTI YANJIU
骆庆国　著

责任编辑	胡　兰
封面设计	砚祥志远·激光照排　TEL: 010-65976003
出版发行	首都经济贸易大学出版社
地　　址	北京市朝阳区红庙（邮编100026）
电　　话	(010)65976483　65065761　65071505(传真)
网　　址	https://sjmcb.cueb.edu.cn
经　　销	全国新华书店
照　　排	北京砚祥志远激光照排技术有限公司
印　　刷	北京九州迅驰传媒文化有限公司
成品尺寸	170毫米×240毫米　1/16
字　　数	219千字
印　　张	19.5
版　　次	2025年6月第1版
印　　次	2025年6月第1次印刷
书　　号	ISBN 978-7-5638-3884-4
定　　价	96.00元

图书印装若有质量问题,本社负责调换
版权所有　侵权必究

前　言

党的二十大报告在第四部分关于"加快构建新发展格局，着力推动高质量发展"中强调指出，要"完善产权保护、市场准入、公平竞争、社会信用等市场经济基础制度，优化营商环境"，把完善产权保护放在优化营商环境的首要位置。党的二十大报告第五部分"完善科技创新体系"更是明确指出要"加强知识产权法治保障，形成支持全面创新的基础制度"。事实上，自党的十八大以来，加强知识产权保护，完善知识产权法治保障一直是党中央重点关注的领域。2018年4月3日，国家主席习近平在出席博鳌亚洲论坛2018年年会开幕式上发表的主旨演讲中强调指出，要"加强知识产权保护，这是完善产权保护制度最重要的内容，也是提高中国经济竞争力最大的激励"。2020年11月30日下午，中共中央政治局就加强我国知识产权保护工作举行了第二十五次集体学习，习近平总书记在最后的发言中提出了几个非常重要的观点，指出创新是引领发展的第一动力，保护知识产权就是保护创新；知识产权保护工作关系国家治理体系和治理能力现代化，关系高质量发展，关系人民生活幸福，关系国家对外开放大局，关系国家安全。2021年《求是》第3期发

表了习近平总书记的署名文章《全面加强知识产权保护工作，激发创新活力推动构建新发展格局》，文章明确指出"提高知识产权保护工作法治化水平"是"推动构建新发展格局"的工作任务之一。

党的二十届三中全会从完善产权制度的角度重申要依法平等长久保护各种所有制经济产权，建立高效的知识产权综合管理体制；从加强知识产权保护的角度强调要从国家战略高度和新发展阶段要求出发，全面加强知识产权保护工作，促进建设现代化经济体系。为此，要建立实施专利开放许可制度，支持建设知识产权运营服务体系，促进创新要素有序流动、有效对接；建立知识产权支撑关键核心技术攻关机制，推进专利链与创新链、产业链、资金链、人才链深度融合。

通过对党的二十大、党的二十届三中全会和习近平总书记关于知识产权方面的一系列重要论述的认真学习和领悟，我们可以将它们的核心要义和思想精华概括为以下三方面内容：全面建成社会主义现代化强国、实现第二个百年奋斗目标，以中国式现代化全面推进中华民族伟大复兴是我们工作的中心；创新驱动高质量发展是我们工作的核心；提高知识产权保护工作法治化水平是我们应该要有的决心。

在当前全国上下高度重视知识产权开发、利用和保护的大背景下，基层知识产权领域的宣传和培训工作得到了地方政府及有关部门的高度重视，并将知识产权开发、利用和保护工作提高到了前所未有的战略高度。但是，必须承认的是，由于一段时间以来我们缺乏知识产权的保护意识，对知识产权的重要性，特别是对知识产权背后的一系列法律规则和制度缺乏应有的认知。因此，加大知识产权领域的法律规则和有关制度的宣传和培训是十分必要的。基于此目的,推出本书,不仅为基层知识产权法的宣传和培训提供可供参考的资料,更重要的是其表现出来的针对性对基层群众破解知识产权法中的难点问题具有对症下药的功效。

目 录

第一篇 著作权法

篇首语 ……………………………………………………… 3

第一章 关于著作权主体的讨论 …………………………… 5
　一、著作权的原始主体：作者 …………………………… 5
　二、著作权主体的迁移：作者+民事主体 ……………… 9
　三、著作权主体的延伸：人工智能 ……………………… 10

第二章 关于著作权客体的讨论 …………………………… 14
　一、关于著作权客体的两个难点 ………………………… 14
　二、关于著作权客体的两个延伸问题 …………………… 24

第三章 思想与表达的界定 ………………………………… 27
　一、著作权法不保护思想 ………………………………… 27
　二、思想与表达的边界 …………………………………… 30
　三、思想与表达下的现实问题思考 ……………………… 33

第四章 特殊作品相关法律问题研究 ……………………… 35
　一、演绎作品 ……………………………………………… 35

二、合作作品 ·· 39

　　三、汇编作品 ·· 43

　　四、视听作品 ·· 48

　　五、职务作品 ·· 52

　　六、委托作品 ·· 57

第五章　对著作权内容及权利行使的解读 ·············· 61

　　一、著作人身权 ·· 61

　　二、著作财产权 ·· 68

　　三、关于著作权的保护期限 ································ 81

第六章　关于邻接权的内容及侵权认定 ·············· 84

　　一、关于邻接权内容的梳理 ································ 84

　　二、关于邻接权侵权的诊断 ································ 90

第七章　关于著作权的限制 ································ 100

　　一、著作权的合理使用问题 ································ 100

　　二、著作权的法定许可 ····································· 116

本篇结束语 ·· 121

第二篇　专利法

篇首语 ··· 127

第八章　关于专利权的客体与不予专利权的对象 ·············· 129

　　一、关于专利权客体的界定 ································ 129

　　二、关于不予专利权保护的对象 ·························· 141

第九章　专利的申请人与专利的申请 ········· 149
一、专利的申请人 ········· 150
二、专利的申请 ········· 156

第十章　专利权的限制 ········· 172
一、专利权交易的限制 ········· 172
二、不视为侵犯专利权的行为 ········· 181

第十一章　专利侵权的认定 ········· 200
一、发明与实用新型专利权的侵权认定 ········· 200
二、外观设计专利的侵权认定 ········· 207

本篇结束语 ········· 211

第三篇　商标法

篇首语 ········· 215

第十二章　有关商标权的取得问题 ········· 218
一、取得商标权的途径 ········· 218
二、关于商标不予注册的几个突出问题 ········· 223
三、商标的注册申请与审查 ········· 247

第十三章　商标权的利用与消灭问题 ········· 254
一、商标专用权的利用 ········· 254
二、商标专用权的消灭 ········· 262

第十四章　关于商标的侵权 ········· 271
一、关于注册商标的侵权行为 ········· 271

二、不视为侵害注册商标权的行为 ………………………………… 280
三、对驰名商标的特殊保护 ………………………………………… 285
本篇结束语 …………………………………………………………… 295

本书结语 ……………………………………………………………… 297

参考文献 ……………………………………………………………… 298

第一篇　著作权法

篇首语

著作权是知识产权的重要组成部分，著作权法则是知识产权法的重要组成部分。在民法的权利图谱中，著作权属于对世权、绝对权。著作权有广义和狭义之分，狭义的著作权仅指作者对其所创作的作品本身所享有的排他权；广义的著作权不仅包括作者对其所创作的作品本身享有排他权，而且包括作品延伸出来的权利，即邻接权，包括表演者权、录音录像制作者权、广播组织者权、版式设计权等。

通常我们把著作权称为版权，但深究起来二者还是有所区别的。版权的概念来自英美法系，是复制权的最初表达，因此版权具有财产权的意蕴。著作权的概念来自大陆法系，是作者权的最初表达，因此著作权具有人身权和财产权的双重属性。当然，随着两大法系的不断融合和借鉴，特别是两大法系主要国家在《伯尔尼公约》下的长期合作，版权与著作权二者之间的差别逐渐得到消弭。例如《中华人民共和国著作权法》（以下简称《著作权法》）第六十二条明确规定"本法所称的著作权即为版权"。

著作权作为一种民事权利，在西方的语境下并非天赋之权利，是后天发展起来的一种民事权利，其演进的逻辑起点是特许出版权。从15世纪开始，意大利威尼斯共和国、罗马教皇、法国国王、英国国王等先后赋予出版商特许出版权，而作为作品创作者的权利却被完完全全忽视了。随着资产阶级革命在欧洲的胜利，具有封建色彩

的特许出版权被废止，与此同时，作为作品创作者的利益则越来越受到重视，1709年英国议会通过《安娜女王法》，标志着具有现代意义的作者的著作权正式被立法所确立，著作权的法律保护翻开了新的一页，人类社会的文学艺术创作也迎来了新的高潮。

第一章 关于著作权主体的讨论

著作权本质上属于民事权利的范畴，但二者在权利主体的范围上并非完全重合，因为著作权主体中存在"作者"这一特殊主体。由于"作者"的存在，著作权在权利主体的规定上衍生出诸多特殊规定，使得著作权主体与一般意义上的民事权利主体相比变得更为复杂。尤其是 AI 技术的广泛应用，人们对著作权主体的传统认知也开始变得越来越不笃定了。

一、著作权的原始主体：作者

所谓著作权主体，通常是指那些依法享有著作权的人。《著作权法》第二条规定，中国公民、法人或者非法人组织的作品，不论是否发表，依照本法享有著作权。从《著作权法》的规定可以推出这里的"人"包括了自然人、法人和非法人组织。但我们认为自然人、法人和非法人组织它们可以成为著作权人，但并不能由此可以推定它们就是作者，著作权人与作者是两个不同的概念，它们的关系是：作者一定是著作权的主体，但著作权人并不一定就是作者，著作权人只有在具备了一定条件后才能成为作者。

作者作为著作权法中的特有概念，突出地表现为它不仅仅是著作权的基本主体，更是著作权的原始主体。关于如何来定义作者，

不同国家或地区有着不同的理解和规定。例如《美国著作权法》虽然出现了"作者",但并没有对其作出定义性规定,只是在该法第201条第1款明确了"原始归属——本编保护之作品的著作权原始地授给作品的作者或者作者们;合作作品的作者是作品著作权的共有人"。然而,以《俄罗斯联邦著作权与邻接权法》为代表的立法却给"作者"作出了明确的定义。该法第4条规定:"作者是以某创造性劳动创作出作品的自然人。"根据该定义,作为著作权主体的"作者",必须同时具备两个条件:一是必须是作品的创作者;二是必须是自然人。需要指出的是,有些国家或地区关于"作者"的规定并不限于作品的"创作者",也包括作品的"制作者"。例如《英国著作权法》第9条规定:①就作品而言,作者指创作该作品之人;②对录音或电影而言,作者指制作录音或电影之人;③对广播而言,作者指制作该广播之人;④对电缆节目而言,作者指提供电缆节目之人;⑤对印刷版面而言,作者指出版者。《加拿大著作权法》在沿袭英国立法传统的基础上更进了一步,该法没有关于著作权与邻接权的划分,将一切从事文学、艺术、音乐、戏剧、录音录像的创作者和制作者都概括地称为"作者"。

《著作权法》第十一条和第十二条分别对作者作出了规定,第十一条规定:"著作权属于作者,本法另有规定的除外。创作作品的自然人[1]是作者。由法人或者非法人组织主持,代表法人或者非法人组织意志创作,并由法人或者非法人组织承担责任的作品,法人或者

---

[1] 2020年通过的《著作权法》(第三次修订)将该处的"公民"修改为"自然人"。著作权法本质上属于私法,而公民通常适用于公法领域。

非法人组织视为作者。"第十二条规定:"在作品上署名的自然人、法人或者非法人组织为作者,且该作品上存在相应权利,但有相反证明的除外。作者等著作权人可以向国家著作权主管部门认定的登记机构办理作品登记。"从我国现行立法可以推出,真正决定职务作品作者身份的并非创作本身,而是作品意思表达的归属,即作品思想的凝结者,笔者将其称为作品意志决定作者。

目前,社会组织能否成为作者,各国立法尚未达成一致,例如西班牙、俄罗斯、瑞士、希腊等国家的立法均不承认社会组织可以成为作者。《西班牙知识产权法》第5条规定"创作作品的自然人为作者"。与此相反,《英国著作权法》第9条明确规定"自然人和法人都可以成为作者"。主张社会组织不能成为作者的理由主要有以下两点:一是作品财产权保护的限期均以自然人死亡时开始计算,而法人原则上不存在存续期限的问题;二是作品是独创(个性)思想的表达,只有自然人才有真正意义上的独创(个性)思想。我国已故著名知识产权学者郑成思教授(1944—2006)亦持相同观点。[①]从我国目前的立法现状来看,我国对于著作权中的作者持开放的态度。

当然,社会组织(单位)要成为作者通常需要满足三个条件:一是单位是作品创作的组织者(主持者);二是该作品是代表单位的意志进行创作的;三是由单位承担该作品的责任。在满足以上三个

[①] 参见郑成思:《知识产权法》,北京:法律出版社,1997,第441、446页。

条件的情况下，社会组织（单位）视为作者①。社会组织（单位）通常是地图、百科全书、字典、软件等形式的作品的作者。我们把社会组织（单位）作为作者的作品称为单位作品。《著作权法》在2020年11月修改时特别增加了一项单位作品，即"报社、期刊社、通讯社、广播电台、电视台的工作人员创作的职务作品"②。另外，在作品上署名的人如果没有相反证据加以推翻时，推定在作品上署名的人（自然人、法人或非法人组织）为作者（这种情况可以视为上述所言"意志决定作品作者"的例外情形）。

根据我国现行著作权法的立法精神和国际通行的做法，关于作者身份的认定尽管还存在着不少争议，但在下列问题上各国显然达成了一致意见：一是为他人的创作活动只提供咨询意见（如提供创作素材、创意）的主体不能成为作者；二是为他人的创作活动只提供物质技术条件的主体不能成为作者；三是为他人的创作活动提供辅助工作（如打印、誊写、校对等）的主体不能成为作者；四是为作品的创作只提供思想而没有创作出作品的主体不能成为作者。总之，要成为著作权法中的作者，对于自然人来说，他不仅是作品思想的凝结者，也是作品的直接创作者。

综上所述，作者是知识产权（著作权）中特有的概念，它来源于自然人、法人和非法人组织，但又高于自然人、法人和非法人组织。它与作品紧紧联系在一起，随着作品的产生而产生，但并不随

---

① 所谓视为作者，即表明该类作者是一种法律的拟制或创设。同时，视为还具有推定的意思。

② 详见《著作权法》第十八条第二款第二项。

着作品的消灭（失传）而消亡，其作品的作者一旦产生即具有永恒性。作者既是民事权利（著作权）的主体，也是一种身份的象征。

二、著作权主体的迁移：作者+民事主体

著作权归作者享有是著作权归属的一般性规定，但著作权内容的复合性[①]和可迁移性[②]决定了著作权主体的复杂性。

《著作权法》第二十一条规定，"著作权属于自然人的，自然人死亡后，其本法第十条第一款第五项至第十七项规定的权利在本法规定的保护期内，依法转移。著作权属于法人或者非法人组织的，法人或者非法人组织变更、终止后，其本法第十条第一款第五项至第十七项规定的权利在本法规定的保护期内，由承受其权利义务的法人或者非法人组织享有；没有承受其权利义务的法人或者非法人组织的，由国家享有"。据此可知，在某些特殊情况下，作为自然人的作者死亡后，著作权中的财产权既无人继承又无人受赠的情况下，国家可以成为该作品的著作权中财产权的主体；法人或非法人单位终止后，没有承受其权利与义务的主体时，国家亦可成为该作品的著作权中财产权的主体。国际组织可否成为著作权的主体？对于这个问题笔者的观点是无论从学理的角度，还是从演绎推理的角度，国际组织成为著作权的主体均不存在不能证成的问题。从以上分析来看，作者与著作权人是一种既可以分离，又不可以分离的关系：所谓不可以分离是指著作权中的身份权（署名权、发表权、修改权

---

① 著作权的复合性是指著作权包含了著作人身权和著作财产权。
② 著作权的可迁移性是指著作财产权的可继承性和可转让性。

和保护作品完整权）只能归作者本人享有；所谓可以分离是指著作权中的财产权具有可迁移性，它通过继承、赠与或转让可以为作者以外的其他民事主体所享有。

总之，根据著作权的复合性（人身权+财产权），著作人身权只能由作者所享有，根据著作财产权的迁移性（继承+赠与+转让），著作财产权可以是作者，也可以是作者以外的自然人、法人和非法人主体，即形成"作者+民事主体"的二元结构。

三、著作权主体的延伸：人工智能

人工智能（artificial intelligence，AI）是指采取机器学习、基于逻辑和知识的方法以及搜索和优化方法等一种或多种技术和方法开发的软件，该软件能生成影响交互环境的输出，以实现人为指定的特定目标。[①] 目前的人工智能分为三种形式：一是生成式人工智能（generative artificial intelligence，GAI）；二是通用人工智能（artificial general intelligence，AGI）；三是专用人工智能。生成式人工智能是指利用生成式人工智能技术向公众提供文本、图片、音频和视频等内容生产服务的智能体[②]；通用人工智能是指旨在全方位模拟人类心智能力，能够适应不同类型甚至是未经设定的任务的"人工创造物"[③]；专用人工智能是指具备胜任特定场景与特定任务的能力的智

[①] 唐一力、牛思晗：《论人工智能生成作品的权利主体及某著作权归属》，《福建论坛（人文社会科学版）》2023年第11期，第107-108页。
[②] 详见《生成式人工智能服务管理暂行办法》第二条之规定。
[③] 肖仰华：《生成式语言模型与通用人工智能：内涵、路径与启示》，《人民论坛·学术前沿》2023年第7期。

能体，其应用范围的拓展也只能局限于专用意义上①。

对于人工智能能否成为著作权的主体目前大体上存在三种观点：否定说、肯定说和折中说。否定说以生命和独立意志为逻辑起点来否定人工智能的主体性。肯定说认为人工智能并非单纯的人造物，而是复杂的机器学习发展下的智慧体。虽然现有技术尚且不能实现强人工智能，但不可否认的是理论上人工智能必将以主体身份加入社会活动，并应以主体身份受到法律规制。② 折中说从"内容决定主义"的视角来判断其生成物是否具有独创性进而决定人工智能的主体性。③ 在三种观点当中，目前居主导地位的是否定说。

否定说认为，从著作权法的一般原理来看，当前的人工智能无法独立自主地开展创作行为，不能独立地享受权利、承担义务，尚不具备著作权法主体的法律资格；从技术原理角度看，当前的人工智能本质上仍是算法技术，属于辅助创作工具，而非具有自主意识能够进行"创作"的主体。另外，从一般著作权理论对主体身份的认定来看，能够自主地开展"创作"活动是认定作者主体身份的关键标准；能够完整享受权利、负担义务是认定作者主体地位的重要内容。④

---

① 王天恩：《人机交会：人工智能进化的类群亲历性》，《上海师范大学学报（哲学社会科学版）》2023年第7期。
② 闫好：《人工智能的著作权主体资格探讨》，第六届智慧教育与人工智能发展国际学术会议论文，2023，第349页。
③ 孙正樑：《人工智能生产内容的著作权问题探析》，《清华法学》2019年第6期。
④ 唐一力、牛思晗：《论人工智能生成作品的权利主体及某著作权归属》，《福建论坛（人文社会科学版）》2023年第11期，第107-110页。

我们在讨论人工智能下的著作权主体这个命题时，实际上讨论的核心问题是人工智能是否可以成为作者。笔者认为，作者应该是一个开放性的概念，它所涵摄的对象包括但又不限于自然人、法人和非法人主体，即作者并非单纯对自然人、法人和非法人组织的抽象，其本质在于"从事创造性活动的主体"。若从生命属性或意志属性来界定"作者"，实则违背知识产权领域设立"作者"概念的初衷。作者最本质的品质是具有"独创性"。随着科学技术的进步，当具有深度计算能力的AI出现时，所谓人的指令实际上已转化为AI解决问题的方法，所谓的算力其实已演化为AI的智力。以电脑深蓝①为例，设计者并不一定是国际象棋高手，但深蓝却能够战胜超一流的国际象棋高手，很显然如果深蓝仅仅是根据设计者的指令行事是做不到这一点的。因此，我们认为，随着科技的进步，当AI具备了独立思考能力时它就有理由成为作者，至于后续所产生的有关AI作者的著作权归属问题，则是我们另外需要给予制度安排的问题。

当然，从我国目前的司法实践来看，司法目前总体上倾向于否定人工智能的作者化。2024年1月11日，中国首例AI写作著作权侵权案在北京互联网法院宣判，原告腾讯公司胜诉，成为国内AI写作领域的重要判例。此案中，原告腾讯公司状告被告上海盈讯科技有限公司未经许可，复制并利用了由腾讯机器人Dreamwriter撰写的财经文章《午评：沪指小幅上涨0.11%报2 671.93点通信运营、石油开采等板块领涨》。该文章由Dreamwriter软件自动生成，涵盖了

---

① 深蓝（DeepBlue）是由IBM开发的专门用以分析国际象棋的超级计算机。

第一章 / 关于著作权主体的讨论

股市信息、数据的选择、分析与判断，具备一定的独创性和逻辑性。①

法院判决的关键在于确认 AI 生成的文章是否构成著作权法意义上的作品。法院认为，涉案文章虽由 AI 软件生成，但其外在表现形式符合文字作品的要求，内容上也体现出原告的智力投入和创造性劳动。Dreamwriter 软件在生成文章的过程中，依赖于原告团队的指导与编排，最终形成的作品体现了原告的意志和需求。因此，法院认定该文章属于法人作品，享有著作权。

从判决结果来看，至少到目前为止我们并不认为 AI 本身可以成为作品的作者。但未来 AI 会发展到什么程度目前仍然是一个未知的状态，我们不能因为目前的司法倾向而武断地否认人工智能未来的可版权性。因此，AI 可否版权性的争论仍将持续下去。

---

① 《"平权"第一步？AI 写作著作权第一案判决出炉，AI 赢了！》，https://aiqicha.baidu.com/qifuknowledge/detail?id=10009350848，访问日期：2024 年 12 月 16 日。

第二章　关于著作权客体的讨论

本章我们围绕著作权客体需要关注和讨论的难点和热点问题很多：一是作品与作品载体之间存在哪些法律关系；二是作品载体与作者分离将对作者著作权的分配产生哪些影响；三是如何正确理解和把握作品中的"独"与"创"；四是如何正确理解和把握作品表达中的"混同原则"和"场景原则"；五是作品与作者意思能力的关系问题，即著作权的取得是事实行为，还是民事法律行为。

一、关于著作权客体的两个难点

（一）对著作权客体的正确理解

所谓著作权的客体就是指著作权法保护的对象，也就是著作权法律关系主体的权利和义务所共同指向的对象。一言以蔽之，所谓著作权的客体就是我们通常所说的作品。所谓作品，通常是指能够以一定的形式复制，具有独创性的智力活动成果。《著作权法》第三条规定，"本法所称的作品，是指文学、艺术和科学领域内具有独创性并能以一定形式表现的智力成果"，具体包括：文字作品（以语言文字形式或其他相当于语言文字的符号来表达作者感情、思想的作品）；口述作品（以口头语言创作的、无任何物质载体固定的作品，如法庭辩论、演说、授课等）；音乐、戏剧、曲艺、舞蹈、杂技艺术作品（如车技、蹬技等）；美术、建筑作品（通过绘画、书法、雕塑等形式创作的，以线条、色彩或其他方式构成的，有审美意义的平面或其他方式构成的平面或者立体造型艺术作品）；摄影作品（借助摄影器材，通过合理利用光学、化学原理，将客观物体形象再现于感光材料上的一种艺术作品）；视听作品（摄制在一定记录介质上，由一系列伴音或无伴音画面组成，并借助于适当的装置放映、播放的作品）；工程设计图、产品设计图、地图、示意图等图形作品和模型作品（为施工、生产绘制的工程设计图、产品设计图，以及反映地理现象、说明事物原理或者结构的地图、示意图等作品）；符合作品特征的其他智力成果，如计算机软件等。

作品作为一种具有独创性的智力成果，是一种无形财产，我们不能触摸它，但我们要感知它的存在则需要一定的载体将其呈现出来，但载体本身并不是作品。那么，作品与作品的载体之间存在哪些关系呢？首先，作品与载体是内容与形式的关系。载体是为内容服务的，载体本身不是作品。举例说明：美术家甲在一张 A3 纸上创作了一幅美术作品，朋友乙在欣赏的时候不小心撕毁了这幅美术作品，如果甲请求乙承担侵犯其著作权的责任，其请求可否得到法院的支持？我们的答案是不能得到法院的支持。理由是甲作为这幅画的著作权人，其著作权的客体是该美术作品，该美术作品通过一张 A3 纸呈现出来，乙的过失行为损害的是该美术作品的载体，并不构成对该美术作品本身的损害。其次，作品与载体通常表现为知识产权与物权的关系。我们继续以上面的例子为例加以说明：如果甲主

张乙承担损害其物权的责任,要求甲赔偿一张同样价值和型号的A3纸,甲的请求是否可以得到支持呢?从理论上讲甲的请求是可以得到法院支持的,理由有二:一是A3纸被乙在欣赏美术作品时不小心撕毁构成了对甲物权(A3纸)的损害;二是A3纸属于种类物,不存在给付不能的情况。我们顺着这个思路继续往深处思考:假设甲在A3纸上创作的这幅美术作品市值300万元人民币,朋友乙在欣赏的时候不小心撕毁了这幅美术作品,乙将如何赔偿呢?是赔纸张价值,还是纸张价值+美术作品的市场价值?如果是纸张价值+美术作品的市场价值,该美术作品的市场价值是直接经济损失,还是纯粹经济损失?笔者的观点是乙只需赔偿甲该幅美术作品的市场价值,纸张价值被该幅美术作品的市场价值所吸收,该损失为直接经济损失。

在市场经济条件下,大量作品进入流通领域,作者通过让渡作品载体的方式实现了作品的商业价值,但也对著作权的权利分配产生了重大影响。举例说明:甲是著名画家,创作了一幅关于按摩室的油画,并将其取名为"男人加油站"。甲将该画原件装裱后作价12万元人民币出售给某按摩店乙并交付,未作其他约定。乙未经甲的许可将该画借用给丙按摩店,丙将该画复制多张用于某按摩店的开业广告宣传,还将该画复制件张贴于户外供人观赏,丙为此向乙支付使用费5 000元。本案中,如果甲起诉乙侵犯其发表权是否成立?甲起诉丙侵犯其复制权是否成立?我们认为甲起诉乙侵犯其发表权是不成立的。理由是从甲乙的协议内容和已交付的情况来看,乙既拥有了对该画原件的所有权,也就拥有对该画原件的展览权,因此即便是该画尚未发表过，乙亦不侵犯甲的发表权。《著作权法》第二十条规定："作品原件所有权的转移，不改变作品著作权的归属，但美术、摄影作品原件的展览权由原件所有人享有。作者将未发表的美术、摄影作品的原件所有权转让给他人，受让人展览该原件不构成对作者发表权的侵犯。"甲起诉丙侵犯其复制权是否成立呢？答案是肯定的。理由是该画原件所有权虽然已转移给了乙，根据《著作权法》第二十条第一款的规定，《男人加油站》的著作权仍然由甲所享有，丙将复制品进行展览的行为构成对甲著作权中复制权的侵害。

再比如，上例中的著名画家甲将该画原件装裱后作价12万元人民币出售给乙并交付后，甲凭记忆临摹了一幅同样的《男人加油站》油画作品，并将其出售给丙，在这种情况下，甲的行为是否构成对乙某种权利的侵害呢？我们认为这种情况下甲的行为不构成对乙的侵害。理由是：甲的临摹行为不属于创作，不构成新的作品，在本质上是一种复制行为，甲将《男人加油站》油画作品转让给乙之后，甲对该作品的某些利用行为有可能受制于受让人乙。假设甲创作的《男人加油站》是孤本，甲的复制一旦不能获得乙的配合，甲通过临摹进行复制将大大增加其时间成本和劳动成本。

综合以上案例分析，作品载体与作者分离对作者著作权的权利分配仅仅产生展览权上的分离。当然，由于展览权与作者实现了分离，作品载体的受让人在行使展览权时，基于作者发表权一次用尽规则，对于尚未发表的作品势必会不经意间消灭作者发表权的行使。

（二）对著作权客体特征的正确把握

著作权的客体产生于文学、艺术和科学领域，是人们在这些领域通过智力活动所创造出来的作品，即著作权的客体为作品。因此著作权客体的特征实际上指的就是作品的特征。通常，我们把著作权客体的特征概括为三个方面：

1. 著作权的客体属于智力劳动成果

著作权的客体属于智力劳动成果，但并不包括劳动本身。因此，创作作品过程中所付出的劳动和艰辛并不受著作权法的保护，其所保护的是通过劳动所创作出来的智力劳动成果。劳动是体力劳动和脑力劳动的上位概念，因此劳动成果包括了体力劳动成果和脑力劳动成果。体力劳动成果是通过人的体力或者人的体力结合畜力、风力、水力、机械力、电力等所创造出来的劳动成果。体力劳动成果与人类的日常生活休戚相关，通常表现为人类赖以生存和发展所需要的常规生产或生活产品和服务。体力劳动通常有以下几个特点：一是体力劳动是一种相对简单且具有重复性的劳动；二是体力劳动所创造的价值通常受劳动熟练程度和劳动时间长短的制约；三是体力劳动所创造的成果通常可以通过重复性劳动来复制。智力劳动成果又称为脑力劳动成果。智力劳动成果是指通过人类的脑力劳动所创造出来的劳动成果。智力劳动成果通常表现为科学技术成果、重大发现、发明创造、各种设计以及文学艺术作品等。智力劳动成果是脑力劳动的结晶，是智力劳动的输出。智力劳动过程本质上是人类的探索性和创造性过程，因此，智力劳动的高级形式就是对事物本质和规律的认识和把握。智力劳动通常有以下几个特点：一是具有探索性和创造性。智力劳动的秉性通常表现为对未知领域的探索和对已知领域的创新。二是具有知识的密集性和价值的高阶性。智力劳动成果的价值与劳动熟练程度和劳动时间长短无关，只与其知识含量的多少和创造的高低有关。

2. 著作权的客体可再现可复制

著作权的客体可以被再现，可以被复制，这既是著作权客体——作品本身的内在需要，也是社会发展对作品的外在期许。作者创造作品通常是为了实现某种表达，以抒发作者的喜怒哀乐或对于某事物的倾向性观点或思想，并希望借此影响到他人。作者的社会地位以及作品的社会影响力和社会价值基本上由作品的传播广度所决定，因此著作权客体的可再现和可复制是作品的内生动力，是作品本身的内在需求。

作品作为智力成果，在文学艺术领域带有明显的意识形态倾向，我们需要有弘扬主旋律、彰显社会主义核心价值观的优秀作品不断涌向并在社会中获得广泛传播。用优秀的作品感染人、用优秀的作品鼓舞人、用优秀的作品塑造人、用优秀的作品引导人是人类文明进步的客观需要。因此，著作权客体的可再现和可复制是人类社会健康发展的必然要求。

3. 著作权的客体具有独创性

独创性是作品最核心的特征，作品的独创性表现为两个方面：一是"独"。所谓"独"是指作品是由作者独立创作出来的，即作者从无到有的独立创作。作品的独创性并不排斥在原有作品的基础

上进行二次创作，但它必须与原作品形成明显的差异。另外，不同作者独立创作的作品即便巧合地完全相同，各独创作者同样均享有独立的著作权。有读者问，假设不同作者所独立创作的完全相同的作品有产出时间上的先后之分，这种情况如何处理？我们仍然坚持以"独"的意旨来决定著作权的归属，因为作者权法保护的是作品的表达形式，而不是保护作品的思想内容。我们再往前推进一步，假设先创作出来的作品已经发表，后创作的一模一样的作品是否仍然可以取得著作权？我们的回答仍然是肯定的，因为我们只关注作品是否"独"立创作。当然，此时后创作出作品的作者将面临一个艰巨的任务——需要证明一个"否定的事实"，即在创作过程中不可能接触到业已发表了的相同作品。二是"创"。所谓"创"，是指作品具有创新性。"创"是作品的灵魂，虽然著作权法保护的是作品的表达方式，但我们不是所有的表达均给予保护，我们所保护的表达方式一定是服务于思想传播的表达方式，因此，表达方式是否给予保护，归根到底取决于它所表达的对象是否具有创新的思想内容。例如，将其汉文作品翻译成盲文作品，该新产生的盲文作品是不能享有著作权的，因为该汉文作品与盲文作品之间存在着一一对应的关系，任何人来做这件事情其结果是一样的，即该盲文作品是没有创新的思想内容，该盲文作品不享有著作权。同样，如果将一篇英文作品翻译成中文作品，该中文作品就享有著作权，因为该英文与中文之间不存在一一对应的关系，同样的一篇英文作品在不同的人手上可以作不同的遣词造句和结构安排，从而翻译成不同的中文作品，这就从实证的角度证明了将英文作品翻译成中文作品是有创新内容的，该中文作品可以享有著作权。概言之，"独"与"创"是作品的生命所在，也是作品获得著作权法保护的根本原因。

1991年原告广西广播电视报诉被告广西煤矿工人报侵犯其著作权。[①] 案件起因：被告广西煤矿工人报在没有征得原告广西广播电视报同意的情况下，从1987年起每周一从广西广播电视报的报纸上摘登中央电视台和广西电视台的一周电视节目预告表于本报的中缝。广西广播电视报发现后认为广西煤矿工人报的行为影响了本报在广西煤炭系统和被告所在地区的发行量。广西广播电视报于1988年发表声明，明确指出未经其许可，任何报刊不得转载、刊登某一周电视节目预告，违者将依法追究法律责任。

本案的争议有两个焦点：一是报纸上刊登的电视节目预告表是否属于时事新闻；二是报纸上刊登的电视节目预告表是否属于著作权法保护下的作品。广西广播电视报诉称：广西广播电视报可视为期刊，刊登的电视节目预告表是其中的一部分。作为一个整体，某编辑部享有著作权。未经许可擅自刊登电视节目预告的行为侵犯了其著作权。广西煤矿工人报辩称：电视节目预告应被视为新闻信息，不属于著作权保护的作品范围。根据国家版权局的规定，时事新闻不受法律保护，因此广西煤矿工人报没有侵犯广西广播电视报的著作权。

根据2013年修订的《中华人民共和国著作权法实施条例》（以下简称《著作权法实施条例》）第五条第一项的规定，"时事新闻是指通过报纸、期刊、广播电台、电视台等媒体报道的单纯事实消

---

① 详见广西合山市人民法院（1991）合法民判字第46号。

息",电视节目是一种即将发生的单纯事实,其本身并不蕴含人的思想和情感,从本质上讲刊登电视节目预告表的行为当属一种预告性新闻,本身应视为时事新闻,因此电视节目预告表不属于作品。由此推断广西煤矿工人报并不侵犯广西广播电视报的著作权。

当然,我们说广西煤矿工人报并不侵犯广西广播电视报的著作权,并不意味广西煤矿工人报的做法可以效仿,甚至被推广。广西广播电视报将中央电视台和广西电视台未来一周的电视节目制作成预告表,其本身不仅付出了一定的劳动,而且也花了不少心思。广西煤矿工人报这种不劳而获的做法不仅是对他人辛勤劳动的不尊重,而且也对他人的正常经营活动造成了一定冲击。因此,广西煤矿工人报的复制行为本质上是一种不正当的竞争行为,是我国社会主义市场经济发展中应当禁止的行为。

根据以上案例,我们可以推出通常的电话号码本、会议座次表、饭店菜单、临摹等均不属于著作权法保护下的作品。美国联邦最高法院在1991年的Feist案件①中对汇编下的作品保护所确立的"额头

---

① Rural为美国堪萨斯州的公用电话服务公司,用户要获得Rural的服务就必须提供自己的电话号码、姓名和地址等资料。通过用户提供的这些资料,Rural编制了包括上述资料内容的电话目录(电话目录包括白页和黄页两部分,白页部分是免费向用户提供的,黄页部分则通过用户付费刊登广告来赚取收益)。Feist是一家位于堪萨斯州的出版公司,因Feist不是电话服务公司,无法直接从用户那里获得用户的电话号码、姓名和地址等信息,因此Feist只有通过与位于堪萨斯州的11家公用电话服务公司签订某项许可协议才能获得出版相关电话目录的权利。在这11家电话服务公司中,Rural拒绝许可Feist出版其所需要的电话目录。在此情况下,Feist未经Rural许可径自从Rural的资料库中摘录了所需的资料。尽管做了很多改动,但仍有相当一部分编排与Rural的电话目录是相同的。为此,Rural向法院提起诉讼,要求法院确认Feist的行为侵犯了Rural对电话目录享有的著作权。

出汗原则"① 或 "辛勤收集原则"② 被认为是对 "版权基本原理的嘲弄";对事实无论是被单独使用还是作为汇编作品的一部分都不具有独创性,不应当受到著作权法的保护;事实性汇编如果在对事实的编排和选择上具有自己独特之处,则应当受到著作权法的保护;在任何情况下事实本身都不具备可版权性。

综上所述,首先,著作权法所保护之作品必须要有自己的思想或观点,即具有独创性,这是作品获得保护的前提和基础;其次,我们保护作品不是保护其思想观念,而是通过保护其表达来实现对作品的保护(这就是我们通常所说的思想与表达的二分法)。TRIPS(《与贸易有关的知识产权协定》)第9条第2款规定,版权保护应延及表达而不延及思想、工艺、操作方法或数学概念本身。思想观念我们应当采广义的解释,包括原则、发现、创意、发明、程序、技术方案、工艺和方法等。需要特别注意的是,著作权法保护作品的表达,但并不是作品的表达均受到著作权法的保护。

关于作品的表达保护有两个例外:一是混同原则。混同原则是指如果一种思想实际上只有一种或者非常有限的表达,或者先前的表达成了一种标准,即出现了思想与表达混同的情形,在这种情况下作者权法拒绝保护。典型的例子有计算机键盘的布局设计和我国《计算机软件保护条例》第二十九条所规定的软件开发中的有限表

---

① 额头出汗原则:Sweat of the Brow。
② 辛勤收集原则:Industrious Collection。

达。① 二是场景原则。场景原则通常是指人们在从事某种特定背景下的创作时，当某种特定的场景无法绕开，对该特定场景重复表达不视为对原有作品的侵权。比如我们在拍摄改革开放初期的电影时，一些当时的特定场景如宣传改革开放、特区建设的标语等是无法绕开的。

二、关于著作权客体的两个延伸问题

（一）作品与作品载体的关系

作品与作品载体的关系十分密切。作品的载体是作品的表达方式，是作品之所以被称为作品的依据。作品之所以被称为作品离不开载体的支撑、呈现与展示。作品与作品载体的关系，犹如人的生命与身体的关系：作品的思想借助载体而获得生命，作品的载体借助作品的思想而生动。作品与作品载体的关系可以概括为：二者不可分离，互为表里，相互成就。

需要注意的是，作品与作品载体不可分离，但作品著作权归属与作品载体归属是可以分离的。当著作权人将著作权载体转让给他人时，接受作品载体的受让人并不当然地享有作品著作权，受让人只取得了作品著作权中的展览权，而作品著作权中的其他权利仍然

---

① 《计算机软件保护条例》第二十九条规定：软件开发者开发的软件，由于可供选用的表达方式有限而与已经存在的软件相似的，不构成对已经存在的软件著作权的侵犯。

属于作品的创作者。[1] 作品载体转移不影响著作权转移，其原因是作品本质上不是物，而是思想、是观念、是精神、是意识形态。意识形态层面的思想、观念、精神可以被传授、传播、传承，但它们永远属于创立者。

从著作权自作品创作完成之日起产生[2]的立法表达可以推知，作品与作品载体同时产生，二者这种紧密的关系可以表述为有作品必有载体，无载体的作品必失传。用形影不离来描述作品与作品载体的关系实不为过。当然，作品与作品载体并非一一对应的关系，某种作品可以有多种表达方式。因此，当作品的某种载体被毁损灭失（如焚书坑儒），该作品可以借助其他的载体而继续存在。另外，对作品载体的侵权，并不代表对作品本身的侵权，对作品载体的侵权属于物权法调整的范畴，对作品本身的侵权属于著作权法调整的范畴。

（二）作品与民事法律行为的关系

作品是通过人的行为创作出来的。对于这个判断句不会有人提出任何怀疑。那么创作作品的行为是否属于民事法律行为的范畴呢？对于这个问题，不同的人可能会有不同的结论。对于创作作品的行为是否属于民事法律行为的讨论，我们从以下几个方面进行展开：

---

[1] 《著作权法》第二十条规定：作品原件所有权的转移，不改变作品著作权的归属，但美术、摄影作品原件的展览权由原件所有人享有。

[2] 《著作权法实施条例》（2013修订）第六条规定：著作权自作品创作完成之日起产生。

首先，作品是否为作者有意思的行为结果？作品是作者具有创造性的智力劳动成果，因此，作为名词的"作品"是作者在意思支配下所实施的行为结果当属无疑。但是，作为动宾结构下的"作品"我们认为不一定是有意思的创作结果。比如，小学生作画，中学生写作文，很少是奔着创作作品去的。因此，作者创作的作品能否成为名词下的"作品"，不是由作者的主观意志决定的，本质上是由创作结果本身是否具备"独创性"决定的。由此可见，著作权法视域下的作品，从一般意义上讲它是作者有意思的活动结果，但从本质上讲，它之所以被称为作品更是人们价值判断的结果。其次，既然作品从一般意义上讲是人的意思活动的结果，那么，作者的意思能力能否成为评价"智力成果"是作品的标准之一呢？我们把这个问题往前再延伸一步，即作者的行为能力能否成为评价"智力成果"是作品的标准之一呢？换言之，作者的"智力成果"获得著作权法保护是否与人的行为能力有关。根据《著作权法》和比较法意义上的立法取向，作品之所以被称为作品，一是与作者的创作目的无关，二是与作者的意思能力（行为能力）无关，只与创作成果是否具备著作权法上所要求的"独创性"[①]有关。综上所述，创作作品的行为不是民事法律行为，而是事实行为；著作权的取得不是基于民事法律行为，而是基于事实行为。

---

① 《著作权法》第三条规定：本法所称的作品，是指文学、艺术和科学领域内具有独创性并能以一定形式表现的智力成果。

第三章　思想与表达的界定

众所周知，作品的思想隐藏于作品的背后，作品的思想需要借助表达展示出来，并通过表达实现其思想的传播。那么，作品思想与表达的边界在哪里？作品思想与表达的界线并不能简单地归结为把思想交给"理性思维"，把表达交给"感觉器官"，对作品的构思、布局谋篇、情节安排等皆属于表达的范畴，而这些均非通过读者的感觉器官就可以把握。

一、著作权法不保护思想

著作权法不保护思想这是人所共知的事实。著作权法为什么不保护思想，笔者认为从本质上讲是基于以下几方面的原因：首先，有质量的意识表达是人类的本能和内在需求。人们意识表达中的"意识"既包括了高层次的"思想"，更包括了低层次的"想法"。人们创造"思想"，产生"想法"就是为了将其表达出来，因此"思想"和"想法"既是个体捍卫存在感所必需的，也是人类个体间的正常交流所必需的，没有"思想"或"想法"的表达是不可想象的。因此，立法保护"思想"是一种反智的行为。其次，思想的传播、传承和更新是人类进步的阶梯和必然要求。从广义的角度看，思想包括奇思妙想、构思创意、概念观念、技术方案、理论体系等，

人类之所以一直走在进步的道路上，一个至关重要的因素就是拒绝了思想垄断。如果思想受到立法的保护，意味着未经原创者的许可而实施的思想传播、继承发展均属于侵权之列，其结果就是原创思想的窒息、新思想的枯竭，最终导致人类进步的进程被迫中断。以下案例很好地说明了著作权法不保护作者思想的立法意旨。

1989年，"红学"爱好者霍某姐弟发表的《〈红楼梦〉中隐去了何人何事》一文以隐晦的笔法揭示了雍正暴死原因：因不满雍正抄家和将恋人竺香玉纳入宫中为妃，曹雪芹与竺香玉合谋用丹砂将雍正毒死。文章发表后，作者声明任何个人或单位若欲将该作品翻译或改编成电影、电视、录像、戏剧、小说等均应取得作者同意。富某看了该文章后深受启发，撰写了小说《红楼春秋》并出版。霍某姐弟看后认为富某的行为侵犯了其改编权和保护作品完整权，因双方协商未果，霍某姐弟将富某诉至法院。法院审理发现，富某是根据《〈红楼梦〉中隐去了何人何事》中曹雪芹和竺香玉毒死雍正这一学术"观点"开展创作的，而"观点"属于"思想"的范畴，遂认定富某的行为不构成侵权。

韩国Nexon株式会社开发了休闲游戏"泡泡堂"，其基本玩法就是玩家在各种场地内放置"炸弹"攻击对手，同时防止被对手的"炸弹"所伤。腾讯公司推出了游戏规则类似的"QQ堂"游戏。Nexon株式会社认为"QQ堂"在诸多方面抄袭了"泡泡堂"游戏，构成了著作权侵权。法院审理后认为：两款游戏虽然若干道具名称具有相似之处，但原告并不能对诸如"太阳帽""天使之环""天使之翼"等名称享有著作权；同时认为以笑表示获胜、以哭表示失败属于思想的范畴，只要被告的"QQ堂"在表达方式上不同于原告的"泡泡堂"，即不视为著作权方面的侵权。

某传媒公司制作了一档嘉宾头戴面罩的访谈节目，模式为由戴着面罩的嘉宾讲述自己在情感中遇到的问题。某网络公司在某网站也推出了一档类似的谈话实录节目。某传媒公司起诉该网络公司侵犯了其《面罩》节目模式的著作权。法院审理认为，以头戴面罩进行访谈的模式属于原告的创意或构思，其本身不属于作品，只有用语言文字、符号、线条、色彩、声音、造型等将这种构思或创意表达出来的客观形式才能称为作品，因为只有这种被表达出来的客观形式才能被人们所感知，被人们所复制。同时，只有当这种表达是独创的且符合法律规定时，才构成著作权法保护的作品。因此原告对于《面罩》节目的构思或创意本身并不属于我国著作权法所规定的作品。法院最终认定该网络公司不构成著作权法上的侵权，遂驳回了原告的诉讼请求。[①] 在国外，类似的诉讼，法院也给出了类似的判决。如在葡萄牙最高法院审理的"葡萄牙小姐"节目模式案和西班牙马德里上诉法院审理的"我有问题问你"节目模式案中，法院都认为单纯的节目模式属于节目制作者的创意或构思，属于思想的范畴，不受著作权法保护。当然，国内电视台从国外引进节目模式时支付了不菲的许可使用费的，从著作权法的角度看，这些费用并不是版权许可费，而是性质上属于向外方支付的技术指导费。

[①] 参见北京市海淀区人民法院民事判决书（2005）海民初字第15050号。

二、思想与表达的边界

需要特别指出的是，完整理解著作权法"只保护表达，不保护思想"这句话的关键是此处的"表达"既包括了作品的表达形式，也包括了与作品形式相对应的作品内容。如果将"表达"与"形式"等同起来，则意味着当事人只要不使用与原作品相同的遣词造句，用相近的字词对原作品进行包装，亦不构成对原作品的侵权。因为前后作品尽管内容相同，但形式不同。如果是这样的结果，那就不仅有违著作权法的立法要旨，也将使著作权法中的演绎权失去存在的意义。因此，我们认为这里的"表达"不仅包括了作品的形式，亦包括了作品的内容。

既然著作权法不保护思想，只保护思想的表达，那么如何厘清作品的思想和表达边界，对于著作权法中的侵权责任认定无疑具有决定性的意义。然而，实务中在涉及具体作品时，何者为作品的思想，何者为作品的表达，在许多情况下二者的边界并非十分清晰。我们认为作品所呈现出来的思路、构思、创意、理念、观念、概念等理应属于思想的范畴，作品中的细节描写、情节安排、故事结构、人物性格、人物关系、事件以及事件之间的顺序安排等应当属于作品的表达部分，因为这些要素在作品中的安排和运用，都服务于作者所要表达的主题思想。下面我们略举几例来加以说明。

2015年北京高级人民法院十大知识产权案件之一的陈喆（琼瑶）诉余征（于正）、湖南经视文化传播有限公司、东阳欢娱视听文化有限公司、万达视听传媒有限公司、东阳星瑞视听文化传媒有限公司五被告侵犯了原告《梅花烙》的改编权和摄制权，判令被告方停止侵权并赔偿500万元；判令被告余征（于正）向原告陈喆（琼瑶）道歉。

此案经过了一审和二审，北京市高级人民法院最终维持了北京市第三中级人民法院所作出的一审判决，其裁判要旨是：《宫锁连城》（又名《凤还巢之连城》）在人物设置、人物关系、具有较强独创性的情节以及故事情节串联整体进行改编，上述行为超越了合理借鉴的边界，构成了对涉案作品的改编，侵害了陈喆基于涉案作品的改编权，依法应承担相应的侵权责任。[①]

这个案件为我们厘清作品思想与表达的边界提供了一个很好的思路。众所周知，作品的思想隐藏于作品的背后，是作品的灵魂和内核；作品的表达是作品的外观，是作品面世的外貌。因此，作品的思想需要读者通过抽象思维才能把握，即需要通过"思考或顿悟"；作品的表达则只需要读者通过感觉器官就能把握，即只需要通过"看或听"。然而，根据以上真实案件的裁判意旨，我们发现作品的思想与表达的界线并不能如此简单地归结。作品的构思、布局谋篇、情节安排等皆属于表达的范畴，而这些均非读者通过感觉器官就可以把握。因此，关于作品思想与表达的区分应跳出非此即彼、泾渭分明的思维定式，而应从哲学的高度来把握二者的划分，即作品思想与表达是内容与形式的关系：内容决定形式，形式服务于内容。根据这一哲学原理，我们认为思想与表达的边界应作如下界定：在一部作品中，所有服务于内容（思想）的一切形式（包括构思与

[①] 北京市高级人民法院民事判决书（2015）高民（知）终字第1039号。

布局）皆归属于作品表达的范畴。下面我们以几个案例继续加以论证说明。

原告创作了一部戏剧《爱尔兰之花》，而被告拍摄了一部与之在内容上有相似之处的电影：内容均涉及爱尔兰人的女儿与犹太人的儿子相好；由于宗教冲突遭到双方家长反对；经双方子女努力最后终成眷属。美国 20 世纪最著名的法官之一汉德法官指出：就任何（有情节的）作品，尤其是戏剧作品，随着越来越多的情节被剥离，最终将提炼出整部作品的主题思想。在最终的主题思想和最初的情节之间，总会存在一条分界线，这条分界线以下的就是表达，这条分界线以上的就是不受保护的思想。这种寻找思想与表达界限的"抽象概括法"又被称为"汉德抽象概括法"。

原告华纳兄弟电影公司拍摄了举世闻名的电影《超人》，其主人公是一个身着披风、具有超强能力的英雄。而被告美国广播公司拍摄了同样以"超人"为主角的电视连续剧《最伟大的美国英雄》，但电视剧中的"超人"性格以及具体故事情节与电影《超人》显著不同。原告认为：被告电视中的超人与某电影《超人》具有实质上的相似性。被告未经允许复制了《电影》超人的披风和能力。观众在观看被告的电视剧时，总能够想起电影《超人》。

法院认为：被告的"超人"与原告的"超人"具有显著的不同。电影中的"超人"是一个勇敢、自豪的英雄，主动与邪恶势力作斗争。而电视剧中的"超人"胆怯、缩头缩尾，被动接受与邪恶势力作斗争的使命。电影中的"超人"充满了技巧、魄力和锐气，而电视剧中的"超人"则笨拙和搞笑。法院最终认定：被告的电视剧虽然使用了原告电影中超人的某些因素,但相似之处在于思想(超人的能力),而非表达(两位"超人"角色具有显著差异)。

在"迪士尼公司诉 Air Pirates 案"中,被告 Air Pirates 公司使用了米老鼠形象,且与迪士尼卡通角色形象追求纯真的趣味性截然相反。例如,迪士尼著名的卡通角色米老鼠是活泼可爱、勇于助人的形象,但在被告的笔下却被描绘成了色眯眯的样子,一天到晚就会胡思乱想、滥交以及给自己注射毒品。原告在起诉状中声称被告侵犯了迪士尼的版权和商标权、涉嫌不正当竞争、商誉诋毁以及干扰了迪斯尼的正常经营。

本案最终法院判决被告败诉,理由是:在本案中,迪士尼公司拥有版权的无数静态的米老鼠漫画中无法找到一幅和被告米老鼠一模一样的漫画,但把许多对同一个角色的漫画放在一起来看,该角色必定具备一些共同的特征。这些具体特征都是具体的表达而不是抽象的思想。被告所画的米老鼠漫画尽管从单幅作品来看找不到和原告漫画一模一样的,但是被告实际上是将原告所创作的米老鼠的各个特征进行了一些非常简单的重新安排和组合。只要被告没有改变米老鼠的基本特征,其绘制米老鼠的行为仍然是在使用原告受保护的表达而非思想。

三、思想与表达下的现实问题思考

从以上关于作品思想与表达界定的讨论中,我们可以发现当前各种查重软件的两大弊端:一是漏掉了"洗文章"的恶。所谓"洗文章"通常是指对已有文章的表达进行同义词替换或相同意思表达

重组，使前后表达在保持原意的基础上呈现出不一样的样式。这种方法过去在新闻界较为常见，它可以使新闻从业者在抢发新闻时提高效率。目前，这种情况在大学毕业论文写作中比较流行，他们通过对已发表的文章进行二次加工，用自己的表达方式重新组织语序，从而在短时间内创造出貌似全新的论文，这样的"洗白"变的只是原表达的形态，但改变不了原表达的神韵。但这样的"奇技淫巧"却能在查重软件下一路绿灯。二是重创了"混同原则"。如前所述，所谓混同原则是指如果一种思想只有一种或者非常有限的表达，或者该表达成了一种标准，即出现了思想与表达混同的情形。根据"混同原则"的要求，在特定情形下的雷同表达，甚至相同表达亦是被允许的。例如"中国特色社会主义理论""中华民族伟大复兴"等表达是固定不变的，但在查重软件之下皆为红色，都将计算在重复率里。因此有人戏称查重软件是一款不讲道理的软件。

第四章 特殊作品相关法律问题研究

本章所称特殊作品限于演绎作品、合作作品、汇编作品、视听作品、职务作品和委托作品。这些作品之所以称为特殊作品，主要是因为这些作品的创作过程与普通的作品相比较有其特殊之处，进而在权利归属和权利行使等方面有着特殊的制度安排。研究特殊作品特殊制度安排背后的学理、法理和事理不仅能够拓展我们的学术视野，还能进一步深化我们对著作权法下作品的理解和正确把握。

一、演绎作品

关于演绎作品需要正确理解以下几个难点：一是《著作权法》第十条列举了作者具有 17 项权利，但未出现"演绎权"，这是否意味着著作权以外的当事人可以不经过作者的同意即可对他人的作品进行演绎；二是如何正确理解"双重权利，双重许可"；三是如何理解演绎作品的著作权人行使演绎作品著作权的不自由。

（一）演绎作品的归属问题

要回答演绎作品著作权的归属，首先必须理解著作权法下的"演绎"的内涵。演绎的通常含义是从假设的命题出发，运用逻辑的规则导出另一命题的过程，即由一般原理推演出个别情况下的结论。

在著作权法领域，尚未有演绎一词的出现，所谓的演绎通常是指在已有作品的基础上对已有的作品进行二度创作的过程，经过二度创作所形成的作品即为演绎作品。放眼《著作权法》的所有规定，能称为二度创作的无非是《著作权法》第十三条所规定的特有情形。根据《著作权法》第十三条的规定，演绎作品主要包括四类：一是改编作品，如将小说改编为剧本、连环画所产生的作品；二是翻译作品，如将英文翻译成中文，将古文翻译成白话文等所产生的作品；三是注释作品，如对法律文本进行注释，对诸子百家的经典著作进行注释等所形成的作品；四是整理作品，是指对某些内容零散、层次不清的已有文字作品进行删节、编排、组合等，使其条理化、系统化，成为可阅读、演奏、理解等的作品，主要包括对古籍的点校、补遗，对少数民族作品、方言作品的整理等。《著作权法》并没有直接规定作者享有演绎权，这是否意味着著作权以外的当事人可以不经过作者的同意即可对某作品进行演绎而不构成著作权侵权呢？答案显然是否定的，著作权法下的演绎是对改编、翻译、注释、整理等行为的抽象概括，或者说是对二次创作的抽象概括，其概念属性内涵于改编、翻译、注释、整理等行为中，因此未经著作权人同意的改编、翻译、注释、整理等行为，都是对作者演绎权的侵犯，演绎权是一个权利束。

演绎作品的过程，也是一次作品创作的过程，它有别于对作品的复制，本质上是新作品的产生过程。有了这样的认识，演绎作品著作权的归属就好理解了。《著作权法》第十三条明确规定，改编、翻译、注释、整理已有作品而产生的作品，其著作权由改编、翻译、注释、整理人享有，但行使著作权时不得侵犯原作品的著作权。

（二）演绎作品与已有作品的关系

我们将演绎作品与已有作品的关系定义为母子关系，因为演绎作品不仅是在已有作品的基础上产生的，而且它还保留了原作品的主题思想，它所改变的是已有作品的表达方式或内容。但是，演绎作品毕竟不是对原有作品的简单复制，它也是一个创作的过程，其独创性工作成果直接体现在演绎作品上。

演绎作品的著作权虽然归演绎作品的作者享有，但其在使用演绎作品时是不自由的。演绎作品的作者在使用演绎作品时，仍然需要经过原作品著作权人的同意。第三人在使用演绎作品时，不仅要征得演绎作品著作权人的同意，还要征得原作品著作权人的同意。为此《著作权法》第十六条申明："使用改编、翻译、注释、整理、汇编已有作品而产生的作品进行出版、演出和制作录音录像制品，应当取得该作品的著作权人和原作品的著作权人许可，并支付报酬。"换言之，使用演绎作品进行出版、演出和制作录音录像制品时，不仅要取得演绎作品作者的同意，而且还需要取得原作品著作权人的同意。这就是所谓的"双重权利，双重许可"规则。下面我们通过两个案例来加深对"双重权利，双重许可"规则的理解。

第一个案例是2007年股市火爆时发生的一个案件。龚某有感于自己的炒股经历和当时全民炒股的热潮，根据信乐团主唱阿信演唱的歌曲《死了都要爱》的曲调重新填写了歌词，并冠以歌名《死了

都不卖》，之后某公司在龚某《死了都不卖》的基础上对歌词再做修改并在网上传播。本案中，龚某《死了都不卖》改变了歌曲《死了都要爱》的内容，但龚某保留了《死了都要爱》的旋律曲调。很明显，龚某的《死了都不卖》是根据歌曲《死了都要爱》的曲调演绎而来的，根据《著作权法》第十三条的立法要义，龚某创作并使用《死了都不卖》需要经过歌曲《死了都要爱》相关作者的同意。同样，某公司创作并使用《死了都不卖》，则不仅要取得歌曲《死了都要爱》相关作者的同意，还需要取得龚某的同意。需要指出的是，《著作权法》第十六条对于演绎作品的使用只列举了三种情形：出版、演出和制作录音录像制品，且后面没有修饰词"等"，这是否意味着对演绎作品的使用只限于出版、演出和制作录音录像制品三种情形呢？答案显然是否定的，演绎作品是在原作品的基础上派生而来的作品，本质上仍然属于作品系列，《著作权法》第十六条所列举的对作品的改编、翻译、注释、整理、汇编等情形同样适用于对演绎作品的使用。

第二个案例取材于2019年法考卷三第13题。某电影公司委托罗某创作电影剧本，但未约定该剧本的著作权归属。后某电影公司根据该剧本拍摄成电影。甲乙丙丁未经电影公司和罗某的许可做了以下几件事情：甲音像出版社制作并出版该电影的DVD；乙动漫公司根据该电影的情节和画面绘制了一整套漫画，并在网络上传播；丙学生将该电影中的对话用方言配音，产生滑稽效果，并将配音后的电影上传网络；丁电视台播放了30分钟该部电影中的经典对话的画面。甲乙丙丁何者同时侵犯了二者的著作权？本案的第一步应确定两个著作权人各是谁，第二步确定甲乙丙丁中谁侵犯了两个著作权人。根据《著作权法》第十九条的规定，剧本的著作权人是罗某；演绎作品电影的著作权人是某电影公司。根据《著作权法》第十三条的规定在使用演绎作品时通常要遵循双许可规则。但是，这里要特别注意：使用视听作品时，视听作品对原作品有一个隔断的功能，即如果仅仅是使用了演绎的视听作品部分，不需要遵循双许可规则。只使用视听作品部分不需要征得原作品的同意。本案中只有乙同时侵犯了两个著作权主体的著作权。

二、合作作品

对于合作作品需要掌握以下几个难点：一是判断合作作品的标准；二是可以分开使用的合作作品和不可以分开使用的合作作品的著作权的归属；三是自传作品著作权的享有；四是合作作品的出版发行；五是合作作品的继承。

（一）合作作品的判断标准

所谓合作作品通常是指由两人或两人以上共同创作完成的作品。没有参加创作的人，不能成为合作作者。判断一个作品是不是合作作品，笔者认为首先是行为人之间有没有"合意"，即有没有共同创作作品的意思表示。比如，甲写好了歌词并将其放在办公室的桌面上。在甲外出时，甲的朋友乙来看望甲，见甲不在意欲离开，却无意间看到了甲放在桌面上的歌词，乙仰慕甲的才华用手机拍下，乙回家后迅速将甲的歌词谱上曲。很显然，词与曲结合就成了歌，但

这首歌在成为"歌"的过程中，在甲乙之间并没有形成合意，因此它不是合作作品。其次，判断一个作品是否为合作作品，还要看参与者是否发挥了独创性作用。例如，在作品的产生过程中尽管有多人参与，但部分参与者只限于从事后勤保障，提供物质技术支持，或者提供创意、素材等，均不能成为合作作者。作为合作作品的作者，一定是在作品的产生中发挥了独创作用的合作者，即对作品的独创性有所贡献的合作者。

（二）合作作品作者间的权利与义务

合作作品的合作者共同享有合作作品的著作权。我国《著作权法》第十四条规定："两人以上合作创作的作品，著作权由合作作者共同享有。"合作作品分为可以分开使用的合作作品和不可以分开使用的合作作品两种类型。对于可以分开使用的合作作品可以分开使用的部分，作者对各自创作的部分可以单独行使著作权，且无需征得其他合作作者的同意。对于"可以分开使用"的判断标准，一是可以分开使用的部分在篇章结构上具有相对独立性，二是可以分开使用的部分具有独立的价值。如果合作作品能够分开使用的，合作作品的作者在各自行使属于自己部分的著作权时，不得侵犯合作作品整体的著作权。例如，上面提到的关于"歌"的案例，假设这首歌是甲乙共同创作的，根据双方的约定甲负责撰写歌词，乙负责谱曲，则甲和乙均可以独自使用属于自己的那部分著作权。但同时，无论是甲还是乙，均不得在使用过程中损害二者整体的著作权。

第四章 特殊作品相关法律问题研究

对于不可以分开使用的合作作品，合作作品的著作权人使用合作作品时，著作权由合作作者通过协商一致行使，"协商"是使用合作作品的必经程序，只有在不能协商一致且又无正当理由的情况下，另一方才享有他方不得阻止其行使除转让、许可他人专有使用、出质以外的其他权利。即任何一方均可行使《著作权法》第十条[①]所列举的各项权利，但是所得收益应当在所有合作作者中进行合理分配。下面我们可以通过举例来加深对协商一致的理解。

甲乙合作撰写了某科技学术论文，但对谁是合作作品的第一作

[①] 《著作权法》第十条规定：著作权包括下列人身权和财产权：（一）发表权，即决定作品是否公之于众的权利；（二）署名权，即表明作者身份，在作品上署名的权利；（三）修改权，即修改或者授权他人修改作品的权利；（四）保护作品完整权，即保护作品不受歪曲、篡改的权利；（五）复制权，即以印刷、复印、拓印、录音、录像、翻录、翻拍、数字化等方式将作品制作一份或者多份的权利；（六）发行权，即以出售或者赠与方式向公众提供作品的原件或者复制件的权利；（七）出租权，即有偿许可他人临时使用视听作品、计算机软件的原件或者复制件的权利，计算机软件不是出租的主要标的的除外；（八）展览权，即公开陈列美术作品、摄影作品的原件或者复制件的权利；（九）表演权，即公开表演作品，以及用各种手段公开播送作品的表演的权利；（十）放映权，即通过放映机、幻灯机等技术设备公开再现美术、摄影、视听作品等的权利；（十一）广播权，即以有线或者无线方式公开传播或者转播作品，以及通过扩音器或者其他传送符号、声音、图像的类似工具向公众传播广播的作品的权利，但不包括本款第十二项规定的权利；（十二）信息网络传播权，即以有线或者无线方式向公众提供，使公众可以在其选定的时间和地点获得作品的权利；（十三）摄制权，即以摄制视听作品的方法将作品固定在载体上的权利；（十四）改编权，即改变作品，创作出具有独创性的新作品的权利；（十五）翻译权，即将作品从一种语言文字转换成另一种语言文字的权利；（十六）汇编权，即将作品或者作品的片段通过选择或者编排，汇集成新作品的权利；（十七）应当由著作权人享有的其他权利。著作权人可以许可他人行使前款第五项至第十七项规定的权利，并依照约定或者本法有关规定获得报酬。著作权人可以全部或者部分转让本条第一款第五项至第十七项规定的权利，并依照约定或者本法有关规定获得报酬。

者争执不下。甲扬言如果不将自己列为第一作者，则不允许乙单方面发表该学术论文。乙因评职称急需在学术刊物上发表文章，尤其是以自己为第一作者的文章，因此乙多次找甲协商，但均不欢而散，于是乙擅自将自己列为第一作者、甲为第二作者向多家期刊社投稿。丙期刊社决定录用该稿，但要求乙不得一稿多投，否则作撤稿处理，乙答应丙期刊社绝不一稿多投，只接受丙期刊发该学术论文的要求。

本案中乙在投稿之前已经找甲多次协商，在这种情况下，乙初步具备了单方行使著作权的条件，唯一需要考证的是甲拒绝的理由是否正当。甲乙争执的系谁为第一作者，作者的排序问题不属于《著作权法》规范的范围，因此，甲的拒绝可以认定为不合理，乙的单方发表于法有据。但接下来的"乙答应丙期刊社绝不一稿多投，只接受丙期刊发该学术论文的要求"是否触犯了"不得许可他人专有使用"的禁止呢？我们认为乙接受丙期刊的出版要求并不违反《著作权法》第十四条第二款[①]的规定，因为丙的要求不是专有使用，而是专有发表，且这要求并不违反学术伦理。

另外，以下情况需要予以关注：一是对于合作作品的侵权。对于合作作品的侵权，合作作者任何一方均可独立提起诉讼，但所得赔偿应在合作作者之间进行合理分配。二是对于自传作品著作权的享有。《最高人民法院关于审理著作权民事纠纷案件适用法律若干问题的解释》（以下简称《著作权纠纷解释》）第十四条规定："当事

[①]《著作权法》第十四条第二款规定：合作作品的著作权由合作作者通过协商一致行使；不能协商一致，又无正当理由的，任何一方不得阻止他方行使除转让、许可他人专有使用、出质以外的其他权利，但是所得收益应当合理分配给所有合作作者。

人合意以特定人物经历为题材完成的自传体作品，当事人对著作权归属有约定的，依其约定；没有约定的，著作权归该特定人物享有，执笔人或整理人对作品完成付出劳动的，著作权人可以向其支付适当的报酬。"这就意味着传记作者（执笔人）或整理人除了能够获得适当报酬之外，对自传不享有任何著作权，包括署名权。三是合作作品的继承。根据《著作权法实施条例》第十四条规定，合作作者一方死亡的，其对合作作品所享有的财产权由其继承人或受遗赠人取得，没有继承人，也没有受遗赠人的，由其他合作作者享有。

三、汇编作品

关于汇编作品，我们需要关注和讨论的包括：一是汇编不受保护的作品，甚至是侵权的作品、作品的片段、不构成作品的数据或者其他材料所产生的汇编作品是否受著作权法保护；二是对汇编权与汇编作品著作权的界定；三是汇编要达到什么样的水平才能构成汇编作品。

（一）汇编作品的著作权问题

关于汇编作品的定义，《著作权法》第十五条规定，"汇编若干作品、作品的片段或者不构成作品的数据或者其他材料，对其内容的选择或者编排体现独创性的作品，为汇编作品"。汇编人可以是自然人，也可以是法人或其他组织，在实践中，法人和其他组织比较常见。对于汇编作品的著作权归属问题，《著作权法》第十五条规定汇编作品"其著作权由汇编人享有"。据此我们可以推出：汇编人汇

编自己的作品就会享有双重著作权，即基于原作品的著作权和基于汇编作品而产生的著作权。前者是原创作品的著作权，后者是演绎作品的著作权；汇编人汇编他人的作品，原作品的著作权仍然归原创作者享有，汇编人因汇编所产生的汇编作品著作权归汇编人享有；汇编人汇编他人超过著作权保护期的作品，原作品的作者或著作权人因时效而丧失汇编权，汇编人无需取得原作者或著作权人的同意，汇编人因汇编取得汇编作品的著作权。

汇编作品终归是作品，因此它必须满足著作权法所定义的关于作品的一般属性，即具有独创性。只有在对内容进行选择、编排时融入创作者独特的智力成果，展现个性化的表达，才符合作品认定标准。若仅依据既定规则或固定模式机械操作，不同主体运用相同方式产生的结果并无差异，那么这样汇编而成的作品不是著作权法意义上的作品。例如某大学编排的教职工电话号码本，数十年来随着人员的变化、电话号码的变化、机构的变化不断地在更换，在这个过程中，电话号码本的封面、内部结构也在不断地调整重组，但我们很难将其视为汇编作品，究其原因，是因为它难以摆脱高校在内部教职工电话号码本编排上的窠臼，并非独创性表达，所变化的充其量只是方法。

（二）汇编权与汇编作品著作权的关系

汇编权与汇编作品的著作权是两个完全不同的概念。举例说明，作家甲创作了小说《男人加油站》并将其刊登在《十月》杂志上，显然甲对该小说享有著作权。因为著作权是一个权利束，所以甲同时享有基于《男人加油站》著作权而派生的对该小说进行汇编的汇编权。《著作权法》第十条第一款第十六项规定，汇编权是指将作品或者作品的片段通过选择或者编排，汇集成新作品的权利。汇编权实质上就是未经著作权人同意禁止将其作品进行汇编的权利，即未经同意下的汇编禁止。假设作家乙未经甲的同意将甲创作的小说《男人加油站》汇编到自己的小说集出版，作家乙即构成对作家甲著作权当中的汇编权的侵权。关于汇编权问题，我们要特别注意《著作权法》第三十五条第二款的规定，对于已发表的作品，报刊（报纸与期刊）具有特殊的权利（注：出版社不具有），即具有法定的汇编权。① 具体来说就是对已刊登的作品，除著作权人声明不得转载、摘编的外，其他报刊可以转载或者作为文摘、资料刊登，但应当按照规定向著作权人支付报酬。典型的有《人大复印报刊资料》《读者》《新华文摘》等。我们顺着以上思路往前再延伸一步，如果《男人加油站》被某期《读者》收录，清华紫光欲将该期《读者》制作成电子光盘发行，则需要经过双重许可，即在取得汇编作品《读者》杂志社同意并支付报酬的情况下，还需要征得《男人加油站》作者的同意并支付报酬。由此我们可以得出汇编权是汇编作品著作权中的子权利之一。

（三）汇编与创作的关系

从广义上讲，凡作品皆为汇编而成，文字作品由无数单个的字

---

① 《著作权法》第三十五条第二款规定：作品刊登后，除著作权人声明不得转载、摘编的外，其他报刊可以转载或者作为文摘、资料刊登，但应当按照规定向著作权人支付报酬。

编排而成，美术作品由无数的线条编排而成，口头作品由无数的话语编排而成。但从狭义上，无论是文字作品、美术作品还是口头作品，都是创作而成的。那么，从立法文本从发，汇编与创作又当如何界定呢？笔者认为，通常意义上的汇编是在选择的基础上对所选材料的编排，如果该编排具有独创性，那么由此而产生的作品即为汇编作品。但如果选择和编排超越了原来的主题、表达了某种新的思想或者达到了某种新的艺术境界，那么此等汇编当视为创作，其产生的汇编作品实质上是《著作权法》第三条所规定的文字作品或美术作品。著名历史学家黄仁宇教授所著《汴京残梦》所言《清明上河图》乃是宫廷画家张择端汇编诸多他人画作而成的，只是在衔接之处作画增添过渡场景，但因其具有了鲜明的主题和独特的艺术美感，谁都无法否认《清明上河图》是一幅独立的美术作品，而非通常意义上的汇编作品。

（四）汇编作品的著作权保护

我们平时所看到的比较典型的汇编作品有学术期刊、每一期的《读者》杂志等。需要注意的是，作为汇编作品的汇编材料，通常本身就是受著作权法保护的作品，但是如果汇编不受法律保护的作品，例如由法规汇编而成的普法书籍，是否受著作权法的保护呢？关于这个问题，大量事实已经给出了肯定回答。尽管法规本身是不受著作权法保护的，但由法规汇编而成的书籍（汇编作品）同样受到著作权法的保护。我们将这个问题再往前延伸一步，将侵权作品、作品的片段汇编成作品是否同样受到著作权法保护呢？例如某出版社将侵权的30余篇学术论文汇编成册出版发行，这样的汇编作品是否也受到著作权法保护呢？《死了都不卖》歌曲改编案的判决结果给出了答案：被告认为龚某填词的《死了都不卖》是对《死了都要爱》的抄袭，原告龚某的作品是侵权作品，不应受到法律的保护。法院则认为即便原告的歌词存在侵权的嫌疑，只可能影响到原告利用作品，并不影响原告在自己的作品被侵权时向他人主张权利。法院据此认定被告构成侵权。从本案"即便原告的歌词存在侵权的嫌疑，只可能影响到原告利用作品"的判词不难推出将侵权作品、作品的片段汇编成作品同样受到著作权法保护的结论。综合以上分析，我们的结论是只要汇编作品本身不违反法律的禁止性规定，不违反善良风俗，汇编材料的瑕疵不能阻却汇编作品受到法律的保护。

实务中对汇编作品著作权的侵权通常表现为侵权人所采用的编排结构、顺序、体例以及与之对应的内容与受害人相同。但如果后者是为了说明前者，或者是为了服务于前者，即便是在编排顺序、体例、结构、目录上相同或相似，均不能轻易判定后者为侵权。例如甲出版社组织人员编写出版了某教科书，乙出版社组织人员编写出版了与该教科书目录相同的某教辅图书。甲出版社认为教科书的目录体现了其对内容的选择和编排，乙出版社未经其许可使用是侵权行为。法院审理认为：对汇编作品著作权的侵权应当体现为原被告双方所采用的编排结构、顺序、体例以及与之对应的内容均相同，而被告教辅图书的目录虽然与原告教科书的目录基本相同，但对应的内容不尽相同。同时教辅图书的编写必须以教科书为基础，这就

决定了教辅图书的编写必须依照教科书的目录顺序来编写，若不这样将会给师生带来使用上的不便与混乱。另外，如果禁止教辅图书与对应的教科书采相同的目录顺序编写，无异于排斥其他出版社编写教辅图书，其结果必将造成教辅图书市场的垄断。据此法院判决原告败诉。①

四、视听作品

视听作品本质上是演绎作品，但又不是一般的演绎作品，而是演绎作品的特殊形式。关于视听作品我们认为首先需要重点理解的是它的归属，其次是使用视听作品应遵守的规则，再次是电影作品、电视剧作品和其他视听作品的区别。

（一）视听作品著作权的归属

现行《著作权法》已由中华人民共和国第十三届全国人民代表大会常务委员会第二十三次会议表决通过，并于2021年6月1日起施行。本次修改的内容之一就是将原来称为电影作品和以类似摄制电影的方法制作的作品更改为视听作品，原因就是原来的称谓范围太窄，已经不适应变化了的现实状况，无法涵盖诸如抖音、短视频等新形态作品。将电影作品和以类似摄制电影的方法制作的作品更改为视听作品，不仅包括了电影作品、电视剧作品、具有独创性的

---

① 参见江苏省南京市鼓楼区人民法院民事判决书（2011）鼓知民初字第226号，江苏省南京市中级人民法院民事判决书（2013）宁知民终字第10号。

MV（音乐视频）①，还包括普通民众制作的短视频或抖音短视频②。

与以往电影作品和以类似摄制电影的方法制作的作品相比较，视听作品著作权的归属也发生了相当大的变化，这种变化具体体现在《著作权法》第十七条③。概括起来分为两方面：①视听作品如果是电影作品、电视剧作品（以下简称视听作品），在著作权的归属上作了四方面的安排：一是它们作为一个整体其著作权由制作者（即制片人，他们是组织制作并承担责任的视听作品的制作者）享有；二是编剧、导演、摄影、作词、作曲等作者享有两项权利，即署名权和获得报酬权；三是视听作品当中的剧本、音乐作品的作者可以单独行使对剧本和音乐作品的著作权；四是视听作品中的主要演员享有两项权利，即表明表演者身份的权利和获得报酬的权利。综上所述，视听作品在著作权归属上存在特别之处，是因为视听作品是一种复合性的作品：首先，视听作品是一种演绎作品，通常是

---

① 音乐视频（MV）是一种以音乐为中心的视频作品，通常包括歌曲的表演和相关的视觉元素。它们可以在各种平台上观看，如视频网站、社交媒体和音乐流媒体服务。MV可以是艺术家的现场表演，也可以是精心制作的电影短片，有时还会结合动画和其他特效。MV的目的是增强歌曲的情感表达，帮助传达歌曲的主题和故事。

② 抖音短视频是字节跳动于2016年9月推出的音乐创意类短视频社交平台，旨在帮助用户表达自我、记录美好生活。抖音整合了实时直播、电商购物等功能，形成了自己的商业闭环。与其他短视频相比较，抖音短视频在内容上更加注重创意和娱乐性，用户可以通过抖音提供的音乐、滤镜、特效等功能，创作出富有个性的短视频。

③ 《著作权法》第十七条规定：视听作品中的电影作品、电视剧作品的著作权由制作者享有，但编剧、导演、摄影、作词、作曲等作者享有署名权，并有权按照与制作者签订的合同获得报酬。前款规定以外的视听作品的著作权归属由当事人约定；没有约定或者约定不明确的，由制作者享有，但作者享有署名权和获得报酬的权利。视听作品中的剧本、音乐等可以单独使用的作品的作者有权单独行使其著作权。

对小说和剧本的演绎；其次，视听作品是一种合作作品，是由编剧、导演、摄影、作词、作曲等作者和道具、剧务、场记等通力合作完成的作品。②如果视听作品是具有独创性的MV、短视频等，应该将其作为一个整体，其著作权的归属有约定的按约定，没有约定或约定不明的归制作者（投资者）享有，作者则享有署名权和获得报酬的权利。

新修改的《著作权法》对于视听作品的规定作出了比较大的修改，其目的是便于视听作品的传播，同时也考虑到了原创作者的合理诉求。在平衡各方利益的基础上，新修改的《著作权法》在视听作品著作权的归属上没有按照普通的演绎作品和普通的合作作品对待，而是作为特殊演绎作品和特殊合作作品对待。如果我们把它们作为普通的演绎作品和普通的合作作品对待，那么视听作品的传播将会举步维艰，纠纷不断。

（二）视听作品使用上的规则

对视听作品的使用是一个复杂的问题。首先，视听作品是演绎作品，需要遵循演绎作品的使用规则。例如，视听作品是对小说、戏剧、剧本的改编，内涵了双重作品，存在双重著作权，因此将视听作品改编成其他的文艺形式，如改编为戏曲上演、漫画出版（改编表达方式），应当经过双重许可，即既要经过原创作者的许可并支付报酬，还要经过视听作品著作权人的许可并支付报酬。其次，视听作品通常是合作作品，存在作为整体的著作权和作为部分的著作权，在使用时亦存在作为整体的使用和作为部分的使用，在作为整体使用时,则需要作为整体的著作权人许可,在作为部分使用时,则需要作为部分的著作权人同意。下面我们通过一个案例来说明:富有传奇色彩的上海锦江饭店创始人董某君撰写了一部自传作品《我的一个世纪》,并将作品的"电视连续剧拍摄权"转让给上海某视听有限公司,该视听有限公司以《我的一个世纪》为母本拍摄电视连续剧《世纪人生》,拍摄完成后又将该电视连续剧许可他人制成光盘发行,但没有向董某君额外支付报酬。董某君的继承人董某认为:董某君仅许可视听有限公司使用《我的一个世纪》拍摄电视连续剧,视听公司对《世纪人生》电视连续剧的发行方式仅限于作为电视节目在电视台播映,并不包括制作成光盘销售及其他发行方式。而视听有限公司将改编、摄制而成的电视连续剧《世纪人生》交由他人以光盘方式出版、发行,超越了原作品作者许可使用的方式和范围,构成侵权,应当承担相应的法律

对此初审与终审法院均认为:经作者许可后改编并摄制而成的电视连续剧《世纪人生》已成为一个独立的作品。该作品的著作权由摄制该电视连续剧的制片者享有。虽然合同书所涉及的拍摄权是针对电视连续剧的,但并不意味着拍摄而成的电视连续剧只能作为"电视节目"在电视台播映,将其制作成光盘销售是电视连续剧作品著作权人实现其著作财产权的一种方式。在原合同并未限制改编、拍摄的电视连续剧禁止此发行方式的情况下,原创作品的著作权人或者与该著作权有关的权利人,除可以要求署名权及相关合同约定之报酬权利外,无权再限制电视连续剧作品的具体使用方式,故以光盘方式出版、发行电视连续剧并不存在超越与原著作者所签合同

的许可方式和许可范围的问题。①

（三）视听作品的划分

对视听作品的划分同样是一个复杂的问题，视听作品划分为"电影作品、电视剧作品"和"电影作品、电视剧作品以外的视听作品"两个部分，那么二者划分的标准在哪里呢？无论是从时长、情节，还是从行政许可、创作目的等方面都无法妥当地将"电影作品、电视剧作品"和其他视听作品区分开来。笔者认为，根据我国的国情，对于"电影作品、电视剧作品"和其他视听作品的区分，可以从审批部门的划分中求解：需要经过国家电影局审批的那一类视听作品为电影作品；需要国家广播电视总局审批的那一类视听作品为电视剧作品；无需审批即可播放的那一类视听作品为其他视听作品。

五、职务作品

关于职务作品需要重点厘清以下几个问题：一是普通职务作品中的单位优先权属性；二是对完成"工作任务"的准确理解；三是对"主要是利用法人或者非法人组织的物质技术条件创作"的正确理解；四是报社、期刊社、广播电台、电视台的工作人员所创作的职务作品，工作人员是否有后续利用的权利。

---

① 参见上海市高级人民法院民事判决书（2004）沪高民三（知）终字第137号。

（一）普通职务作品的单位优先权

所谓职务作品，通常是指自然人为完成法人或其他非法人组织的工作任务所创作的作品。职务作品通常可以分为两类：普通职务作品和特殊职务作品。根据《著作权法》第十八条①的规定，职务作品的类型不同，其著作权的归属亦有区别。

普通职务作品的著作权归作者享有，用人单位享有两年内的优先使用权，即用人单位自作者向其交付作品的两年内在其业务范围内享有优先使用权，未经用人单位同意，作者不得许可第三人以与单位相同方式使用该作品。这里需要强调三点：一是单位在业务范围内享有两年内的优先使用权。这里的"两年"应当自作者向单位交付作品之日起计算。② 二是在这两年内经过单位的许可，作者可以许可第三人以与单位相同的方式使用该作品。当然此种情况下其所获得的报酬是否应当和单位进行合理分配呢？笔者认为是否应当在

---

① 《著作权法》第十八条规定：自然人为完成法人或者非法人组织工作任务所创作的作品是职务作品，除本条第二款的规定以外，著作权由作者享有，但法人或者非法人组织有权在某业务范围内优先使用。作品完成两年内，未经单位同意，作者不得许可第三人以与单位使用的相同方式使用该作品。有下列情形之一的职务作品，作者享有署名权，著作权的其他权利由法人或者非法人组织享有，法人或者非法人组织可以给予作者奖励：（一）主要是利用法人或者非法人组织的物质技术条件创作，并由法人或者非法人组织承担责任的工程设计图、产品设计图、地图、示意图、计算机软件等职务作品；（二）报社、期刊社、通讯社、广播电台、电视台的工作人员创作的职务作品；（三）法律、行政法规规定或者合同约定著作权由法人或者非法人组织享有的职务作品。

② 参见《著作权法实施条例》第十二条第二款的规定。

二者之间进行合理分配,需看双方是如何约定的。① 如果没有约定,或者约定不明,笔者认为单位并不具有获得报酬的权利,这一结论是基于《著作权法实施条例》第十二条的规定,以及普通单位作品的著作权归作者享有的法理推定。

对于特殊职务作品,其著作权由单位享有,但作者对特殊职务作品享有署名权。特殊职务作品包括以下三种类型:第一类是主要利用单位的物质技术条件并由单位承担责任的工程设计图、产品设计图、地图、示意图、计算机软件等职务作品。第一类特殊职务作品的构成要具备两个要件:一是主要利用了单位的物质技术条件并由单位承担责任;二是非以一己之力所能完成的。第二类是报社、期刊社、广播电台、电视台的工作人员所创作的职务作品。新闻媒体的工作人员因执行工作任务创作的作品为特殊职务作品,其著作权由单位享有,作者只享有署名权和获得奖励权利。第三类是法律、行政法规规定著作权归单位享有的职务作品或者作者和单位约定著作权归单位享有的职务作品。例如,甲电影制片厂安排员工乙创作剧本《男人加油站》用于拍摄电影,但没有约定剧本著作权的归属,在这个例子当中剧本属于职务作品,且属于普通职务作品(撰写剧本并非离不开单位的资金、技术和设备)。那么依照我国《著作权法》第十八条的规定,著作权应归作者乙享有,但是单位甲电影制片厂享有一个权利——乙向甲交付该剧本之日起的两年内甲享有在

---

① 《著作权法实施条例》第十二条第一款规定:职务作品完成两年内,经单位同意,作者许可第三人以与单位使用的相同方式使用作品所获报酬,由作者与单位按约定的比例分配。

其业务范围内优先使用的权利,即在这两年期间内,乙未经甲的同意不得许可第三人使用该剧本摄制电影。需要注意的是,在这两年内乙只是未经甲的许可不能允许第三人以该剧本摄制电影,但乙完全可以不经过甲的允许许可第三人从事摄制电影以外的行为。因为用人单位甲在这两年内只享有在其业务范围内优先于第三人使用的权利。当然在这两年内经过甲的允许,乙可以许可第三人将该剧本摄制成电影,但在这种情况下乙所获得的报酬是否应该在乙和甲之间进行合理的分配呢?我们的答案是否定的。理由是既无法律规定,亦无双方的约定。

完成特殊职务作品的当事人是否有获得奖励的权利?我们的回答是否定的,其依据是《著作权法》的第十八条第二款"有下列情形之一的职务作品,作者享有署名权,著作权的其他权利由法人或者非法人组织享有,法人或者非法人组织可以给予作者奖励"。立法在此使用的是"可以"二字,是否给予奖励全在于单位"予"与"不予"的单方意愿。

(二)职务作品需要厘清的几个问题

正确理解和把握职务作品需要厘清以下三个问题:一是普通职务作品中的单位优先权是绝对优先权,还是相对优先权?我们认为是绝对优先权,因为该优先权不是同等条件下的优先权。二是《著作权法》第十八条第一款规定"自然人为完成法人或者非法人组织工作任务所创作的作品是职务作品",这里的"工作任务"应该如何准确理解?我们认为这里的"工作任务"应该是指工作人员在单

位应当履行的职责。当前我国高校分为研究型和应用型两大类，这是否意味着在研究型大学工作的教师从事科研就是他们的"工作任务"，并进而推导出这些教师所撰写的科研论文即为单位作品呢？笔者认为，研究型大学应该从事科研是管理部门对学校的定位，并非是对教师个体的定位。从事科研是管理部门，乃至社会对高校教师的普遍要求和期待，但它终归是倡导性要求，并非必须或应当从事的"工作任务"，因此高校教师所撰写的科研论文是个人作品，其法律责任亦由个人承担。三是对"主要是利用法人或者非法人组织的物质技术条件创作"中的"物质技术条件"如何理解？笔者认为对这里的"物质技术条件"应从两个方面去把握：定性与定量。定性就是这里的"物质技术条件"是什么。定量就是这里的"物质技术条件"在作品的创作过程中发挥怎样的作用。从定性的角度，这里的物质技术条件是指资金、设备和资料等；从定量的角度，这里的物质技术条件是创作作品不可或缺的物质技术条件。四是报社、期刊社、广播电台、电视台的工作人员所创作的职务作品，工作人员是否有后续利用的权利？不加区分地将报社、期刊社、广播电台、电视台工作人员创作职务作品只赋予署名权，至少有两个方面的不足：一是容易导致单位与工作人员间的利益失衡；二是不利于优秀作品的传播。如果说导致单位与工作人员间利益失衡尚可用"奖励"[①]来平衡，但对于此类作品的后续利用则完全掌控在单位手中，从著作权法发挥激励机制的角度不得不说是一个遗憾。

下面是关于职务作品的一个典型案例，通过对该案例的分析可

---

① 详见《著作权法》第十八条第二款的规定。

以进一步理解和把握有关职务作品的知识要点。甲经面试进入乙学校任教，双方约定甲在任职期间所完成的职务作品归学校享有。之后甲完成作品《法考突破法》，乙将该作品出版发行，随后甲辞职进入丙学校继续从事教学工作。经甲许可丙学校复制了少量的《法考突破法》供学生阅读使用。丁书店向学生收购了大量正版的《法考突破法》作为二手书在网上出售获利。试问：本案中丙经甲的同意复制《法考突破法》供学生阅读使用的行为是否侵犯了乙的著作权？丁出售二手《法考突破法》获利是否侵犯了乙的著作权？

对于本案第一问"丙经甲的同意复制《法考突破法》供学生阅读使用的行为是否侵犯了乙的著作权"，笔者认为丙的行为侵犯了乙的著作权。首先，根据甲乙约定该作品的著作权归乙享有，丙经过甲的同意没有隔断自己的侵权行为；其次，丙复制少量《法考突破法》供学生使用，而不是供教师教学科研使用亦是一种侵权行为。对于第二问，笔者认为丁的行为并不侵犯乙的著作权，丁销售正版《法考突破法》意味着丁销售范围内的书籍的发行权已经用尽，因此丁书店向学生收购正版《法考突破法》作为二手书在网上出售获利的行为不构成对著作权人乙的侵权。

六、委托作品

委托作品是指受托人根据委托人的指示创作而成的作品。关于委托作品，需要厘清三个难点：一是此"委托"是通常意义上的委托，还是事实上的"承揽"；二是委托作品中的自传体著作权的归属问题；三是根据约定著作权归委托方享有时，委托方是否享有包括

署名权在内的所有著作权。

（一）委托作品著作权的归属

根据委托而创作的作品，无论该作品的创作是基于委托人所提供的资金、设备和资料，还是基于受托人的资金、设备和资料，始终遵循有约定按约定，没有约定或约定不明的委托作品的著作权归受托人享有的规则，此规则是世界之通例。根据我国《著作权纠纷解释》，关于委托作品著作权的归属问题存在两个例外，相关规定见《著作权纠纷解释》第十三条[①]和第十四条[②]。对于《著作权纠纷解释》第十四条，我们在理解的时候一定要注意这里的"自传"是参与约定的委托人的自传，如果参与约定的委托人为他人（如革命先烈）撰写自传，这种情况下的委托作品的著作权应该按《著作权法》第十九条[③]的规定处理。

在委托作品的著作权归受托人享有的情况下，委托人的权利又当如何保护呢？在委托作品著作权归受托人享有的前提下，委托人享有在双方约定的创作使用范围内享有永久免费使用的权利。

[①]《著作权纠纷解释》第十三条规定：除著作权法第十一条第三款规定的情形外，由他人执笔，本人审阅定稿并以本人名义发表的报告、讲话等作品，著作权归报告人或者讲话人享有。著作权人可以支付执笔人适当的报酬。

[②]《著作权纠纷解释》第十四条规定：当事人合意以特定人物经历为题材完成的自传体作品，当事人对著作权权属有约定的，依其约定；没有约定的，著作权归该特定人物享有，执笔人或整理人对作品完成付出劳动的，著作权人可以向其支付适当的报酬。

[③]《著作权法》第十九条规定：受委托创作的作品，著作权的归属由委托人和受托人通过合同约定。合同未作明确约定或者没有订立合同的，著作权属于受托人。

（二）委托人与受托人的关系属性

对于委托人与受托人之间的关系，是遵循《中华人民共和国民法典》（以下简称《民法典》）第七百七十条第一款[①]之规定，还是遵循《民法典》第九百一十九条[②]之规定？笔者认为，著作权法领域之委托，皆为完成某一特定工作任务之委托，非依合同约定向委托人提供劳务或为委托人管理某些事务，通常是交付某种"工作成果"之约定。因此将其定义为承揽合同更为合适。甚至有学者认为将这类作品称为"定作作品"[③]更合适。因此，从定性的角度看，委托人与受托人之间是一种合同承揽关系。

委托作品与合作作品都涉及多个主体，但二者之间有着明显的区别：委托作品的创作者只限于受托人，而合作作品是合作者共同创作的结果。委托作品也不同于职务作品：委托作品中的委托人与受托人之间表现为一种外部关系，双方是一种非隶属的平等关系；而职务作品中的单位与作者之间表现为一种内部关系，双方存在管理与被管理的隶属关系。由此，从双方地位的角度看，我们可以将委托作品当事人的关系定义为博弈性的合同关系，将合作作品当事人的关系定义为人合性的合同关系，将职务作品定义为隶属性的劳

[①] 参见《民法典》第七百七十条第一款：承揽合同是承揽人按照定作人的要求完成工作，交付工作成果，定作人支付报酬的合同。

[②] 参见《民法典》第九百一十九条：委托合同是委托人和受托人约定，由受托人处理委托人事务的合同。

[③] 参见刘春田主编：《知识产权法》（第三版），高等教育出版社，2007，第93页。

动关系。

（三）委托约定的边界

《著作权法》第十九条规定，"受委托创作的作品，著作权的归属由委托人和受托人通过合同约定。合同未作明确约定或者没有订立合同的，著作权属于受托人"。委托作品确定著作权归属的关键在于双方签订的合同，这里有一个问题，如果委托作品双方约定著作权归委托方所有，这里的著作权包不包括署名权，也就是说署名权可不可以成为约定的内容？从《著作权法》第十一条的立法意旨可以推出，唯有作品的创作者或视为作品创作者的作者才能拥有署名权，因此署名权是作者不可转让或继承的身份权，为此，我们认为，无论如何，署名权不能通过合同约定由委托人享有。更何况，一旦允许署名权可以约定，不仅会改变"创作"的现有定义，而且还会带来道德上的诸多风险。[①]

[①] 这与署名权应当由作者享有的基本原则不符；而且，这种解释会导致学生出资雇用"枪手"为自己撰写毕业论文等行为合法化，应当是不可取的。参见王迁：《知识产权法教程》（第七版），中国人民大学出版社，2023，第219页。

第五章　对著作权内容及权利行使的解读

著作权的内容包括著作人身权和著作财产权。本章难点颇多，例如，修改权、改编权和保护作品完整权的界线在哪里，未经作者许可对作品的歪曲或篡改是否一定会构成对作者社会评价的降低，信息网络传播权与发行权、广播权如何界定，如何正确理解"出版发行"与发行的关系，通过信息网络传播作品、提供作品下载等是否属于著作权法中的发行，发表权一次用尽与发行权用尽的区别，等等。

一、著作人身权

著作人身权包括发表权、署名权、修改权、保护作品完整权四项权能。发表权是指决定作品是否公之于众的权利；署名权是指表明作者身份，在作品上署名的权利；修改权是指修改或者授权他人修改作品的权利；保护作品完整权是指保护作品不受歪曲、篡改的权利。[①] 在著作人身权中，除了发表权，其他三项著作人身权的保护均不受时间限制。另外，除了发表权，其他三项著作人身权可否继承或转让？笔者认为署名权、修改权、保护作品完整权不仅是基于作者身份产生的，而且还发挥着捍卫作者身份的功能，因此它们不

---

① 参见《著作权法》第十条。

可以继承或转让。同时《著作权法实施条例》第十五条也强调指出，作者死亡后，其著作权中的署名权、修改权和保护作品完整权由作者的继承人或者受遗赠人保护。这里立法用的是"保护"而非"享有"。①

（一）发表权

发表权是作者决定是否将作品公之于众的权利。对于发表权的把握有两个问题需要厘清：一是没有征得作者同意的公之于众是否属于发表；二是公之于众的标准是什么。针对以上两个问题，《著作权纠纷解释》第九条似乎已给出了完整答案。《著作权纠纷解释》第九条规定："著作权法第十条第（一）项规定的'公之于众'，是指著作权人自行或者经著作权人许可将作品向不特定的人公开，但不以公众知晓为构成条件。"根据以上规定，从语义解释的角度，未经著作权人许可的公之于众不是公之于众，立法中的公之于众是"著作权人自行或者经著作权人许可"的公之于众。笔者认为这样的规定既不科学，也不符合客观实际。公之于众实际上存在正常状态下的公之于众和非正常状态下的公之于众两种情况，即著作权人自行或者经著作权人许可的公之于众和未经著作权人许可的公之于众。为此，"公之于众"不应该是一种价值判断，而是一种事实判断，只要作品在事实上已经不可逆地处于公之于众的状态，我们就得承认其已被公众所知晓事实，此时我们需要解决的问题不再是作品是否"公之于众"的问题，而是作品的"公之于众"是侵权的公之于众，

---

① 参见《著作权法实施条例》第十五条。

还是非侵权的公之于众。

那么，作品公之于众的标准是什么呢？其标准有二：一是向不特定的第三人公开。如果向特定的第三人（即便是多数人）公开，只要要求特定的第三人不得外传的，不视为发表。二是作品处于能够或者应该能够为第三人所知晓的状态，这种情况下的"公之于众"不以公众实际知晓为构成条件。

发表权是一项重要的著作权能，因为在正常情况下，创作就是为了公之于众，因此发表是创作的内生动力。著作发表权是一次用尽的权利，作品一旦发表，该项权利即消灭，因此在实际生活中将他人发表于网络上的文章删除并不构成侵犯他人的发表权。发表在生活中表现为三种情形：一是作者自己发表；二是作者许可他人发表；三是推定著作权人许可他人发表。下列四种情形推定作者许可他人发表：一是将未发表的美术作品、摄影作品的原件转让给他人；二是将未发表的作品同意他人摄制成电影；三是将未发表作品的著作财产权，如发行权、信息网络传播权转让他人；四是继承人、受遗赠人或作品原件所有人将作品发表。《著作权法实施条例》第十七条规定："作者生前未发表的作品，如果作者未明确表示不发表，作者死亡后50年内，其发表权可由继承人或者受遗赠人行使；没有继承人又无人受遗赠的，由作品原件的所有人行使。"作者死亡后的发表需要特别注意发表权的顺序性，不要被原件的持有所迷惑。

（二）署名权

署名权是通过在作品上署名从而表明作者身份的权利。署名权

的内容大体包括下面四个方面：一是有权决定署名还是不署名，作者暂不署名并不意味着作者放弃了署名；二是在署名的时候可以决定署真名还是笔名、假名；三是在作品为合作作品时决定署名的方式；四是有权决定未参加作品创作的人在作品上署名。笔者认为，第四种情形尽管在生活中确实存在，但无论从法理，还是情理的角度考虑都应该将该种情形予以革除，因为将其作为署名权的行使方式无疑是对当前此类学术造假的默许和背书。在现实生活中，署名权的行使往往受到使用方式的限制，比如录音制品中的音乐作品，邮票中所使用的他人创作的美术作品等。对此，《著作权法实施条例》第十九条规定："使用他人作品的，应当指明作者姓名、作品名称；但是，当事人另有约定或者由于作品使用方式的特殊性无法指明的除外。"

根据署名权的内容，我们认为下列行为构成了对作者署名权的侵犯：一是擅自删除作者的署名；二是擅自增加未参与创作者的署名；三是擅自改变作者署名方式的行为，例如将作者署的笔名改为真名。另外，抄袭他人作品不但侵犯了著作财产权中的复制权，也侵犯了著作人身权中的署名权，因为抄袭实际上是在他人作品之上署上自己的名字。[1]

演绎他人作品应当尊重原作品是一条基本规则，这种尊重是否包括了在演绎作品之上需要署原作品的作者名？笔者认为在演绎作品之上不应该署原作品的作者名，理由是演绎作品是在原作品的基

---

[1] 王迁：《知识产权法教程》（第七版），中国人民大学出版社，2023，第152页。

础上所产生的独立的新作品,并非演绎作品作者与原作品作者的合作作品。但是在使用演绎作品时应该指明演绎作品原作品的作者。例如在将他人小说改编为剧本或摄制成电影时,应标明"根据某某某同名小说改编而来或摄制而成"。

(三)修改权

修改权是指修改或者授权他人修改作品的权利。《著作权法》之所以要规定"修改权",根据立法者的解释,一是为了更好地反映作者的思想、情感和意志;二是随着客观事物的变化,人的思想、认识也会随之发生变化,作者需要对原先创作的作品进行符合实际的修改,以使作品产生更好的社会效果和作者承担起更多的社会责任。[①] 笔者认为,《著作权法》规定的修改权并非是一种赋权性权利,作者对自己的作品拥有修改权是天经地义的事情,因此修改权是一种防御性权利,目的是排斥作者以外的当事人在未经作者同意情况下的擅自修改。如果从防御性的角度来看,设立修改权是有意义的。

但是,修改权所要排斥的对象是什么呢?换言之,就是如何使修改权与改编权和保护作品完整权在逻辑上能够实现自洽。如果修改的幅度达到了产生新作品的程度,它就滑向了改编权;如果修改的程度达到了篡改和歪曲的程度,它就滑向了保护作品完整权。因此,为了实现修改权与改编权和保护作品完整权在逻辑上的自洽,

---

[①] 胡康生主编:《中华人民共和国著作权法释义》,法律出版社,2002,第44页。

修改权就只剩下对"作品内容作局部的变更以及文字、用语的修正"① 了。如果我们创设修改权的目的仅仅是排斥他人对"作品内容作局部的变更以及文字、用语的修正",其实际意义是十分有限的,因为对作品进行这类修改的当事人"主要是报刊社和出版社的编辑人员,同时,对来稿作品进行局部变更及文字、用语的修改是任何报刊社、出版社的日常工作"②。因此,从这个意义上讲,《著作权法》设立修改权并无实际意义。

(四)保护作品完整权

保护作品完整权并不是针对他人未经作者的同意而对作品进行删减或阉割,其侧重点是排斥他人对作者作品的"歪曲"或"篡改"。根据《著作权法》第十条的规定,所谓保护作品完整权,是指保护作品不受歪曲、篡改的权利。根据《伯尔尼公约》和多数国家的立法,保护作品完整权的侵权构成除了"歪曲或篡改"外,还规定了"可能对作者的声誉造成损害"。

笔者认为,保护作品完整权的侵权构成只要达到"歪曲"或"篡改"即可。因为,作品是作者的精神产儿,对作品的"歪曲"或"篡改"极有可能"对作者的声誉造成损害"。因此,"歪曲"或"篡改"事实上已内涵了对作者声誉可能造成损害。但需要强调的是,未经作者许可对作品的歪曲或篡改并不一定会构成对作者社会

---

① 胡康生主编:《中华人民共和国著作权法释义》,法律出版社,2002,第43页。
② 王迁:《知识产权法教程》(第七版),中国人民大学出版社,2023,第156页。

评价的降低,只是"极有可能"影响作者的社会声誉。法国作家罗曼·罗兰的名著《约翰·克利斯朵夫》中有一个情节:年轻的约翰·克利斯朵夫撰写了一系列批评德国音乐和音乐人的文章,文章发表后,社会对他恶评如潮,作者的社会评价极低,但他坚持己见继续写此类文章。某报社朋友利用他只管投稿不看报纸的习惯对他的文章进行改写,改成了对德国音乐和音乐人的赞美之作,篡改后的文章发表后好评如潮。克利斯朵夫了解真相后勃然大怒。这个故事充分说明了对作者作品的篡改或歪曲只是极有可能造成对作者声誉的影响,切不可将其绝对化。下面我们通过一个案例来加深对保护作品完整权的理解。

本案例取材于 2015 年司法考卷三第 62 题:应出版社约稿,崔雪创作完成一部儿童题材小说《森林之歌》。为吸引儿童阅读,增添小说离奇色彩,作者使用笔名"吹雪",特意将小说中的狗熊写成三只腿的动物。出版社的编辑在核稿和编辑过程中,认为作者有笔误,直接将"吹雪"改为"崔雪",将狗熊改写成四只腿的动物。出版社将《森林之歌》批发给书店销售。本案例设计了四问:一是出版社是否侵犯了作者的修改权;二是出版社是否侵犯了作者保护作品完整权;三是出版社是否侵犯了作者的署名权;四是书店是否侵犯了作者的发行权。本题给出的标准答案是出版社侵犯了作者的修改权,出版社侵犯了作者保护作品完整权,出版社侵犯了作者的署名权。很显然,根据标准答案可以推出,出题者事实上将修改权与保护作品完整权当成了一个问题的两个方面,即侵犯修改权即被认定为侵犯了作者的保护作品完整权,反之亦然。当然,根据题目的表

述，将小说中的狗熊由"三只腿修改为四只腿"，此修改虽然改动的文字不多，但实际上已达到了"篡改"的程度，因为由"三只腿"改成"四只腿"不仅仅是数量上的变化，更是将作者寄付其上的隐喻给抹掉了。因此，根据笔者对保护作者完整权的理解，本案例中出版社的行为应该是侵犯了《森林之歌》作者的保护作品完整权和署名权。至于是否侵犯了作者的发行权，笔者认为不构成，理由是从"应出版社约稿"可推出发行权归出版社所有。

二、著作财产权

著作权法的立法目的是激励作者创作，鼓励文化传播。著作权法实现上述目标的杠杆是经济利益，著作财产权的规定是实现作者经济利益的具体途径，因此，著作财产权又被称为著作权中的"经济权利"。著作财产权是作者或其他著作权人享有的以特定方式利用作品并获得经济利益的专有权利。"特定方式"主要就是《著作权法》第十条规定的复制权、发行权、出租权、展览权、表演权、放映权、广播权、信息网络传播权、摄制权、改编权和翻译权等。

（一）关于著作复制权的探讨

复制权当属著作财产权中最核心的权利。《著作权法》关于复制权的定义是以印刷、复印、拓印、录音、录像、翻录、翻拍、数字化等方式将作品制作一份或者多份的权利。《著作权法》中的复制不是简单地再现作品，即不得将复制简单地归结为作品的再现。王迁教授在其《知识产权法教程》（第七版）中认为构成《著作权法》

中的复制行为需要具备两个条件：一是该行为应当在有形物质载体（有体物）之上再现作品；二是该行为应当使作品被稳定和持久地"固定"在有形物质载体之上，形成作品的有形复制件。换言之，复制权控制的复制行为是控制产生新的复制件，即增加复制件的数量。如果将作品原有的复制件以物理的方式附着在新的载体上，没有导致复制件的增加，则不构成复制行为。① 例如，乙擅自将甲创作的美术作品上传至网上，丙上网多次浏览乙擅自上传的美术作品。在这个例子当中，乙的行为侵害了甲的两个权利：一是甲美术作品的复制权；二是甲美术作品的信息网络传播权。但丙上网浏览甲的美术作品的行为不是复制行为，因为丙上网浏览甲的美术作品时尽管会在丙的计算机内存中留下该美术作品的临时复制件，这是一种客观的技术现象，但这些复制件并不稳定，当丙关闭电脑时，这些临时留存的复制件会因没有稳定地固定在载体上（计算机硬盘）而消失。

对著作权的行使应该从广义的角度去理解和把握，理由是著作权法中的复制是一种广义上的复制，包括了从平面到平面的复制、从平面到立体的复制、从立体到平面的复制、从立体到立体的复制、从无载体到有载体的复制（如将口述作品进行录音或者进行记录整理）、从传统作品对数字作品的复制。此外，把剧本拍摄为电影，也属于复制。这里需要特别说明一下的是，作品对于其所复制的载体目前并没有给予特别的限制，例如甲将乙的美术作品纹在自己身上的行为实际上也是一种复制行为。

---

① 王迁：《知识产权法教程》（第七版），中国人民大学出版社，2023，第163-164页。

（二）关于著作发行权的探讨

《世界知识产权组织版权公约》和《世界知识产权组织表演和录音制品条约》所规定的发行是指作者、表演者和录音制作者享有的授权通过销售或其他所有权转让形式向公众提供其作品、录制的表演和录音制品原件或复制件的专有权利。我国《著作权法》对发行权的表述是"以出售或者赠与方式向公众提供作品的原件或者复制件的权利"。其主体是否只限于《世界知识产权组织表演和录音制品条约》所列举的"作者、表演者和录音制作者"呢，笔者认为发行权的主体正确的表述应该是著作权人，具体包括狭义上的著作权人、录音录像制品权利人和表演者。

根据我国《著作权法》关于发行的表述，发行权的客体是作品的原件或者复制件，但根据生活经验，向他人出售或赠送原件的情况是不多见的，毕竟原件只有一份。因此，所谓的发行大多数情况下是向他人出售或赠与复制件的行为。

在现实生活的口语或书面语表达中，"出版发行"往往连结在一起而被视为同一个行为。事实上，著作权法意义上的"出版发行"有其特定的内涵，一般是指出版社将作品印刷成册，或制作完成音像制品后再向社会公开销售。而单纯的"发行"行为的主体具有多样性，它并不限于出版社，同时它的行为方式也不限于销售，"出版发行"仅仅是发行行为诸多方式中的一种行为而已。

构成著作权法意义上的发行行为，通常需要符合以下几个条件：首先，著作权法意义上的发行对象是面向不特定的公众提供作品原件或复制件的行为。出版社公开出版图书、书店出售小说、拍卖行拍卖美术作品等，均属于公开发行行为。其次，发行的方式是出售或赠与。最后，该行为应当以转移作品有形物质载体所有权的方式提供作品的原件或复印件。"这也是发行行为区别于表演、广播和展览等行为的关键所在"①。

那么，通过信息网络传播作品、提供作品下载等是否也属于著作权法中的发行呢？根据《世界知识产权组织版权公约》《世界知识产权组织表演和录音制品条约》和我国《著作权法》关于发行的定义可以推知，知识产权领域的发行必须满足"原件/复制件+载体"的构成模式，无论是通过信息网络传播作品，还是提供作品下载的服务，它们均表现为当事人向公众提供"作品"，而非"原件或复制件"。因此，通过信息网络传播作品、提供作品下载链接等均不属于著作权法语境下的发行。总之，发行权所控制的行为是未经允许的作品载体转移（出售或赠与），因此出售盗版光碟、书籍等即构成对著作权人发行权的侵权。

关于发行权问题，还有一个发行权用尽与发表权一次用尽的区别问题。发行权用尽与发表权一次用尽可以从两个方面进行区别：一是二者的含义不同。发表权一次用尽通俗的理解就是一旦作品被公之于众，无论这种公开是经作者允许的对外公开，还是未经作者允许的非法公开，都将使作者的发表权不可逆转地丧失；所谓发行权用尽是指作品的原件或复制件经著作权人许可发行（销售或赠与）

---

① 王迁：《知识产权法教程》（第七版），中国人民大学出版社，2023，第175页。

后，合法获得该原件或复制件的所有权人可以不经著作权人许可自由地将其出售或赠与。如销售正版二手书刊就是作品发行权用尽的典型实例；销售盗版复制品或违反合同约定加印书刊的行为所产生的盗版复制品和加印书刊，附着其上的发行权就没有用尽，这就是典型的发行权没有用尽的典型实例。二是发行权与发表权用尽的效力范围不同。发表权一次用尽的效力及于作品的整体，即整个作品的发表权不可逆地全部丧失；发行权用尽只及于合法发行的那部分作品，未经著作权人许可发行的作品附着其上的发行权并没有用尽。例如，某书店从某中学初三学生手中购得正版课外数学复习资料《数学解题技巧 ABC》1 000 本，用于二手书买卖，如果其中的 999 本是正版《数学解题技巧 ABC》，只有其中的一本是盗版，那么 999 本正版《数学解题技巧 ABC》的发行权已经用尽，而盗版的那一本发行权并没有用尽，某书店销售该盗版《数学解题技巧 ABC》时即构成对著作权人发行权的侵犯。

（三）关于出租权的探讨

根据《著作权法》第十条的规定，著作权视域下的出租权其基本含义是有偿许可他人临时使用视听作品、计算机软件的原件或者复制件的权利，计算机软件不是出租的主要标的的除外。根据对《著作权法》第十条的文义解释，出租权的主体似乎仅限于视听作品和计算机软件的权利人，但如果对《著作权法》进行体系解释，出租权的主体不限于视听作品和计算机软件的权利人，归纳起来应该有四类主体，即两类著作权人和两类邻接权人：视听作品和计算机软件的著作权人（计算机软件不是出租的主要标的的除外）；表演者和录音录像制品制作者。

下面我们再来探讨一下出租权的客体。《著作权法》关于出租权的客体限于两类作品和一个制品，两类作品是视听作品和计算机软件，一个制品是录音录像制品。根据我们对著作权法视域下关于出租权客体的归纳，很明显著作权法视域下关于出租权所规制的行为是未经著作权人同意下的出租视听作品和计算机软件"原件/复制件+载体"的行为和未经表演者和录音录像制品制作者同意的出租音像制品的行为。根据《著作权法》第十条的规定，我们可以明显地洞察到出租权与上文提到的发行权有一个共同的特征，即著作发行权和著作出租权所转移的标的都是"原件/复制件+载体"，但同时它们也有一个明显的区别，即著作发行权转移的"原件/复制件+载体"是著作权人的所有权；著作出租权转移的"原件/复制件+载体"是著作权人的使用权。

当前许多视频网站都提供"限时观看"付费服务业务，即网站根据客户的付费情况决定给予客户在线观看电影/电视剧的时长。这种情况是否属于著作权法视域下的作品出租行为呢？我们认为，"限时观看"付费服务业务不符合占有"原件/复制件+载体"的租赁特征，因此"限时观看"付费服务业务不属于著作权下的出租行为。事实上"限时观看"付费服务业务本质上属于"交互式传播"[①]

[①] 百度百科的解释是：交互式传播指的是在一个传播管道中，当来自受众的实际反馈被收集，而且发讯者将其加以使用，以便不断地调整或修饰再次传送给受众之信息。

行为。

（四）关于传播权的探讨

发行权和出租权都是通过转移作品有形载体所有权或让与作品占有使用权来实现作品的传播。传播权是对展览权、表演权、播放权等传播方式的抽象概括，它不以转移作品"原件/复制件＋载体"的占有来实现作品的传播，而是通过为社会公众提供欣赏作品的机会来实现作品的传播。

传播权根据传播源与受众所处场所的不同可以分为两种类型：一是现场传播，即受众处于传播发生地；二是远程传播权，即受众不处于传播发生地。现场传播典型情形包括展览、表演、放映等情形，远程传播典型情形包括信息网络传播和广播。通过商场、咖啡厅、酒吧、餐厅、超市等公共场所的大屏电视、收音机扩音器欣赏广播电台、电视台正在播出的作品，是否为现场传播要具体问题具体分析，如果传播源为商场、咖啡厅、酒吧、餐厅、超市所提供，即为现场传播，反之即为远程传播，如商场、咖啡厅、酒吧、餐厅、超市通过互联网电视使公众欣赏网络电视台正在根据节目时间表传播的作品就是一种典型的远程传播。

下面我们就围绕传播权下的几个子权利分别进行讨论：

1. 展览权

《著作权法》第十条规定，展览权是公开陈列美术作品、摄影作品的原件或者复制件的权利。根据《著作权法》的规定，并非所有的作品都是展览权的客体，展览权只适用于美术作品和摄影作品。

毫无疑问，著作展览权的主体通常只限于美术作品和摄影作品的所有人，但我们需要讨论的是美术作品和摄影作品的合法占有人是否具有展览权呢？根据《著作权法》第二十条的规定，美术作品和摄影作品展览权的最终归属为美术作品和摄影作品的原件所有人。[①] 美术作品和摄影作品的合法占有人因合法占有而取得占有权，占有权是一种防御性权利，具有保守性，因此美术作品和摄影作品的合法占有人不具有展览权。

2. 表演权

根据《著作权法》第十条的规定，所谓表演权是指公开表演作品，以及用各种手段公开播送作品的表演的权利。根据该定义，表演可分为演员的现场表演（公开的活表演）和机械表演（采用各种手段公开播送作品的表演）。机械表演在我国仅指将作品的表演使用机械设备向现场公众进行播放的行为，但不包括公开放映电影和通过无线电、有限电缆和互联网传播作品的表演情形。由此可见，在我国典型的机械表演表现为在歌舞厅、超市、商场、宾馆、酒店、餐馆、飞机、火车等场所播放背景音乐的行为。需要注意的是"机械表演"的构成并不以经营者主动操作为要件，只要经营场所的经营者或管理者提供了供公众直接播放作品的表演的设备（提供收音机、电视机除外）。

表演权和表演者权只有一字之差。表演权是著作权中的财产权，

[①] 《著作权法》第二十条规定，作品原件所有权的转移，不改变作品著作权的归属，但美术、摄影作品原件的展览权由原件所有人享有。作者将未发表的美术、摄影作品的原件所有权转让给他人，受让人展览该原件不构成对作者发表权的侵犯。

而表演者权属于邻接权。它们有四点不同：一是权利主体不同。表演权归作者享有，表演者权归表演者所有。二是权利客体不同。表演权的客体是作品，表演者权的客体是表演者的表演活动。三是权利性质不同。表演权是单纯的财产权，表演者权是一个综合性权利，既包括表明表演者身份和保护表演形象不受歪曲的人身权，又包括对现场表演行为的广播权、复制权、发行权、出租权四项财产权（事实上还包括一项二次报酬请求权，详见《著作权法》第四十五条①）。四是保护期限不同。自然人原始取得的表演权的保护期限是作者终身加作者死亡后50年，表演者权只保护自首次表演后的50年。

3. 放映权

公开放映行为在许多国家的著作权法中被规定为机械表演的一种，但一些国家将公开播放美术作品、摄影作品和电影作品等行为归入放映权的规范范围，我国亦采此立法例。《著作权法》第十条规定，放映权是指通过放映机、幻灯机等技术设备公开再现美术、摄影、视听作品等的权利。

4. 广播权

广播权是指以有线或者无线方式公开传播或者转播作品，以及通过扩音器或者其他传送符号、声音、图像的类似工具向公众传播广播的作品的权利，但不包括以有线或者无线方式向公众提供，使公众可以在某选定的时间和地点获得作品的权利。

---

① 《著作权法》第四十五条规定：将录音制品用于有线或者无线公开传播，或者通过传送声音的技术设备向公众公开播送的，应当向录音制作者支付报酬。

第五章 / 对著作权内容及权利行使的解读

广播权在《著作权法》第三次修改的时候作出了重大的调整。广播权控制的是向公众提供作品的行为，此类行为包括三种情形：第一种情形是对广播作品的控制，包括无线广播作品和有线广播作品。例如，朝阳公司制作完成电视剧《后陇山》后，南湖卫视经济台欲在晚间黄金时段播放，隆武有线电视台欲在第 1 频道播放，腾讯视频欲在网络电视频道播放，南湖卫视经济台的行为属于无线广播，临武有线电视台的行为属于有线广播，腾讯视频属于无线或有线广播，以上三家行为都要经过著作权人朝阳公司的许可。在本例子当中，制片者朝阳公司对视听作品电视剧《后陇山》享有著作权（其中包括广播权），南湖卫视经济台、临武有线电视台、腾讯视频的公开传播行为均受制片人朝阳公司广播权的控制，均须制片者朝阳公司许可并支付报酬。第二种情形是对转播他人广播的作品的控制。例如，朝阳公司制作视听作品《后陇山》后，经朝阳公司许可在 CCTV 卫视第 6 频道播放，南湖卫视欲将 CCTV 卫视第 6 频道播放的《后陇山》通过南湖卫视经济频道和南湖有线电视频道转播，那么在这个例子当中将 CCTV 卫视第 6 频道播放的电视剧通过南湖卫视频道转播是无线转播，通过南湖有线电视频道转播是有线转播，二者都受到朝阳公司对电视剧所享有的著作权当中的广播权的控制，都应当经过著作权人朝阳公司的允许，当然播放者 CCTV 对播放的节目信号享有广播组织者权，因此南湖卫视经济频道和南湖有线电视频道的这两个转播行为还要经过拥有广播组织者权的 CCTV 的允许。第三种情形是对以技术手段进行广播和转播的行为进行控制。例如，朝阳公司制作视听作品《后陇山》后，经朝阳公司许可腾讯

77

视频通过其网络电视频道定期播放。某咖啡馆未经许可将腾讯视频正在播放的《后陇山》驳接到咖啡馆大厅的大屏电视上供顾客观看。与此同时，某酒吧未经许可将腾讯视频正在播放的《后陇山》驳接到酒吧大厅的大屏投影仪上供顾客观看，某超市未经许可将腾讯视频正在播放的《后陇山》驳接到待售的电视机上供来往超市的顾客观看。在这个例子中，咖啡馆、酒吧、超市均属于以技术设备向公众传播收到的他人广播的作品，咖啡馆、酒吧、超市三者的转播行为均受到朝阳公司著作权当中的广播权的控制，由于没有得到朝阳公司的允许，咖啡馆、酒吧、超市三者的行为均构成对朝阳公司著作权当中的广播权的侵权。

广播权的享有者有三类主体：一是普通作品的著作权人；二是视听作品（电影和电视剧作品）的著作权人；三是录像制品制作人。视听作品著作权人和录像制品制作人所享有的广播权不受广播电台、电视台的法定许可限制。所谓广播电台、电视台的法定许可通常是指广播电台、电视台播放他人已经发表的作品（除了涉及隐私的作品），不需要经过著作权人的许可，只需要向著作权人支付报酬。视听作品著作权人和录像制品制作人享有的广播权不受广播电台、电视台法定许可的限制，意味着广播电台、电视台广播他人已经发表的视听作品和录像制品时应当经过电影作品、录像制品权利人的许可。① 除了以上三类主体享有广播权外，表演者享有半个广播权，即

---

① 第四十八条规定：电视台播放他人的视听作品、录像制品，应当取得视听作品著作权人或者录像制作者许可，并支付报酬；播放他人的录像制品，还应当取得著作权人许可，并支付报酬。

表演者仅对正在发生的现场表演活动享有广播权。需要强调的是，录音制品制作者不享有广播权，只享有二次报酬请求权。广播电台、电视台对某播放的节目信号享有转播权（实际上亦可称为广播权），并且不受其他广播电台、电视台法定许可的限制。

5. 信息网络传播权

信息网络传播是以有线或者无线方式向公众提供作品，使公众可以在个人选定的时间和地点获得作品。信息网络传播的途径很多，包括与计算机、电视机、固定电话机、移动电话机等电子设备终端相联结的计算机互联网、广播电视网、固定通信网、移动通信网、向公众开放的局域网，它们都属于信息网络传播权中的信息网络。这样的传播方式是一种交互式的传播方式——它需要将作品储存在信息网络中，使公众可以在个人选定的时间和选定的地点欣赏到作品。

何谓信息网络传播权？《著作权法》规定，信息网络传播权是以有线或者无线方式向公众提供，使公众可以在其选定的时间和地点获得作品的权利。根据信息网络传播权的定义可以推知，行为人未经著作权人同意，以有线或者无线方式向公众提供作品，使公众可以在其选定的时间和地点获得作品的行为即构成对著作权人的侵权。但如果网络服务商将他人上传至网络空间的作品删除，是否构成对著作权人信息网络传播权的侵权呢？根据《著作权法》关于信息网络传播权的相关规定，我们可以推定该网络服务商的行为不构成对著作权人信息网络传播权的侵权，充其量是一种违约行为。

信息网络传播权与发行权、广播权如何界定？首先，发行权控

制的行为是向公众转移作品载体所有权。① 例如，乐某创作歌曲《男人，加油!》由罗某演唱，花坛音像公司制作 CD 母带，黄某购买《男人，加油!》的盗版 CD 在松鼠网站兜售。本案中黄某的行为虽然也是在网上进行的，但黄某的行为侵害的是花坛音像公司的发行权。其次，广播权所控制的行为均不能产生按选定的时间获得作品的结果，只有在广播的时候公众才能接收这个作品，广播一旦结束公众就丧失了对作品的接收。相反，信息网络传播权控制的是公众在自己选定的时间来接触该作品信息，即它是一种交互式的传播行为。例如，乐某创作歌曲《男人，加油!》由罗某在剧场演唱，花坛电视台在现场直播，黄某擅自将花坛电视台播放的节目信号接入自己的网站供网民在线观看，但未储存。本案中黄某擅自将花坛电视台播放的节目信号接入自己网站的行为是擅自广播的行为。

综上所述，著作权的内容内涵了著作人身权和著作财产权，是著作专有权的总称。作品首先体现的是一个人的感情世界和思想倾向，是内心世界的自然流露或刻意宣泄，并由此形成作品"高度个性化"② 的特质和鲜明个性化的色彩。立法赋予作者对其所创作的作品拥有著作人身权，不仅体现了文明社会对人的尊重，更使作者精神上获得了极大满足；立法赋予作者著作财产权，不仅是对作者智力、体力甚至财力付出的补偿，更是对作者创造文明成果的激励和褒扬。需要指出的是，《著作权法》所列举的著作财产权，并不是

---

① 详见《著作权法》第十条第一款第六项的规定：发行权，即以出售或者赠与方式向公众提供作品的原件或者复制件的权利。

② 参见王迁：《知识产权法教程》（第七版），中国人民大学出版社，2023，第 147 页。

所有作品均一般地享有，具体到特定的作品，其享有的著作财产权是各不相同的。

三、关于著作权的保护期限

（一）著作权保护期限具有差异性

著作权的保护期限可以分为两个类别：一是无期限的保护（永久性保护）；二是有期限的保护（非永久性保护）。无期限的保护包括著作人身权中的署名权、修改权和保护作品完整权，有期限的保护限于著作人身权中的发表权和著作财产权。发表权适用于一次发表即权利用尽规则。

著作人身权中的署名权、修改权和保护作品完整权作为一种永久性的民事权利，当作者死亡后，著作权中的署名权、修改权和保护作品完整权由其继承人、受遗赠人保护（注意不是由继承人、受遗赠人享有）。没有继承人、受遗赠人的，由著作权行政管理部门保护。

关于著作人身权中的发表权和著作财产权的保护期限，可以分为以下几种情形：一是自然人作品。如果作品是由自然人原始取得著作权的作品，发表权和著作财产权的保护期为作者终身至死亡后的第50年的12月31日。如果该作品为自然人合作作品，其保护期为最后死亡作者死亡后的第50年的12月31日。二是单位作品。如果该作品是法人或非法人原始取得著作权的作品，其保护期为该作品创作完成后的第50年的12月31日。三是视听作品。如果该作品

81

为视听作品，无论原始取得其著作权的作者是自然人，还是法人、非法人组织，其保护期限皆为该作品创作完成后的第 50 年的 12 月 31 日。四是匿名作品。如果该作品为匿名作品，其著作财产权的保护期限截止到该作品首次发表后的第 50 年的 12 月 31 日。

（二）著作权保护期限的起算具有固化性

著作权保护期限的差异性清楚地表明著作权的主体不同，著作财产权的保护期限也会有所不同，著作财产权是可以转让的，著作财产权的主体改变后，著作财产权的保护期限是否也会随着著作财产权主体的改变而改变呢？我们的答案是否定的。例如，画家罗某林完成了大型油画《豹虎山》后，将其全部著作财产权转让给隆武文化馆，该《豹虎山》作品著作财产权的保护期限应当截止到画家罗某林死亡后的第 50 年的 12 月 31 日。因为根据著作权自动取得的规定，该作品最初的著作权人是自然人，该作品著作财产权的保护期限不随后面著作权人的变更而改变。再比如，花塘公司制作完成了电视剧《后陇山》后，将其全部著作财产权转让给自然人罗祈福，在这个例子当中，该作品最初是法人或非法人作品，其著作财产权的保护期限不因后续权利人的变更而变更，其著作财产权的保护期限应该截止到作品创作完成后的第 50 年的 12 月 31 日。一言以蔽之，著作权的"原始取得"对著作权保护期限的确定具有固化的作用。

（三）著作权保护期限的时效具有双重性

著作权在民事权利领域具有独特的地位和特色，尤其在著作权保护领域其特色更加明显，具体表现为其保护期限有限和无限的双重性，权利保护的绝对性和法律适用的可溯性。例如，画家罗某林1970年7月完成了大型油画《豹虎山》，并于当年9月公开发表，画家罗某林于1971年5月4日去世，某继承人罗筱筱于2023年10月8日发现某网站在未署作者名的情况下长期传播作品《豹虎山》，2024年5月5日继承人罗筱筱向被告所在地某人民法院起诉。对于该案我们可以列出以下四个问题：一是《豹虎山》的创作和发表均产生于《著作权法》生效之前，作者的发表权是否受《著作权法》的保护？二是原告的起诉是否已过诉讼时效？三是原告要求被告网站停止侵害作者署名权的行为是否能够得到人民法院的支持？四是原告指控被告侵犯作者信息网络传播权是否成立？根据发表权一次用尽规则，《豹虎山》已于1970年9月公开发表，作者的发表权已消灭，因此某网站的行为不侵犯作者的发表权；知识产权属于绝对权，其民法保护不受诉讼时效的限制；署名权是作者的永久性权利，不因时间的经过而丧失。根据《著作权法》第六十六条规定："本法规定的著作权人和出版者、表演者、录音录像制作者、广播电台、电视台的权利，在本法施行之日尚未超过本法规定的保护期的，依照本法予以保护。"（法律适用的可溯性）信息网络传播权是有时间限制的著作财产权，保护期限为作者终身至死亡后的第50年的12月31日。根据本案所给出的作者死亡时间，其作品信息网络传播权的保护截止时间为2021年12月30日。因此，某网站的行为不构成对作者信息网络传播权的侵犯。

第六章　关于邻接权的内容及侵权认定

现代社会下的著作权法不仅要保护作品创作者的权益，还要保护作品传播者的权利。邻接权又称为与著作权有关的权利或曰相关权，是给予作品的传播者或者作品之外其他成果的独创者依法所享有的专有权利的总称。邻接权从内容上讲大体包括四种类型：版式设计权、表演者权、录音录像制品制作者权和广播组织者权。其主要的难点是狭义著作权与邻接权法律保护存在的差异，以及具体侵权的诊断。

一、关于邻接权内容的梳理

（一）版式设计权

版式设计权是继表演者权、录制者权和广播组织权后所创设的邻接权。版式设计权的主体一般为期刊、图书的出版者，客体为在印刷品（出版的期刊、图书）中所采用的版式设计。版式设计权的内容是出版者有权许可或禁止他人使用其出版的图书、期刊的版式设计。版式设计不仅仅是出版单位用来吸引读者注意力，提高出版物销售量的一种重要的营销手段，更是提升图书气质档次，装点出版物门面的神来之笔。为此，各出版单位都非常重视版式设计这项工作，在这一环节倾注了大量脑力劳动，因此，给予版式设计邻接权是十分合理和必要的。《著作权法》顺势而为，特设版式设计权以彰显对出版社这一智力劳动成果的重视和肯定。根据《著作权法》第三十七条规定，该权利的保护期为10年，截止于使用该版式设计的图书、期刊首次出版后第10年的12月31日。

同版式设计权相关的权利是出版权，出版权是否为邻接权呢？我们认为，邻接权与著作权中的其他权利一样都属于绝对权，具有排斥当事人依合同意定而为的法定性。然而，出版权是一种典型的债权，是著作权人与图书出版者依出版合同约定而产生的权利，本质上属于债权，因此可以推出出版权不是邻接权。

（二）表演者权

表演者权规定在《著作权法》第三十九条。① 立法赋予表演者"表演者权"是对表演者传播作品的一种肯定。表演者权的主体通常是表演者，但演出单位亦可成为该权利的主体。② 《罗马公约》第3条将表演者定义为演员、歌唱家、音乐家、舞蹈家和表演、歌唱、演说、朗读、演奏或以其他方式表演文学或艺术作品的其他人

---

① 《著作权法》第三十九条规定：表演者对其表演享有下列权利：（一）表明表演者身份；（二）保护表演形象不受歪曲；（三）许可他人从现场直播和公开传送其现场表演，并获得报酬；（四）许可他人录音录像，并获得报酬；（五）许可他人复制、发行、出租录有其表演的录音录像制品，并获得报酬；（六）许可他人通过信息网络向公众传播其表演，并获得报酬。被许可人以前款第三项至第六项规定的方式使用作品，还应当取得著作权人许可，并支付报酬。

② 《著作权法》第四十条规定：演员为完成本演出单位的演出任务进行的表演为职务表演，演员享有表明身份和保护表演形象不受歪曲的权利，其他权利归属由当事人约定。当事人没有约定或者约定不明确的，职务表演的权利由演出单位享有。职务表演的权利由演员享有的，演出单位可以在某业务范围内免费使用该表演。

员。表演者权下的"表演"通常是对文学艺术"作品"的表演，例外包括民间文学艺术表达①方面的表演。正因为表演通常是对文学艺术"作品"的表演，因此诸如奥运会、世界杯等体育比赛均不属于著作权法下的"表演"。关于表演者权，有以下几个问题需要给予重点关注：一是表演已过保护期的作品是否仍然享有表演者权。我们的答案是肯定的。例如，将《红楼梦》的某个片段在春晚的舞台上进行表演，自然可以产生表演者权。二是多次表演同一作品是否可以产生多个表演者权。表演者对同一作品的每一次表演都享有独立的表演者权，理由是每一次表演都不是对上一次表演的简单复制，即便这种表演是在同一场地的某个时间段反复表演同一作品。

表演者权的内容包括两项人身权和四项财产权（详见《著作权法》第三十九条）。关于表演者权的财产权，需要注意以下几个问题：一是"半个广播权"。表演者权中的第一项财产权"许可他人从现场直播和公开传送其现场表演，并获得报酬"的规定表明了表演者权的主体只对正在发生的现场表演活动享有广播权，对已经固定在特定载体上的表演活动进行广播的，不受表演者权的控制，据此我们通常将其称为表演者的"半个广播权"。二是"首次固定权"。表演者权中的第二项财产权"许可他人录音录像，并获得报酬"的规定表明了表演者权的主体享有"首次固定权"。三是出租权。2020年11月11日著作权法修改的时候，《著作权法》在立法

---

① "民间文学艺术表达"与"民间文学艺术作品"并非同一概念，表演者多数情况下都是作品的表演者，但表演者也可以是不构成作品的"民间艺术表达"的表演者。参见王迁：《知识产权法教程》（第七版），中国人民大学出版社，2023，第252页。

方面给表演者权新增了一项权能，即在原复制权、发行权的基础上新增了出租权。四是信息网络传播权。

(三) 录音、录像制作者权

录音、录像制作者权的权利主体为录音制品或录像制品的首次制作者，即母带的制作者；它们的客体是录音制品（如CD）和录像制品（如法考培训机构录制的有连续画面的课件）；权利的内容：录音制品的制作者享有复制权、发行权、出租权、信息网络传播权、获得二次报酬权[①]五项权能，录像制品的制作者也享复制权、发行权、出租权、信息网络传播权、广播权五项权能。二者的权利保护期限均为50年，截止到首次制作完成后第50年的12月31日。

录音、录像制作者的义务包括四个方面：第一，利用他人的作品制作录音、录像的，应当取得著作权人的许可并支付报酬（因为这是对他人作品的复制行为）；第二，使用他人的演绎作品制作录音录像制品的，既要经过演绎作品制作权人的许可并支付报酬，还需经过原作品制作权人许可并支付报酬；第三，使用汇编作品制作录音录像制品的，既要经过汇编作品制作权人的许可并支付报酬，还需经过原作品制作权人许可并支付报酬；第四，使用表演者对作品的表演活动制作录音录像制品的，既要经过表演者的许可并支付报

---

① 获得二次报酬权是2020年《著作权法》修改时新增的一项权能，规定在《著作权法》中的第四十五条。其基本含义是录音制品的制作权人虽然不享有表演权和广播权，但对录音制品进行广播或者进行公开的机械表演的时候，虽然不需要经过录音制品制作者的许可，但录音制品制作者享有二次报酬请求权，对录音制品进行广播或者进行公开机械表演的行为人，应当向录音制品的制作者支付合理的报酬。

酬，还需要经过原作品著作权人许可并支付报酬，同时不得侵害表演者的署名权、修改权、保护作品完整权，不得侵害表演者表演身份的权利和保护表演形象不受歪曲的权利。

录音、录像制作者权与著作权人和表演者有着密切的联系。这种密切的联系首先表现为录制者如希望录制现场表演、发行录制品的复制件、将录制品上传网络供公众点播或下载，必须同时获得著作权人和表演者许可。原因是录制行为本质上既是对表演活动本身的复制，也是对被表演作品的复制。向公众出售录制品的复制件即为向公众发行载有表演和作品的复制件，构成对已录制的表演和作品的发行；将该录制品上传网络供公众点播或下载，即以交互式手段传播已录制的表演和被表演的作品。而著作权人对作品享有复制权、发行权和信息网络传播权，表演者则对其表演活动享有首次固定权、复制权、发行权和信息网络传播权。录制者的上述活动均受到著作权人和表演者专有权利的控制，除有法定或合理使用的情形之外，均应同时获得著作权人和表演者许可。

（四）广播组织者权

何谓广播组织？到目前为止尚未有立法或司法层面的界定和解释，但从字面推断广播组织者权的权利主体毫无疑问是"广播组织"。然而，广播组织当由何者构成？这需要从"广播"的解构中去寻求答案。《著作权法》中的"广播"应该涵盖了远程传播中的所有非交互式传播行为，即按照传播者决定的时间向传播现场之外的公众进行的传播，包括无线电传播、有线电缆传播和网播。为此，我们可以推出《著作权法》下的广播组织应当包括广播电台、电视台（包括有线电视台）和网播组织。国务院颁布的《广播电视管理条例》第八条第二款规定"本条例所称广播电台、电视台是指采编、制作并通过有线或者无线的方式播放广播电视节目的机构"。《广播电视管理条例》的颁布和实施虽然有些久远，但目前尚未有新的规定取而代之，因此，结合当前的条例和立法，我国能够纳入"广播组织权者"主体范围的只能是广播电台和电视台（包括有线电视台），暂不包括"网播组织"。是否将网播组织纳入广播组织权主体的范围目前尚有争议。未来随着网播的重要性不断提升，将网播组织纳入可享有广播组织权的广播组织范围是有可能的。

广播组织者权的客体是什么？广播组织者权的客体我们通常认为是广播电台和电视台播放的广播、电视节目，其实广播组织权的客体是广播组织播放的载有广播、电视节目的信号（并非广播电视节目本身）。因为广播组织制作的节目理应是视听作品著作权的客体。因此广播组织获得广播组织权的依据并不是制作了"节目"，而是播放了"节目"。广播组织者权的内容有转播权（允许或禁止其他广播电台、电视台转播其播放的节目信号）、录制权（允许或禁止他人将其节目信号录制到其他的载体上）和复制权，信息网络传播权是我国2020年修改著作权法时新增的内容。这个权利的增加为广播组织者权客体的逻辑自洽增添了些许的困惑。如前所述，广播组织者权的客体并非节目本身，而是节目的信号。其满足受众的方式是非交互式的"广播"，然而，信息网络传播权其满足受众的方式是交互式的"点播"。根据《著作权法》第四十七条第三款的规定，

广播组织者权的保护期限为 50 年，截止于首次播放后的第 50 年的 12 月 31 日。

广播组织播放的节目有的属于作品，如电视剧、春晚，有的不属于作品，如阅兵、体育比赛，但无论是否属于作品，只要一经播放形成节目信号，播放者即对节目信号享有广播组织者权；只要一经播放形成节目，广播组织者不仅对播放节目形成的节目信号享有广播组织者权，而且对播放的广播电视节目享有著作权。广播组织者不仅享有相应的权利，也要承担一定的义务，具体有以下三方面的义务：一是广播电台、电视台播放他人未经发表的作品，应当取得著作权人的许可并支付报酬（对他人已经发表的除视听作品外，广播电台、电视台享有法定许可权）。二是广播电台、电视台广播他人的作品应当尊重作者的修改权、保护作品完整权以及获得报酬的权利。同时应当表明表演者身份、保护表演者形象不受歪曲。三是广播电台、电视台广播他人的视听作品、录像制品，应当取得视听作品著作权人或者录像制作者的许可并支付报酬（播放他人的录像制品的，还应当取得原著作权人的许可）。

二、关于邻接权侵权的诊断

（一）关于表演者权的侵权诊断

在邻接权的保护中，表演者权的保护最早被纳入国际视野被国际条约所公认，其原因是表演者在娱乐公众生活、丰富人们精神世界方面具有不可替代的突出作用。在我国现行的著作权立法中，表演者的权利大体上有六项权能：表明表演者身份；保护表演形象不受歪曲；许可他人从现场直播和公开传送其现场表演，并获得报酬；许可他人录音录像，并获得报酬；许可他人复制、发行、出租录有其表演的录音录像制品，并获得报酬；许可他人通过信息网络向公众传播其表演，并获得报酬。表明表演者身份、保护表演形象不受歪曲当属表演者的人身权，其余四项权能属于表演者的财产权。对表演者权的侵权主要表现在以下几个方面：

第一，表演的公开与否是否会影响到表演者权的取得。在芦某诉某县政府侵害表演者权纠纷案中，被告的抗辩理由之一就是表演者的演唱是在录音棚完成的，不属于公开表演。对此，四川省高级人民法院认为，"表演者是否以公开的方式表演作品以及表演者与词曲作者之间是否基于委托还是劳务关系对作品进行演唱，并不影响表演者身份以及依法享有相关权利"。

第二，影像公司出租光碟的行为是否构成对表演者出租权的侵害。在现实生活中表演者的出租权往往被忽视，特别是在20世纪80年代中期和90年代末，各大中小城市街边录音录像出租店铺林立，我们的注意力和打击重点都只局限于盗版光碟，似乎只有盗版才是违反和侵权的行为，殊不知表演者的出租权也是被侵犯的权利之一。例如，隆武电视台获得歌星罗某林演唱会的现场直播权和将现场演唱会制作成CD母带的权利，五里牌音像店从正规渠道购买了若干该CD唱片用于出租。在这个例子中，五里牌音像店所购买的CD尽管来自正规渠道，但它的出租行为仍然构成了对表演者的出租权的侵害。

第三，未经参演者允许播放真人秀节目是否侵害了参演者的表演者权。一段时间以来，电视荧屏各种真人秀节目你方唱罢我登场，非常热闹。这类节目以跟踪拍摄人物的正常生活状态为特色，没有事先安排的剧本。那么，这类真人秀节目中的参与者是否为著作权法视域下的表演者并因此而享有表演者权呢？法国最高法院2013年判决的"Ammour等诉法国电视台TF1频道案"给我们提供了参考。法国最高法院认为，真人秀节目的参与者并没有对作品进行表演，他们只是展示自我，并对各种情境作出自然的反应。虽然其中有一些人为的因素，但尚不足以使他们的行为构成著作权法意义上的表演。事实上，真人秀节目并非"全真"，制作者为了节目效果也会人为地制造一些戏份，设计一些场景或制造一些冲突等，但与通常按照剧本进行的表演相去甚远，其表演更接近体育比赛。类似的案子还有2002年法国纪录片Etre et avoir（国内译名《山村犹有读书声》），该纪录片以一个乡村老师和12个孩子为参与者，拍摄了他们在只有一间教室的学校如何开展日常学习和生活。该纪录片上演后在业内获得了高度评价和社会公众的极大关注。事后该纪录片中的乡村教师认为其应该获得表演者权的保护。法国最高法院认为，纪录片中的乡村教师不是也不应该是为了演出而表演作品，他在影片中的表演活动是按照教师的职责在参与活动。

第四，擅自播放视听作品是否侵害了表演者的表演者权。参演电影或电视的演员同意将其表演以视频形式予以录制并发表是制作视听作品的应有之意，但表演者之表演者权当属表演者，还是制片人呢？对此不同国家有不同的做法：影视发达国家基于对投资者的保护，主张将表演者的表演者权归制片人所有；另一些国家和地区则认为，表演者权应当归表演者本人所有，制片人可以通过合同取得相应的权利。

2000年在准备缔结《世界知识产权组织视听表演条约》（后来的《视听表演北京条约》）的外交会议中，因美欧之间就视听作品表演者权利的归属存在争议而导致条约未能成功缔结。2012年的《视听表演北京条约》则采用高度灵活的规则，在第12条第1款规定"缔约方可以在其国内法中规定，表演者一旦同意将其表演录制于视听录制品中，本条约第7条至第11条所规定的进行授权的专有权应归该视听录制品的制作者所有，或应由其行使，或应向其转让，但表演者与视听录制品制作者之间按国内法的规定订立任何相反合同者除外"。该规定之第7条至第11条所规定的应由其行使或应向其转让的专有权包括复制权（第7条）、发行权（第8条）、出租权（第9条）、信息网络传播权（第10条）和广播权（第11条）。纵观当今著作权之世界立法，当表演者同意将其表演录制于视听录制品时，其经济权利归属可以作出四个选择：一是如果未对表演者的经济权利归属作出特别规定，视听作品的经济权利归表演者，制作者及他人如果需要以复制和发行等方式利用视听录制品的，应当取得表演者的许可。二是视听作品的制作者依法原始取得表演者的经济权利，他人对录有表演者视听作品的利用，无须经过表演者许可。三是表演者仅成为经济权利名义上的权利人。视听作品的制作者享有表演者事实上的经济权利和经济权利之上的诉讼地位。四是规定表演者的经济权利应当转让给视听录制品的制作者，表演者不再保

留这些经济权利。第二种选择与第四种选择的显著区别就是前者是表演者经济权利的原始取得者,后者是表演者经济权利的继受取得者。根据我国《著作权法》第十七条第一款的规定,我国对于视听作品总体上采取的是第二种选择,即归制作者享有——视听作品中的电影作品、电视剧作品的著作权由制作者享有,但编剧、导演、摄影、作词、作曲等作者享有署名权,并有权按照与制作者签订的合同获得报酬。例如,著名黄梅戏表演艺术家严凤英曾于20世纪50年代作为主演和主唱参与了黄梅戏电影《天仙配》的摄制。某音像出版社未经许可出版了黄梅戏电影《天仙配》的光盘,严凤英的继承人认为此举侵犯了严凤英的表演者权,遂起诉至法院要求停止侵权并支付报酬。法院审理认为《天仙配》并非固定在舞台上的表演,是专为拍摄电影作品而进行的表演,因此《天仙配》属于电影作品。电影演员对为拍摄电影所进行的表演,除享有获得报酬的权利以外不再享有其他经济权利。法院因此驳回了原告的诉讼请求。但需要指出的是,我们不是纯粹的第二种选择,因为第十七条第二款接着又规定"前款规定以外的视听作品的著作权归属由当事人约定;没有约定或者约定不明确的,由制作者享有,但作者享有署名权和获得报酬的权利"。

第五,擅自出版载有表演者的录像制品是否侵害了表演者的表演者权。我国《著作权法》规定的录像制品属于《视听表演北京条约》中的"视听录制品"。如果录像制品是录制表演形成的,其中的表演者权归属又当如何呢?对于表演作品的录像制品(如对诗歌朗诵、现场演唱会的录制等),我国《著作权法》不但没有规定其中作品的作者不再对录像制品享有权利,反而在第四十八条明确规定:"电视台播放他人的视听作品、录像制品,应当取得视听作品著作权人或者录像制作者许可,并支付报酬;播放他人的录像制品,还应当取得著作权人许可,并支付报酬。"由此可见,电视台播放录像制品,应当取得录像制作者和著作权人的"双重许可",但唯独没有提到要经过表演者的许可,这是否意味着电视台播放录像制品无需征得表演者许可呢?我们的回答是肯定的。但如果擅自出版载有表演者的录像制品是否要征得表演者许可呢?我们的回答仍然是肯定的。著名相声表演艺术家郭德纲和王玥波曾接受某电视台的邀请,参加了《幽默相声小段》的录制,供电视台作为电视节目播出。电视台后来授权飞乐影视公司将该节目录像制作成《非著名相声演员郭德纲》光盘出版。郭德纲和王玥波起诉飞乐影视公司侵犯其表演者权。法院经审理后认为:郭德纲、王玥波作为涉案相声的表演者,享有许可他人复制、发行录有其表演的音像制品,并获得报酬的权利。由于根据现有证据不能认定郭德纲、王玥波许可电视台使用其表演的涉案相声出版音像制品,电视台也就无权授权飞乐影视公司使用涉案相声出版音像制品。虽然飞乐影视公司与电视台签订了协议书,但其并不能通过该协议书取得使用涉案相声的合法授权。因此,法院判决飞乐影视公司承担侵犯表演者权的法律责任。本案中,郭德纲和王玥波作为表演者,已经许可电视台对其表演进行录像,也就是制作录像制品。但郭德纲和王玥波对以该录像制品录制的表演享有的表演者权并不因此就归电视台所享有。他人要对录有其表演的该录像制品进行复制、发行,仍然需要经过郭德纲和王玥波的许可。当然，本案存在选择性起诉，严格意义上讲某电视台亦是本案的侵权主体。

（二）关于录制者权的侵权诊断

对于录制者侵权的诊断是一个相对复杂的问题，要厘清这个问题我们需要对录制者与著作权人和表演者的关系有一个基本的认识。表演者表演他人受保护的作品时，录制者如希望录制现场表演，以及发行由此形成的录制品的复制件，或将该录制品以数字格式上传网络供公众点播或下载，需要同时获得著作权人和表演者许可。原因是录制为典型的复制行为，录制的过程既是对表演过程的复制，也是对表演作品的复制，由此形成的录制品即载有表演活动和被表演的作品。向公众出售该录制品即为向公众发行载有表演和作品的复制件。而将该录制品以数字形式上传网络供公众点播或下载，既是以交互式手段通过网络传播已录制的表演，也是以交互式手段通过网络传播作品。而著作权人对作品享有复制权、发行权和信息网络传播权，表演者则对其表演活动享有首次固定权、复制权、发行权和信息网络传播权。录制者的上述活动均受到著作权人和表演者专有权利的控制，除合理使用和法定许可外，均应同时获得他们的许可。有了这样的认识，关于录制者权的侵权诊断就容易多了。

第一，擅自模仿录制品是否构成录制者权侵权。甲唱片公司聘请某著名歌星录制了一套 DVD 用于出版销售，获利颇丰。乙唱片公司受此启发聘请了另一著名歌星模仿甲唱片公司的风格制作了类似的 DVD 用于出版销售。乙的这一操作是否侵犯甲的制作者权？前已论述，录音制品的录制者权包括复制权、发行权、出租权、信息网络传播权、获得二次报酬权等五项权能，录像制品的制作者权包括复制权、发行权、出租权、信息网络传播权、广播权五项权能。二者都具有复制权，但二者的复制权均只能控制他人翻录录音录像制品，不能阻止他人刻意制作声音与影像高度相似的录音录像制品。著作权法对录音录像的保护，仅限于复制行为，不包括与复制无关的其他行为或形式，复制必定形成前后间的"母子关系"。也正因为如此，即便有两个当事人同时对某一场景进行实况录音录像，虽然录下的声音和画面是一样的，但都是各自录制行为的结果，彼此对各自的录制品享有独立的录制者权。

第二，擅自翻录音乐作品的侵权认定。曾经有一段时间社会上有很多人利用正版母带翻录录音录像制品，部分人甚至将其视为一种产业，严重地冲击了正常的市场交易，给著作权人造成严重侵害，这种情况的发生不仅仅是因为利益的驱使，也与社会公众知识产权保护意识薄弱有很大的关系。下面我们通过以案说法的形式就擅自翻录音乐作品的侵权样态对这一问题进行梳理和讨论。

案例一：歌星罗某林创作歌曲《男人，加油！》后与隆武唱片公司签订了专有许可合同，隆武唱片公司聘请歌星阿炳演唱这首歌曲并将其制作成录音制品出版发行，楚江音像出版公司见有利可图，通过正常渠道购买了隆武唱片公司发行的正版CD后对其进行大量翻录并推向市场销售。在这种情况下，楚江音像出版公司的行为构成了哪些侵权呢？

我们认为楚江公司的行为对著作权人歌星罗某林、歌星阿炳和

隆武唱片公司均构成侵权。下面我们进行逐一分析：首先，楚江音像出版公司的行为侵犯了词曲作者歌星罗某林著作权中的表演权。楚江音像出版公司以翻录的形式公开播送该作品行为侵犯了词曲作者的表演权。其次，侵犯了词曲作者歌星罗某林著作权中的复制权。复制是指以印刷、复印、拓印、录音、录像、翻录、翻拍、数字化等方式将作品制作一份或者多份的权利，本案中楚江音像出版公司通过翻录的形式将静态的纸质词曲复制为流动的音乐。最后，侵犯了词曲作者歌星罗某林著作权中的发行权。发行是以出售或者赠与方式向公众提供作品的原件或者复制件的行为。本案中楚江音像出版公司通过翻录的方式将歌星罗某林纸质的词曲作品复制为流动的音乐制品销售牟利，是典型的侵犯作者发行权的行为。楚江音像出版公司的行为对于歌星阿炳来说既侵犯了其表演者权中的表明表演者身份的权利，也侵犯了歌星阿炳表演者权中的复制权和发行权。楚江音像出版公司的行为对于隆武唱片公司来说侵犯了其作为录音制作者的复制权和发行权，依据是《著作权法》第四十四条"录音录像制作者对其制作的录音录像制品，享有许可他人复制、发行、出租、通过信息网络向公众传播并获得报酬的权利"。

案例二：歌星罗某林创作歌曲《男人，加油!》后与隆武唱片公司签订了专有许可合同。隆武唱片公司制作的《男人，加油!》录音制品销售非常好，花塘公司见有利可图，于是在未经著作权人歌星罗某林和隆武唱片公司许可的情况下，擅自聘请另一著名歌手演唱《男人，加油!》并制作成DVD销售，事后花塘公司向歌星罗某林支付了报酬。在这种情况下花塘公司构成了哪些侵权？

第六章 关于邻接权的内容及侵权认定

分析：花塘公司的行为对于歌星罗某林来说，首先是侵犯了词曲作者歌星罗某林的表演权（不侵害发表权，该歌曲已公开发表），其次是侵害了歌星罗某林的复制权和发行权。花塘公司擅自聘请另一著名歌手演唱《男人，加油！》并制作成 DVD 的行为是否侵犯了词曲作者的改编权呢？我们认为花塘公司将作者的词曲制作成 DVD 行为不属于改编行为，因为改编是改变作品，创作出具有独创性的新作品的行为，花塘公司将作者的词曲制作成 DVD 行为是一种典型的复制行为。花塘公司的行为对于隆武唱片公司来说，我们认为不构成著作权领域的侵权，但是否侵犯了隆武唱片公司专有使用权呢？我们认为不构成对隆武唱片公司专有使用权的侵犯。理由是歌星罗某林与隆武唱片公司签订的是专有许可合同，并非专有出版合同。根据《著作权法》第五十三条第一款第二项的规定，出版他人享有专有出版权的图书构成侵权。[①]

[①]《著作权法》规定了 8 种侵权行为：（一）未经著作权人许可，复制、发行、表演、放映、广播、汇编、通过信息网络向公众传播其作品的，本法另有规定的除外；（二）出版他人享有专有出版权的图书的；（三）未经表演者许可，复制、发行录有其表演的录音录像制品，或者通过信息网络向公众传播其表演的，本法另有规定的除外；（四）未经录音录像制作者许可，复制、发行、通过信息网络向公众传播其制作的录音录像制品的，本法另有规定的除外；（五）未经许可，播放、复制或者通过信息网络向公众传播广播、电视的，本法另有规定的除外；（六）未经著作权人或者与著作权有关的权利人许可，故意避开或者破坏技术措施的，故意制造、进口或者向他人提供主要用于避开、破坏技术措施的装置或者部件的，或者故意为他人避开或者破坏技术措施提供技术服务的，法律、行政法规另有规定的除外；（七）未经著作权人或者与著作权有关的权利人许可，故意删除或者改变作品、版式设计、表演、录音录像制品或者广播、电视上的权利管理信息的，知道或者应当知道作品、版式设计、表演、录音录像制品或者广播、电视上的权利管理信息未经许可被删除或者改变，仍然向公众提供的，法律、行政法规另有规定的除外；（八）制作、出售假冒他人署名的作品的。

第七章　关于著作权的限制

为了鼓励和促进文化繁荣，创造出更多优秀的文学艺术作品，各国通过立法的方式授予著作权人一系列的民事权利，并且从民事、行政和刑事等各方面来保护人们通过著作权法所获得的系列权利。但是出于社会公共利益的考虑，我们在授予著作权人权利的同时，也从社会公众利益平衡的角度进行了全方位的制度设计，对著作权人的权利行使进行了必需的规制，以满足人们对知识和信息的合理需求，从而在著作权法的框架内设立了合理利益和法定许可制度。

一、著作权的合理使用问题

《著作权法》第二十四条列举了构成合理利用的具体情形，同时《信息网络传播权保护条例》也在数字领域规定了合理使用的具体范围，二者的共同之处是皆强调了作品已经发表，并且该利用必须指明作者的姓名、作品的名称，而且不得侵犯著作权人依照本法享有的其他权利。[①]

[①] 《著作权法》第二十四条对作品的合理使用规定了三大要点：指明作者姓名或者名称、作品名称；不得影响该作品的正常使用；不得不合理地损害著作权人的合法权益。

（一）关于个人使用

《著作权法》第二十四条第一款第一项所规定的合理使用就是关于个人使用的情形，即为个人学习、研究或者欣赏，使用他人已经发表的作品。这里的合理使用要特别注意的地方就是"个人+学习+研究+欣赏"，其指向性就是提升个人素养内涵，它不允许有任何直接的商业目的。例如，在三精运输机株式会社诉东宝舞台株式会社案中，被告东宝舞台株式会社为参与韩国国家大剧院的建设投标而复制了原告三精运输机株式会社的设计图纸。被告宣称自己此举是为了个人使用，因此应纳入合理使用的范围。法院拒绝了被告的抗辩，指出合理使用仅限于家庭或有限范围内的个人使用，为商业目的而进行的复制不属于个人使用的范畴。但是，需要注意的是，并非所有的个人使用皆可获得"合理使用"的庇佑。被告塞西莉亚使用P2P软件在几周时间内下载并保存了1 370多首由原告BMG等唱片公司享有版权的歌曲。塞西莉亚辩称她下载的目的是用来试听，以便从中挑选出自己喜欢的歌曲，为自己接下来购买正版提供指引，这种行为属于合理使用。但法院认为，免费从网上下载歌曲会对正版歌曲产生市场替代效应，而且通过试听找到自己喜欢的歌曲并非唯一的途径。最终法院判定塞西莉亚为个人欣赏而进行的下载行为不是合理使用，而是版权侵权。类似的案例在加拿大也发生过，加拿大某网站服务商为客户提供了免费试听歌曲服务，加拿大版权集体管理组织"加拿大作曲家、作者和音乐出版商协会"要求该网站支付许可使用费，但网络服务商认为其行为构成加拿大《版权法》

中的合理使用因而拒绝支付使用费。在本案中,加拿大最高法院认为:提供试听的目的是让用户判断其是否喜欢该音乐,从而作出购买与否的决定。同时用户无法下载完整的音乐,只能在线免费试听部分音质较差的片段,无法替代对音乐的购买。而且除试听之外很难有其他途径能够让用户便捷、有效地了解音乐的内容,并同时保护版权人的利益。因此,提供试听是公平的使用行为,并不构成侵权。前后两个案件都涉及免费试听,但两个案件的裁判结果却截然不同,究其原因,前者的行为不仅有可供替代的选择,而且造成了对正版销售的市场冲击,直接触碰了合理使用不得"不合理地损害著作权人的合法权益"这一底线。与此相反,第二个案例则无法替代对正版音乐的购买,不会损害著作权人的市场销售,从而避免了"不合理地损害著作权人的合法权益"这一底线。

(二)关于适当引用

《著作权法》第二十四条第一款规定的第二种合理使用情形是"为介绍、评论某一作品或者说明某一问题,在作品中适当引用他人已经发表的作品"。这种"合理使用"对于介绍、评论、说明某一作品具有不可避免性。准确把握第二种合理使用的关键是对"适当"的理解。何谓适当?人们通常的理解是"少量",但笔者认为,这里的"适当"不应该从数量上去界定,而应该以满足"介绍""评论""说明"为度,即需要引用多则多,需要引用少即少。例如,某作家为了向读者展示某朦胧诗作者的创作意境和情感表达,不可避免地要对整首诗进行引用,否则就无法全面、深刻、达意地"介绍"

"评论""说明"作者的创作意境和情感表达。

在判断引用是否为适当引用时，应特别注意对原作品的使用是否构成了"转换性使用"和"讽刺性模仿使用"。所谓"转换性使用"，是指对原作品的使用并非为了单纯地再现原作品本身的文学、艺术价值或者实现其内在功能或目的，而是通过增加新的美学内容、新的视角、新的理念或其他方式，使原作品在被使用过程中具有新的价值、功能或性质，从而改变了其原先的功能或目的。[①] 例如，在《杨家埠年画之旅》案[②]中，被告出版了《杨家埠年画之旅》一书，其中未经许可使用了山东潍坊杨家埠木版年画传人杨某的 16 幅年画。杨某诉其侵权，被告辩驳在《杨家埠年画之旅》引用涉案作品是为了"介绍、评论、宣传、推广"杨某作品而"适当引用"，依法可以不经著作权人许可，不向其支付报酬。法院则认为《杨家埠年画之旅》只有极少篇幅对杨某年画作品进行了简单介绍，与涉案年画的关联性不强，达不到介绍、评论、说明的效果，只是增强了涉案年画的观赏性、收藏性。法院因此认定被告的行为不构成合理使用，构成对原告作品的侵权。反过来，如果被告在《杨家埠年画之旅》中用文字介绍或评论杨某的某一年画作品时，配以对应的该年画，则该行为可以构成合理使用，因为此时的复制引用的目的不是简单地再现该年画的美感，而是让读者能够更直观地了解介绍和评论的内容，这样的引用就是"转换性使用"。事实上，在上面提到

---

① 王迁：《知识产权法教程》（第七版），中国人民大学出版社，2023，第 288 页。

② 参见山东省高级人民法院民事判决书（2007）鲁民三终字第 94 号。

的法国纪录片《山村犹有读书声》中也存在一个"转换性使用"的例子：该纪录片在拍摄的过程中有一幅画多次出现，该画的著作权管理人认为该纪录片侵害了作品著作权人的著作权。法国法院认为在纪录片中，该画并不是以美术作品的形式出现，只是在作为主角的教师和学生活动的场景中作为背景而出现，该画的出现只是为了真实地展示拍摄场景，从未单独地将其作为特写出境，每次出境都是一扫而过。"讽刺性模仿使用"是指为了讽刺或批判原作品而对原作品进行改造（本质上也是一种"转换性使用"）所形成的新作品。新作品的作者（模仿者）与原作品作者形成相对立的观点、立场或思想感情。总之，无论是"转换性使用"还是"讽刺性模仿使用"，都不构成对原作品的侵权。

在文学艺术创作中，有一种借壳造文的文学表达形式，人们将其称为"戏谑性模仿表达"，它借用原作品的韵律、结构来实现表达意趣。例如，有人借刘禹锡的《陋室铭》编造了诸多脍炙人口的新作：

> 路不怕远，有网则近。友不怕疏，有言则亲。斯是微信，任君纵横。消息走千里，粘贴转万群。欢聚无饮宴，畅叙有幽情。可以传语音、通视频。无欠费之愁苦，无延时之揪心。彩屏装世界，锦绣藏乾坤。尚书云：何微之有？
>
> ——《微信铭》

> 友不在多，知心就行；貌不在美，心仁则灵。斯是好友，唯吾真情。遭难舍身救，遇福共分享。彼此存信任，处事有默认。可以共患难、同生死。无争吵之乱耳，无猜

第七章 关于著作权的限制

忌之劳形。战国廉蔺交,盛唐李孟情。好友云:君交如水。

——《交友铭》

这种借壳造文的文学表达形式事实上也是一种"转换性使用"式引用,构成合理使用。

(三)关于新闻报道中的使用

《著作权法》第二十四条第一款规定的第三种合理使用情形是"为报道新闻,在报纸、期刊、广播电台、电视台等媒体中不可避免地再现或者引用已经发表的作品"。这一合理使用是为了满足公众对最近生活中发生的一些重大事件的知情权而附带性的复制或广播已有的已公开过的作品。这种附带性的复制或广播只要没有超出报道新闻的必要限度,就可以构成合理使用。需要强调的是,"不可避免地再现或者引用"并非必需的,只是为了报道更生动,更能引起公众的关注而已。世界知识产权组织编写的《伯尔尼公约指南》在解释《伯尔尼公约》允许为报道新闻而引用作品时指出,"时事新闻报道的主要目的是让公众有一种参与其中的感觉"[1]。因此,引用是为了营造一种让公众身临其境、印象深刻的新闻效果。

此外,这种引用要具有"不可避免性"(当然,这里的"不可避免性"不能将其理解为不引用就无法报道新闻),这里的"不可避免性"应理解为所引用的内容是新闻报道中应有的部分,若缺少了这样的素材,新闻报道就失去了应有的生动和内涵。例如,要报

---

[1] 刘波林译:《保护文学艺术作品伯尔尼公约(1971年巴黎文本)指南》,中国人民大学出版社,2002,第51页。

道抢险救灾，引用他人拍摄的救灾画面就是不可避免的。2013年重庆市高级人民法院判决的乔某诉某网站擅自使用其拍摄的18张有关飞行表演照片案显示：本案中被告转载的涉案摄影作品并非所报道的新闻中出现的作品，而是原告乔某在报道人物和事件过程中创作产生的作品，因此被告的行为构成侵权，并非合理使用。[①]

（四）关于对时事性文章的使用

《著作权法》第二十四条第一款规定的第四种合理使用的情形是，"报纸、期刊、广播电台、电视台等媒体刊登或播放其他报纸、期刊、广播电台、电视台等媒体已经发表的关于政治、经济、宗教问题的时事性文章，但著作权人声明不许刊登、播放的除外"。这里作出声明的主体选择的是"著作权人"而不是"作者"，其原因是：①"著作权人"涵盖了"作者"；②根据《著作权法》第十八条第二款的立法意旨，报社、期刊社、通讯社、广播电台、电视台的工作人员所创作的作品基本上是职务作品，其除署名权外的著作权由该报社、期刊社、通讯社、广播电台、电视台享有。将时事性文章纳入合理使用的范畴主要基于社会公共利益需要的考虑。古人有云"家事、国事、天下事，事事关心"，了解时事是国家和社会对公民的基本要求，公民是否主动了解时事是衡量一个自然人公民意识高低的重要指标。

那么，何谓时事性文章？时事性文章是指对当前发生的重大事件或社会热点问题进行报道的文章。时事性文章在新闻传播中占据

---

① 参见重庆市高级人民法院民事判决书（2013）渝高法民终字第00261号。

重要地位，它们在传播信息、教育公众、引导舆论等方面发挥着重要作用。发表时事性文章旨在及时反映当前发生的重大事件或公众关注的焦点问题，通过其特有的时效性和舆论导向性，在短时间内引起社会公众对重大事件或社会热点的广泛关注。正确界定时事性文章是我们避免著作权侵权的前提条件。以《国产手机乱象》案[1]为例，某网站未经许可转载了《国产手机乱象》一文。该文的层次结构大致如下：国产手机经营遇到困难的情况；分析国产手机发展战略特点及得失；最后指出摆脱国产手机产业发展困境的发展方向。本文的著作权人起诉网站侵权，网站辩称该文为时事性报道，其具有不经著作权人许可，不向其支付报酬的权利。法院审理认为：时事性文章应具备时效性和重大性。《国产手机乱象》关于时效性和重大性的内容约为文章篇幅的四分之一左右，而营销策略部分则占到四分之三左右。且"国产手机乱象"仅为产业发展中的某一经济现象，非"国内外大事"。故《国产手机乱象》一文不能认定为时事性文章。据此，法院认定网站的转载行为构成著作权侵权。

（五）关于在课堂教学和科研中的合理使用

《著作权法》第二十四条第一款中规定的第六种合理使用情形是"为学校课堂教学或者科学研究，翻译、改编、汇编、播放或者少量复制已经发表的作品，供教学或者科研人员使用，但不得出版发行"。《著作权法》和《信息网络传播权保护条例》对课堂教学和科研中的合理使用作出了明确的规定，这里要特别注意其所使用的场

---

[1] 参见安徽省高级人民法院民事判决书（2007）皖民三终字第0029号。

域，即课堂教学和科学研究。以《冲出亚马逊》案①为例，《冲出亚马逊》是八一电影制片厂和国家广播电影电视总局电影卫星频道节目制作中心合作拍摄的一部反映中国军人不仅拥有非凡的意志和勇气，而且具有高尚的爱国主义情操的电影。该电影被列入"百部优秀爱国主义教育影视片"名单。中国教育电视台在未经著作权人许可的情况下进行播放，从而引发诉讼。在诉讼过程中，中国教育电视台认为其播放爱国主义影片属于教育教学节目的一部分，是当前进行思想道德教育不可缺少的组成部分，是进行爱国主义教育的公益行为，属于合理使用。法院审理认为，虽然《冲出亚马逊》确实属于有关部门推荐的爱国主义教育影片，但其行为并不构成合理使用，理由是：第一，中国教育电视台在播放该片过程中插播了多处广告内容，此举带有一定的商业目的。第二，合理使用的前提条件之一是该行为不能损害权利人的经济利益，包括实际的经济损失和潜在的可得经济利益。中国教育电视台作为一家面向全国的公共电视台，其观众群体除了广大中小学生外，还包括社会各个阶层，其播放《冲出亚马逊》的行为，显然降低了该电影的市场潜力。第三，中国教育电视台在"周末影院"播放电影节目并非课堂教学。

另外需要指出的是，为课堂教学或者科学研究所进行的翻译、改编、汇编、播放或者复制都要掌握一定的度，即翻译、改编、汇编、播放或者复制已发表的作品切不可出现市场替代的效果，否则

---

① 参见北京市第一中级人民法院民事判决书（2006）一中民终字第13332号。

将陷入侵权的泥潭。以《新概念英语》网络教学案[①]为例：路易·亚历山大是英语教材《新概念英语》的重要作者之一，《新概念英语》前三册均由其创作完成。某营利性教学机构提供的"新概念英语"网络教学课程分三步进行：一是对每篇课文进行朗读，页面显示全部或部分课文中的句子；二是对单词和短语进行讲解，页面显示全部或部分单词和短语；三是页面显示老师扩充讲解的部分内容。亚历山大的继承人朱莉亚·亚历山大起诉该学校未经许可使用《新概念英语》的行为构成著作权侵权。法院审理认为：对于第一种情况，老师对课文的朗读以及在页面上显示作品内容是对涉案作品在网络上进行的公开传播，该传播行为未经著作权人许可，使公众可以通过互联网在个人选定的时间和地点获得涉案作品，侵犯了朱莉亚·亚历山大享有的信息网络传播权；第二种情况是对单词和短语的显示和讲解，因为这些单词和短语并非作品，且其选择和排序也不具有独创性，故对朱莉亚·亚历山大相关主张不予支持；第三种情况是老师对作品的扩充讲解，并非对涉案作品的使用，显然不构成对朱莉亚·亚历山大著作权的侵权。

（六）关于国家机关的公务性使用

关于国家机关公务性的合理使用属于《著作权法》第二十四条第一款中的第七种情形，即国家机关为执行公务在合理范围内可以使用已经发表的作品。国家机关出于执行公务目的经常需要以合理

[①] 参见北京市高级人民法院民事判决书（2008）高民终字第185号。

的方式使用他人已发表的作品。比较典型的例子就是公安机关为通缉犯罪嫌疑人张贴其使用过的照片或画像，即使该照片或画像是受著作权保护的作品。再比如人民法院在审理案件过程中可以复制原、被告提交的作为证据使用的作品，并将其扫描后存档。但是，为执行公务而使用他人已发表的作品仍然要符合不得影响该作品的正常使用，不得不合理地损害著作权人的合法权益的规则。即使用的必要程度、方式、范围、使用部分的数量和内容等均应保持在合理的范围。2007年全国高考语文试卷中，由教育部考试中心组织命题的作文《摔了一跤》所使用的漫画与何某创作的漫画《摔了一跤》非常相似。画面中一男两女手里各拿着一个牌子围着一个摔倒在地的小男孩，三个牌子上分别写着家庭、学校、社会。该漫画与何某发表的漫画（一男两女手里分别拿补血、补钙、补脑围着一个摔倒在地的大爷）在画的布局、结构、神态等方面极为相似，何某因此起诉教育部考试中心侵害其著作权。

本案有三个焦点问题：一是教育部考试中心组织出题的行为是否为国家机关执行公务；二是该演绎作品是否构成合理使用；三是如果是演绎作品，教育部考试中心在命题中没有指明原作品著作权人的姓名和作品名称是否仍构成合理使用。受理该案的人民法院在审理过程中查明：教育部考试中心在命题前事先接触过原告的漫画，两幅漫画在构图、故事设计、人物形态等方面存在较大的相似性，这足以说明后者是在何某漫画的启发下，以其主要特征为基础，增加新的创作要素和构思，由何某漫画演绎而来的新作品。关于教育部考试中心组织出题的行为是否为国家机关执行公务，人民法院认为国家机关执行公务存在三种形式：一是国家机关自行执行公务；二是国家机关依法授权其他单位执行公务；三是国家机关依法委托其他单位执行公务。教育部考试中心虽然不属于国家机关，但它是教育部根据《中华人民共和国教育法》授权其执行高考试题命题的社会组织，其组织高考命题的行为属于执行公务的情形；教育部考试中心未能指明其演绎作品的作者和出处是否能阻却教育部考试中心的合理使用？审理本案的人民法院认为：在公共利益明显大于著作权人利益时，应有条件地限制著作权人的相关权利。本案中，首先因高考有严格保密的要求，事先获得相关作者改编许可不具有可行性；其次在试卷上署名原作者徒增信息，不仅增加了考试的阅读量，而且该信息为无用信息。综合以上考量，人民法院最终认定被告不构成侵权。当然，本案也给我们提供了一个新的思考视角：合理使用是否意味着可以心安理得地使用他人作品。在尊重知识、尊重创造的时代，合理使用不仅要守住不得损害著作权人经济利益这条底线，也要守住对创作者怀有起码尊重这条底线。为此，受诉法院判决后向教育部考试中心发出了司法建议，建议教育部考试中心在高考结束后，以发函或致电的形式对作者进行相应的告知和感谢，此举得到了教育部考试中心的积极回应，教育部考试中心决定在高考结束后，以教育部考试中心和广大考生的名义对相关权利人表示诚挚的感谢。

（七）关于免费表演合理使用的探讨

关于免费表演的合理使用属于《著作权法》第二十四条第一款

中的第九种情形，根据我国立法的规定，构成免费表演需要满足三个条件：一是所表演的作品必须是已经发表了的作品；二是该表演未向公众收取费用，也未向表演者支付报酬；三是该表演不得以营利为目的。免费表演最容易被人们忽视的构成要件是"未向公众收取费用"，正因为如此，人们很自然地把赈灾义演等归类于免费表演之列。另外还有两个比较难以把握且比较模糊的地方：一是对"表演"的把握，二是对"未向表演者支付报酬"的把握。著作权法中的表演除了现场朗诵、演唱、演奏、跳舞等现场表演外，是否还包括用CD机播放音乐，用自动钢琴弹奏音乐等机械表演？从"未向表演者支付报酬"推断，显然这里的表演仅指现场表演，不包括机械表演，因为机械表演是无所谓支付报酬的。"未向表演者支付报酬"又当如何理解呢？这句话最有把握的理解就是未向表演者支付因表演而应当获得的酬劳。但其他的费用如表演者前来表演的差旅费、食宿费等是否也应该包括在"未向表演者支付报酬"的范围内呢？我们的理解是"未向表演者支付报酬"应以表演者表演前后的财产状况为标准，即表演者不因出场表演而使财产增加，也不因出场表演而造成财产有所减损，即无收入也无损失。

关于免费表演，实务中比较难把握的有：①借用他人的作品参赛，②餐厅、咖啡厅等经营场所内的免费表演。例如，某文化馆未经小品创作者王某的许可使用其创作的小品参加"华东六省一市戏剧小品大赛"。王某认为某文化馆的行为构成对其著作权的侵权。受诉人民法院审理查明：根据比赛通知，该比赛所有奖项均不设奖金，且比赛也没有对外销售门票，且文化馆在参赛过程中明确指明了王某为作者。法院因此认定涉案表演未向文化馆的表演者支付报酬，也未向公众收取费用，构成《著作权法》中的免费表演。①

餐厅、咖啡厅等经营场所内的免费表演又当如何认定呢？对于这种情况，美国1917年即有了判决先例。美国一家餐厅聘用乐队演奏音乐，美国音乐版权集体管理组织"美国作曲者、作者和出版者协会"要求其支付音乐作品许可使用费。餐厅拒绝付费，理由是免费表演。餐厅未向前来就餐的客人收取费用，所以对音乐的演奏并非出于营利目的。此案一直上诉至美国联邦最高法院，最高法院于1917年判决被告败诉。其裁判的逻辑起点是乐队是有报酬的，乐队的报酬来自餐厅老板，餐厅老板的收入来自餐厅营业，最后推出乐队的演唱是收了费的。"如果演奏音乐没有起到（吸引消费者的）效果，餐厅就会放弃演奏。如果演奏音乐起到了效果，它是以公众付费为对价的。无论是否有效果，演奏音乐的目的是营利，这一点就足够了。"② 美国联邦最高法院的判决由此确立了一个先例：在营利性场所进行的音乐表演具有吸引潜在消费者、增加经营者利润的效果，因此属于受表演权控制的行为。

（八）公共场所三维艺术品以平面形式合理使用的问题

关于公共场所三维艺术品以平面形式合理使用属于《著作权法》第二十四条第一款中的第十种情形，即"对设置或者陈列在公共场

---

① 参见福建省福州市马尾区人民法院民事判决书（2017）闽0105民初605号，福建省福州市中级人民法院民事判决书（2017）闽01民终5342号。

② Herbert v. Shanley，242 U·S.591，594-595（1917）.

所的艺术作品进行临摹、绘画、摄影、录像"可以不经著作权人许可，不向其支付报酬。对设置或陈列于公共场所的雕塑等艺术作品进行临摹、绘画、摄影和录像，是一种典型的以无接触方式实施的"从立体到平面"的演绎行为。将这种情况纳入合理使用的范畴主要是考虑到它们的设置或陈列业已成为社会公共文化生活的一部分，应当给予公众较多的使用自由；同时，在这种情况下要求公众在临摹、绘画、摄影和录像之前征得著作权人许可并支付报酬，无论是对行为人，还是著作权人实属勉为其难。因此将公共场所三维艺术品以平面形式呈现纳入合理使用的范畴是世界各国的普遍做法。

这里我们需要讨论两个问题：一是合理使用的对象是否只限于设置或者陈列在公共场所的艺术作品。二是从立体演绎为平面后的平面作品是否可以进行商业利用。针对第一个问题，从比较法的角度看，目前大多数国家的著作权法在规定此项权利时将对象限于室外艺术品或永久设置在公共场所的艺术品（包括建筑作品）。我国 2020 年修改《著作权法》之前，此项合理使用的适用范围也限于室外公共场所的艺术作品。究其原因，一是禁止他人对置于公共场所的艺术作品进行拍照、临摹，有限制公众追求艺术自由之嫌，将艺术作品置于室外本身就内涵了其作为公共产品的倾向；二是对于室内设置的艺术作品，是否禁止他人临摹、绘画、摄影和录像交给著作权人掌握，既体现了对著作权人的尊重，也体现了现代社会对私权利的尊重。

关于第二个问题，从比较法的角度看，大部分国家倾向于允许进行商业性利用。如美国《版权法》不仅规定了矗立在公众场所或者在公共场所视力可及范围内的建筑物，允许他人对建筑物制作照片、绘画或其他图片，而且允许他人将制作而成的照片、绘画或其他图片加以散发或公开展示。在我国司法实践中，也多次发生过因对拍摄室外雕刻或建筑作品而形成的平面复制件进行商业性再利用而引发的纠纷。例如，2003年发生在青岛的"五月的风"案件就是一起典型的从立体到平面，再到平面的商业利用纠纷案件。青岛海信通信公司未经许可擅自将矗立在青岛市五四广场的雕塑"五月的风"拍摄成照片，然后将该照片以壁纸的形式将其设置在海信公司所生产的海信手机显示屏上，雕塑作品的著作权人认为青岛海信通信公司的行为侵犯了其著作权，遂起诉至人民法院。本案在审理过程中，山东省高级人民法院向最高人民法院进行请示，最高人民法院回复指出："《最高人民法院〈关于审理著作权民事纠纷案件适用法律若干问题的解释〉》第十八条，针对著作权法第二十二条第（十）项①的规定作了司法解释，即对设置或者陈列在室外社会公众活动处所的雕塑、绘画、书法等艺术作品的临摹、绘画、摄影、录像人，可以对其成果以合理的方式和范围再行使用，不构成侵权。对于'合理的方式和范围'，应包括以营利为目的的'再行使用'，这是制定该司法解释的本意。司法解释的这一规定既符合《伯尔尼公约》规定的合理使用的基本精神，也与世界大多数国家的立法例

---

① 这是指2010年修订的《著作权法》。在2020年修订的《著作权法》中，则为第二十四条第一款第十项。

相吻合。"① 据此，青岛市中级人民法院驳回了原告的诉讼请求。②

关于著作权的合理使用，《著作权法》明确规定了 12 种情形，本书重点讨论了 8 种情形。著作权的合理使用是对著作权的法定限制，是实现著作权人与社会公众利益平衡的重要制度安排。

二、著作权的法定许可

法定许可是指根据法律的直接规定，以特定的方式使用已发表的作品，可以不经著作权人的许可，但应向著作权人支付费用，并尊重著作权人其他权利的制度。③ 法定许可是各国普遍推行的一项知识产权法制度，其所涉及的权利包括表演、传播、演绎等多个领域，但由于各国的国情和法治传统不同，各国法律规定不尽相同。然而，综观各国著作权法关于法定许可的规定，其基本的内核是一致的：第一，法定许可的情形除部分涉及原创作者与一般使用者外，多涉及作品的传播者（邻接权人）；第二，使用的对象只能是已发表作品，即所谓的法定许可实际上是对作品的二次使用（secondary use）；第三，使用不得损害著作权人的权益，并应向著作权人支付报酬；第四，法定许可使用权仅为一种非专有权利，且不得转让或继承。我国《著作权法》所规定的法定许可总共有六个方面的许可。

---

① 参见最高人民法院《关于对山东省高级人民法院关于山东天笠广告有限责任公司与青岛海信通信有限公司侵犯著作权纠纷一案的请示报告的复函》[（2004）民三他字第 5 号]。

② 参见山东省青岛市中级人民法院民事判决书（2003）青民三初字第 964 号。

③ 吴汉东等：《知识产权基本问题研究》，中国人民大学出版社，2005，第 313 页。

（一）报刊转载的法定许可

报刊转载的法定许可为文化的传播和繁荣贡献良多。在我国，它直接催生了《中国人民大学复印报刊资料》《高校文科学术文摘》《中国社会科学文摘》等优秀期刊，以及《文摘报》《文摘周报》《报刊文摘》等优秀报纸。对报刊转载的法定许可，要准确理解和把握该项法律制度，要重点理解和把握以下几个关键点：一是它针对的是文字作品，是对文字作品复制权和发行权的限制；二是它只适用于报刊之间的相互转载，并不适用于书籍之间、书籍与报刊之间、网络与报刊以及网络与网络之间的相互转载；三是不具有强制性的法定性。著作权人声明不得转载、摘编的，其他报刊不得转载或摘编。

（二）制作录音制品的法定许可

《著作权法》第四十二条第二款规定，录音制作者使用他人已经合法录制为录音制品的音乐作品制作录音制品，可以不经著作权人许可，但应当按照规定支付报酬；著作权人声明不许使用的不得使用。对于制作录音制品法定许可需要明确以下几个问题：一是已经合法录制为录音制品的音乐作品是否指允许录制而不能发行。二是音乐作品已在网络上传播是否认定为录音制品。三是音乐作品作为配乐被视听作品所使用是否认定为录音制品。四是制作录音制品法定许可的对象是录音制品还是音乐作品。要回答第一个问题，首先需要了解已经合法录制为录音制品的音乐作品为什么可以不经著作

权人许可进行录制，这主要是为了更好地促进音乐文化的多样性发展，满足人们对音乐制品多样性的选择，使人们能够欣赏到不同风格的音乐形式。如果这里的"录制"不内含"发行"，那就意味着设立这一制度的初衷没有达成，因此这里的允许录制应该也包括了允许发行，"在符合法定条件的情况下允许制作并发行录音制品"①。针对第二个问题音乐作品已在网络上传播是否认定为录音制品，我国目前的司法实践并不认同数字传播为录音制品，② 这里的录音制品必须是物理上的录制。针对第三个问题音乐作品作为配乐被视听作品所使用是否认定为录音制品，目前学界基本持否定的态度，如果音乐作品作为配乐被视听作品使用，则该视听作品的制作和出版不能被视为已经将音乐作品录制为录音制品，此时的音乐作品只是视听作品的一部分，音乐作品不是视为作品，反之亦然。③ 针对第四个问题关于被法定许可的对象是录音制品还是音乐作品，根据法条的表述，该法定许可的对象是音乐作品，而不是录音制品，换言之，在音乐作品被合法录制为录音制品后，该法定许可的内容是对音乐作品的制作并发行，不是对录音制品的翻录并发行。这就意味着法定许可下的录制，是制作者允许使用词曲本身，根据自己的需求聘请歌手、乐队将歌手的演唱录制下来制作成录音制品。如果对录音制品进行翻录，这就意味着翻录者同时侵害了演唱者和录音制品制

---

① 参见最高人民法院民事判决书（2008）民提字第51号。
② 参见广东省深圳市中级人民法院民事判决书（2014）深中法知民终字第421号。
③ 参见王迁：《知识产权法教程》（第七版），中国人民大学出版社，2023，第288页。

作者的复制权。

2012年，中国唱片总公司出版了名为《十二种毛宁》的CD专辑，其中收录了由毛宁演唱的《传奇》。歌曲《传奇》由李健作曲、刘兵填词创作而成，2008年被合法录制为录音制品，并收录在李健演唱的音乐专辑《似水流年》中出版，专辑盘封上标注"版权所有 翻录必究"字样。之后词曲作者将著作权独家授予某文化公司。某文化公司发现中国唱片总公司出版的《十二种毛宁》中有毛宁翻唱的《传奇》后，遂将中国唱片总公司起诉至人民法院。受诉人民法院经审理查明：《十二种毛宁》专辑的制作者已经为使用歌曲《传奇》向中国音乐著作权协会支付了发行5 000张CD的著作权使用费。法院认为：歌曲《传奇》在涉案专辑《十二种毛宁》制作之前，已经由词曲作者授权他人在先合法录制、出版，而且词曲作者并未在该歌曲发表时作出不得使用的声明。虽然经许可出版的专辑上有"版权所有翻录必究"字样，但从上述内容的文义来看，应理解为系禁止他人擅自翻录录音制品的声明，而不能视为词曲作者作出的不得使用歌曲《传奇》词、曲的声明。同时，《十二种毛宁》的录音制作者虽然未就使用涉案歌曲直接向词曲作者支付使用费，但在该专辑出版前向负有法定许可使用费收转职能的中国音乐著作权协会交付了使用费，符合相关规定。因此，涉案专辑《十二种毛宁》对歌曲《传奇》的使用符合《著作权法》对制作录音制品法定许可的规定，受诉人民法院据此驳回了原告某文化公司的起诉。[1]

---

[1] 参见北京朝阳区人民法院民事判决二书（2013）朝民初字第32575号。

（三）播放作品的法定许可

为了全面完整地理解播放作品的法定许可，我们将"播放"下的各种许可进行一番梳理：首先是广播电台、电视台播放已发表的作品。播放已发表的作品，可以不经著作权人许可，但应当按照规定支付报酬。此规定详见《著作权法》第四十六条第二款①，此规定之下的许可就是我们通常所说的"法定许可"。其次是广播电台、电视台播放以发表作品为基础的录音制品。播放以发表作品为基础的录音制品，无须经过作品著作权人的同意，但需要支付报酬；无需经过录音制品著作权人的同意，但需要支付报酬。前者的依据是《著作权法》第四十六条第二款（法定许可条款），后者的依据是《著作权法》第四十五条②（非法定许可条款）。再次是广播电台、电视台播放录像制品。广播电台、电视台播放以发表作品为基础的录像制品，不仅需要获得著作权人许可，还需要获得录像制作者的许可。最后是广播电台、电视台播放视听作品。广播电台、电视台播放视听作品，需要获得视听作品著作权人的许可。总之，广播电台、电视台播放作品和录音制品无须许可，但需要支付报酬；广播电台、电视台播放录像制品和视听作品需要许可，需要支付报酬。③

---

① 《著作权法》第四十六条第二款规定：广播电台、电视台播放他人已发表的作品，可以不经著作权人许可，但应当按照规定支付报酬。

② 《著作权法》第四十五条规定：将录音制品用于有线或者无线公开传播，或者通过传送声音的技术设备向公众公开播送的，应当向录音制作者支付报酬。

③ 《著作权法》第四十八条规定：电视台播放他人的视听作品、录像制品，应当取得视听作品著作权人或者录像制作者许可，并支付报酬；播放他人的录像制品，还应当取得著作权人许可，并支付报酬。

本 | 篇 | 结 | 束 | 语

众所周知，在人类文明史上，著作权制度的产生历经了一个从出版人本位到创作人本位的演变。在欧洲一些国家，它经历了从尊重文学产权的社会习惯过渡到官府对出版特权的行政庇护，继而转向保护著作权人成文法的过程。[①] 在这一过程中，著作权理论的发展和创新为著作权制度的发展奠定了深厚的学理基础。据人种史学者考证，人类很早就萌发了保护作品的观念和"文学产权"的思想。[②] 相传在古希腊和古罗马时期，经济利益已经同智力劳动产生了某种联系，毕达哥拉斯、西塞罗等人都曾从自己的演讲或写作中获取报酬。而剽窃从开始就被视为一种可耻的行为而受到知识界的谴责。然而，由道德谴责过渡到法律的构建，终究要归于文学的繁荣。到了18世纪和19世纪，欧洲主要资本主义国家在自由资本主义经济发展的土壤上，更确切地说是在文学、艺术和科技巨大进步的基础上，先后构建起了自己的保护精神产权的法律殿堂。

进入新的历史时期，随着文学、艺术特别是科技的进步，著作权的内容在不断地发展和进步。首先，著作权保护国际合同体系逐渐形成。随着国际商业贸易的不断扩大，以国际商业贸易为纽带的

[①] 参见吴汉东：《著作权合理使用制度研究》，北京：中国政法大学出版社，1996，第5页。

[②] 参见联合国教科文组织：《版权基本知识》，北京：中国对外翻译出版公司，1984，第2页。

国际文化交流日渐频繁，为了突破著作权保护的地域性限制与文化知识国际性需求间的矛盾冲突，著作权保护的国际合同应运而生。《伯尔尼公约》《世界版权公约》《罗马公约》《唱片公约》《布鲁塞尔卫星公约》《与贸易有关的知识产权协议》等著作权保护国际公约相继缔结并被国际社会所遵循。其次，著作权权能和相关权利制度不断创新。20世纪上半叶以来，随着世界经济、技术的发展，各国的著作权立法发生了引人注目的变化。近代著作权法所涉及的复制权、演绎权、传播权三类权利已经有了更加具体、细密的权项内容。再次，著作权调整的范围在不断扩大。早期的著作权法拘泥于书籍、地图等狭小的保护领域。自20世纪以来，著作权法进入成熟期，其保护对象由传统的"印刷作品"开始向数字领域拓展。随着保护范围的扩大，著作权保护的路径选择也呈现多样性：将视听作品视同一般作品而给予著作权保护；将卫星广播节目视为广播节目而给予邻接权保护；将电缆电视节目分别给予著作权与邻接权保护；将计算机软件作为著作权给予特殊保护；等等。最后，两大法系逐渐走向融合。在知识产权现代化、一体化潮流推动下，大陆法系和英美法系两大法系在著作权领域呈现出互相渗透、互相融合的趋势，表现在：立法目的与立法原则的趋同；普遍设定了著作权、邻接权、使用者权；普遍设立了授权许可、法定许可、强制许可和合理使用等制度；两大法系的多数国家都成了《伯尔尼公约》与《世界版权公约》两大公约的成员国，从而为现代著作权法的一体化、趋同化提供了共同的参照。

总之，虽然著作权法的产生远远晚于有形财产权制度，但其发展之迅猛，远超人们当初的想象。在短短三百多年的时间，著作权法从保护"印刷版权"到保护"电子版权"再到保护"网络版权"，令人目不暇接，成为保护科学技术和文化艺术成果的最重要的法律制度，为世人所瞩目。

第二篇 专利法

篇 首 语

专利制度是旨在保护发明创造的知识产权制度，它的发展同样历经了自封建特权到民事私权的历史转变。通说认为专利制度起源于十二三世纪的西欧国家①，到20世纪下半叶，专利制度步入现代化和国际化阶段，并成为世界各国通行的法律制度②。

专利制度产生的根本原因在于鼓励创新。国家需要以专利刺激和鼓励人们投身于发明创造活动。相传德国发明家威尔那芬·基勉斯曾于1876年向当时的德国宰相俾斯麦上书陈述制定专利法的必要性，指出"当前德国工业面临全面崩溃的危机，摆脱此危机的唯一出路，就是发挥从事工业的人的精神智慧能力，除此别无他法。但是，目前技术人员既无任何社会名誉，对发明也欠保护，这一切大大妨碍了研究投资，导致发明人才大量地流向国外，很多有本领的德国技术人员逐渐离开德国而流向英国、美国和其他工业国，其结果是大大减弱了我国对外竞争能力"③。中国古代历来有重科举轻科技的传统，视发明创造为"奇技淫巧"难入上流社会法眼。以官方文本鼓励创造始见于洪仁玕的《资政新篇》，主张"首创至巧者，赏自以专其利，限满准他人仿做"。中国近代的落后，与我们不重视

---

① 参见汤宗舜：《专利法教程》，法律出版社，2003，第7页。
② 吴汉东等：《知识产权基本问题研究》，中国人民大学出版社，2005，第357页。
③ 转引自［日］吉藤幸塑：《专利法概论》，宋永林、魏启学译，专利文献出版社，1990，第4页。

科技创新，不善于保护发明创造不无关系。

现如今，世界各国，尤其是世界大国间的竞争越来越激烈，以美国为首的西方资本主义国家，在关键技术领域卡我们的脖子，力图利用科技战、贸易战打断中华民族伟大复兴的历史进程。面对错综复杂的国际形势，我们只能依靠原创性、颠覆性、前沿性的科技创新能力实现从 0 到 1 的原始突破，不断破解"卡脖子"的核心技术问题，培育出发展新质生产力的新动能，提高自身的核心竞争力。历史早已证明拾人牙慧终将被历史大势所抛弃，唯有创新才是实现中华民族伟大复兴的康庄大道。

面对当前百年未有之大变局，觉醒的中华儿女迸发出了前所未有的科技创新能力和智慧。我国在核心技术领域不断取得突破和进展，例如我们在国产大飞机、国产大型邮轮、航空发动机、第四代核电技术等诸多领域已经达到，甚至超越世界先进水平。为了保持这样的发展势头，我们正在通过深化科技体制、教育体制、人才体制等领域的改革，来打通束缚新质生产力发展的堵点、卡点和痛点。在这样的背景下，加强专利保护领域的理论研究，不断创新专利保护法律制度，对于我们做好专利保护和专利创新工作，更好地服务科技进步、发展经济、维护公平竞争、提升国际竞争力、促进国际合作与交流、规范知识产权行业，构建一个创新活跃、经济繁荣的社会至关重要。

第八章　关于专利权的客体与不予专利权的对象

专利权的客体，即专利权的保护对象。众所周知，从历史的维度看专利，专利权的客体最初仅限于发明，后来才逐渐延伸至实用新型和外观设计。《巴黎公约》第1条第2款要求成员国将发明、实用新型和外观设计纳入工业产权的保护范围，同时允许成员国自行对"专利"进行定义。部分国家的专利法只限于保护发明，而我国专利法同时将发明、实用新型和外观设计列为保护对象。从历史发展的趋势看，专利法的保护范围总的趋势是逐步扩大的，它随着科技的进步和社会经济的发展不断拓展。当然，任何事物都有两面性，我们在极力保护人类创新的同时，也会基于对社会整体利益的考量，在专利保护方面作出一定的例外安排。

一、关于专利权客体的界定

（一）关于发明的界定

在1474年威尼斯公布世界上第一部专利法时，专利法保护的对象仅限于发明。作为专利法保护的三大客体之首的发明，其与日常生活中的"发明"在内涵上是不同的。在人们的普遍观念里，发明

既包括属于技术方案、解决技术问题的"发明"和实用新型，也包括不属于技术方案的、不解决技术问题的外观设计。《中华人民共和国专利法》（以下简称《专利法》）第二条第一款将发明、实用新型和外观设计三者均称为发明创造。[①] 但随即在该条的第二款规定"发明，是指对产品、方法或者其改进所提出的新的技术方案"。从《专利法》的立法来看，发明有广义和狭义之分，广义的发明包括发明、实用新型和外观设计，狭义的发明仅指提供新的技术方案的"发明"。我们这里所要界定的发明即狭义上的发明。

狭义的发明必须满足以下条件：一是必须是利用自然规律的结果。例如，1989 年马某向中国专利局提交了一件名为"船舶的水动力装置"的发明专利申请。马某在发明说明书中作了如下描述：这套机械装置是将水轮发电机组装在船舶上，利用船舶前进时在尾部造成的水头来推动水轮发电机组发电，再利用所产生的电力带动推进器推进船体运动。专利局经过审查认为，这一发明违背了能量守恒的自然法则，因而驳回了马某的发明专利申请。[②] 该设计是希望用发电机产生的电力推动船舶前进，而发电机发电所需电能则来自船舶前进过程中所产生的水头。根据该设计，只要船舶一开动就不再需要从外部输入能量且船舶可以一直行进下去。这一设计类似于永动机的构想，从根本上违反了能量守恒定律，不是利用自然规律的结果，是一厢情愿的臆想，是不可能获得专利授权的。二是必须是

[①] 《专利法》第二条第一款规定：本法所称的发明创造是指发明、实用新型和外观设计。

[②] 参见北京市高级人民法院行政判决书（1993）高经终字第 51 号。

一种技术方案。这里的"技术方案"（technical proposal）应该从以下两个方面去理解：第一，该技术方案必须是符合自然规律的结果，不是所谓的技能、技艺和技巧（technique）。技能、技艺和技巧是熟练劳动的结果，不是利用自然规律的结果。第二，该技术方案必须是具体、可靠的实施方案，不是一种空洞的描述。例如，美国著名物理学家福立曼·达依逊曾经提出一个"地球能源供应计划"，其基本设想是在太阳和地球之间建造一个巨大的球体，将太阳的能量通过反射来供应地球。该球体所需要的材料和木星相同，因此可将木星破坏掉来做此球。但是对于如何破坏木星、如何建造一个与木星大小相当的球体、如何进行能量的聚集和反射等一系列问题都没有提出相应的解决方案。因此，该设想只能被归结为空洞的设想，缺乏具体的可操作性。[①] 三是该技术方案不是技术本身。技术方案是一种可以实现的技术构思，而技术是一种能够直接用于解决某种现实问题的手段。作为技术方案，通常它能够被该行业的一般技术人员所了解，并能够稳定地实施。但对于某些技术，虽然本行业的一般技术人员能够了解其具体实施的路径和方法，但不一定能顺利地实施，所以技术本身既没有保护的必要，也没有予以保护的应有价值。例如，我国著名的肝胆外科专家吴孟超教授能够凭借其对肝脏构造的熟悉，在手术中熟练地摘除肝脏肿瘤，挽救了许多患者的生命。虽然他努力向同行传授这项技术，却鲜有医生能够熟练掌握。这说明技术的实施与个体独特的经验、能力，甚至心理因素有关，因此，

[①] 参见［日］吉藤幸塑：《专利法概论》，宋永林、魏启学译，专利文献出版社，1990，第77页。

不能将技术纳入发明的范畴。

归纳起来,发明可以分为以下几种类型:一是产品发明。产品发明是指以实物形态呈现出来的一种发明,包括制造品、零部件、化合物、组合物等。如手机、电脑、手电筒、灯泡、药品等就属于产品发明。二是方法发明。方法发明是指以程序或步骤为最终表现形态的发明,包括产品生产流程的改善方法、生产工艺的提升步骤等。如从杜仲叶中提取活性物质的方法,杂交水稻的种植方法等。三是用途发明。用途发明是指通过对某种已知物质新属性或新性能的发现和应用取得了新的技术效果,实现了新的应用目的。例如,2008年法国波尔多大学的研究人员意外发现治疗心血管疾病的传统β-阻断剂药物萘心安可用于治疗婴幼儿血管瘤,于是以此为基础提出了一项疗效确定的技术方案,开启了婴幼儿血管瘤治疗的新篇章。该项"老药新用"的发明因此获得了发明专利权。四是原始发明。原始发明是指原创性发明,是人类社会从无到有的发明。例如电灯泡、洗衣机、电冰箱和电视机等,均是从无到有的原创性发明。五是改进发明。改进发明是指对现有产品发明或方法发明所作出的具有实质性革新的技术方案。改进发明是相对于原始发明而言,类似于著作权法中的演绎作品。改进发明是一种重要的发明,许多对人类生活和社会经济发展具有重大影响的发明都属于改进发明,例如从大哥大到我们目前使用的手机,从座式电脑到手提电脑等,都是经过了不断演进而来的新产品。人类在很大程度上都是通过对原有发明的不断改进而不断向前的。

（二）关于实用新型的界定

关于实用新型，不同的国家和地区有不同的称谓。然而，大多数国家和地区如俄罗斯、巴西、意大利、菲律宾、中国台湾地区等都称之为实用新型，少部分国家和地区如希腊、马来西亚、法国等称之为实用新型证书或实用证书，而澳大利亚、荷兰和中国香港地区则称之为小专利。尽管世界各国和地区对实用新型专利的称谓有别，但其含义基本一致。我国《专利法》第二条第三款规定，实用新型是指对产品的形状、构造或者其改进所提出的技术方案。《日本实用新型法》第1条在规定该法的立法目的时暗示了实用新型的含义为"与物品的形状、构造或物品结合相关的设计"[1]。《巴西工业产权法》第10条将实用新型解释为"从已知物体或该物体的形状所获得的新组合或新形状，但以能实际使用或实施为限"，其中的物体是指用具、工具或器皿。[2] 从各国关于实用新型的解释来看，实用新型所涉及的对象必须是具有一定的形状、结构或者二者的结合。所谓形状，是指外部能够观察到的产品的外形，即立体外形。对于这些立体外形，是否包括了静态和动态的物体呢？这些对象通常是指可移动的物体，如交通工具、机器设备、家具等，对于不可移动的物体，如建筑物、构筑物等有些国家不能作为实用新型保护的对象。而日本对物品的解释比较宽泛，既包括可移动的物品，也包括不可

---

[1] 吴汉东等：《知识产权基本问题研究》，中国人民大学出版社，2005，第385页。

[2] 吴汉东等：《知识产权基本问题研究》，中国人民大学出版社，2005，第385页。

移动的物品，如立交桥等。① 所谓结构，一般是指组件或零件的有机组合，它们通常是立体的，但在日本，平面的结构如视力检查表、铅字的排列和色彩等也视为结构。德国1996年后甚至将实用新型的客体扩大到电路，到了1990年进一步扩大到"一切物品"。②

从目前的发展趋势来看，实用新型的范围有进一步扩大的趋势。一方面，由于科学技术的迅速发展，产生了大量的发明创造，而取得发明专利的审查周期又太长，满足不了保护的需要；另一方面，一些创造性不高的小发明对一国的技术发展、经济发展的促进作用越来越得到人们的重视。这些都促进了实用新型保护制度的发展。为了保护这些小发明，相当多的国家开始通过修订法律来扩大其保护范围，如德国自20世纪80年代后期开始对其法律进行修改，将实用新型的保护范围从三维物品延伸到包括化学物质和药品在内的所有产品；奥地利1994年颁布的实用新型法将实用新型的保护对象扩大到凡专利法给予保护的各类发明都揽入实用新型法的保护范围，而且其所保护的产品也不限于具有三维结构的产品。对此，有学者评论说："其保护范围与发明专利的界限已日渐模糊。这主要取决于建立实用新型保护的目的。如果建立实用新型保护制度的目的是要求与发明相同的条件并希望得到快捷和经济的保护的话，就应将实用新型保护延伸到发明涉及的所有领域。"③

---

① 吴汉东等：《知识产权基本问题研究》，中国人民大学出版社，2005，第385页。
② 吴汉东等：《知识产权基本问题研究》，中国人民大学出版社，2005，第385页。
③ 林强、李璐：《从保护范围看实用新型保护制度的发展》，载国家知识产权局专利局审查业务管理部编：《专利审查业务实践》，知识产权出版社，2002，第373页。

第八章　关于专利权的客体与不予专利权的对象

关于实用新型的界定，最佳路径应该从实用新型的特征入手。虽然实用新型也是一种技术方案，但它与发明相比还是有很大的区别：首先，实用新型在技术的创新方面要低于发明。实用新型通常只适用于解决一般性的技术问题，不涉及解决复杂的技术难题。其次，实用新型的载体是具有一定形状和构造的产品。根据实用新型的通常定义，实用新型只可能是经过人工或机械的方法制造出来的有确定的形状、构造，且占据一定空间的实体产品。这意味着自然界存在的即便是巧夺天工之物亦不可能成为专利法下的实用新型之物。任何无确定形状的产品，如气态、液态物质等均不能成为实用新型之物；再次，方法不能成为实用新型的对象。根据实用新型的第二个特征，实用新型只涉及关于产品的实用新型，不涉及关于方法的实用新型。欧洲委员会在1997年通过的一份有关欧盟内的实用新型制度的建议性指令提出，实用新型的保护对象应当排除方法……生物制品和计算机程序[①]；1989年12月21日，中国专利局发布的第27号公告也规定了"各种方法"不得授予实用新型[②]。最

---

① 参见吴汉东等：《知识产权基本问题研究》，中国人民大学出版社，2005，第386页。

② 1989年12月21日中国专利局发布的第27号公告规定，下列方法或产品不得授予实用新型权：①各种方法、产品的用途；②无确定形状的产品，如气态、液态、粉末状、颗粒状的物质或材料；③单纯材料替换的产品，以及用不同工艺生产的同样形状、构造的产品；④不可移动的建筑物；⑤仅以平面图案设计为特征的产品，如棋、牌等；⑥由两台或两台以上的仪器或设备组成的系统，如电话网络系统、上下水系统、采暖系统、楼房通风空调系统、数据处理系统、轧钢机、连铸机等；⑦单纯的线路，如纯电路、电路方框图、气动线路图、液压线路图、逻辑方框图、工作流程图、平面配置图以及实质上仅具有电功能的基本电子电路产品（如放大器、触发器等）；⑧直接作用于人体的电、磁、光、声、放射或其结合的医疗器具。

后，实用新型下的形状、构造或组合能够解决技术问题。实用新型与发明的相同之处是它们都是一种技术方案，即能够正确利用自然规律解决技术问题，如将铅笔由圆柱形设计成棱柱形能够防止铅笔滑动；将凳子设计成折叠式，不仅便于保管摆放，而且也便于帮运携带；将水果刀设计成折叠式，不仅能让使用者便于携带，而且也便于保障安全。这里需要特别强调的是，实用新型是借助形状、构造或形状、构造的组合解决技术上的问题。例如，谭某享有一种"矩形密封圈"实用新型专利权。其权利要求是："一种矩形密封圈，其特征在于包括矩形橡胶密封圈，矩形橡胶密封圈的外缘包裹有经热压制成的厚度为 0.20~0.50mm 的聚四氟乙烯包裹层。"谭某认为某硅胶公司制造和销售的产品侵犯了其实用新型专利权。受诉人民法院查明，谭某的实用新型与其申请日之前已公知的现有技术的唯一区别是涉案实用新型产品是将聚四氟乙烯与橡鼓通过"热压"的方法有机地结合在一起，而现有技术中不包含这一技术特征。人民法院最终认为：实用新型专利的保护对象是由形状、构造及其结合所构成的技术方案。谭某实用新型专利的权利要求中的"热压"既不属于形状范畴，也不属于构造范畴，因此不在涉案实用新型的保护范围之内。除"热压"的技术特征之外，某硅胶公司使用的技术方案与涉案实用新型专利申请日之前的公知技术相同，最终人民法院判决某硅胶公司的行为并不构成对谭某一种"矩形密封圈"实用新型专利权的侵权。[①]

[①] 参见最高人民法院民事裁定书（2017）最高法民申 3712 号。

（三）关于外观设计的界定

关于外观设计，《巴西工业产权法》第11条将其定义为"在工业或商业上，可以依手工、机械或化学方法（单独或联合使用），应用于产品装饰的线条或彩色的新的安排或组合"。另外，根据该法第12条及第13条的规定，工业品外观设计还包括对已知部件进行新的组合而使产品具有其本身特点的外观设计，但是雕刻、建筑、绘画、雕版、摄影等纯艺术性的设计不属于外观设计专利保护的范围之列。《日本外观设计法》第2条第1款将外观设计解释为"由物品（含物品的构成部分。除第8条外，以下亦同）的形状、图案、色彩或其结合构成的，能够引起视觉上美感的设计"。法国的《知识产权法典》第L511条将外观设计定义为"新图案、新立体造型、通过显著可识别的外观赋予其新颖性或通过一个或数个外部效应赋予其独特的新外貌而区别于同类产品的工业品"。我国《专利法》第二条第四款将外观设计定义为"对产品的整体或局部的形状、图案或者其结合以及色彩与形状、图案的结合所作出的富有美感并适于工业应用的新设计"。从以上所列举的世界各国专利法关于外观设计的定义，其规定基本上大同小异，表达的中心思想基本一致。

根据上述的定义和司法实践的积累，关于外观设计的界定可以从以下几个方面进行认定：

第一，外观设计必须是一种针对产品的形状、图案或形状、图案与色彩结合所作出的设计。形状是指具有三维空间的产品造型，

图案是指在二维的平面以线条描绘的由不同色彩构成的图形设计。外观设计只能是形状与图案的结合或形状、图案与色彩的结合，脱离了工业产品而进行的形状与图案的结合或形状、图案与色彩的结合都不可能构成专利法下的外观设计，充其量只可能构成著作权法下的美术作品。当然，需要指出的是，外观设计不能简单地把它理解为只能是三维（立体）的存在，图案与色彩所构成的二维平面设计也可以成为外观设计，例如将一张在白纸上所绘制的由图案与色彩所构成的美术作品用在装修墙面的壁纸上，它就成了外观设计。

第二，外观设计必须适用于工业应用，且能批量生产。[①] 外观设计下的工业产品必须是可以通过工业生产方法重复制造出来的。换言之，《专利法》关于外观设计适于工业应用是指该外观设计不仅能应用于产业，而且可以通过产业化手段形成批量生产。例如，根雕艺术家利用树根的自然形状，加上自己的艺术想象，将不同形态的树根雕刻成一件件形状奇异的根雕艺术品，因每件根雕艺术品的最终成型都与该树根独特的形状，以及艺术家的独具匠心密不可分，均不可被复制。因此，根雕艺术品尽管可以通过产业化的方式生产出来，但并不能成为专利法意义上的外观设计。另外，取决于特定地理条件、不能重复再现的工业产品也不能构成专利法下的外观设计。例如，某石材厂获得了一种"花岗岩染色板（中国黑）"外观设计专利权，其专利产品为方形，主体颜色为黑色，其中不规则分

---

① 参见国家知识产权局颁布的《专利审查指南》（2010年版，2019年修订）第一部分第三章 7.3。

布小亮点，整个染色板具有斜向右下、间距基本一致的直条形细纹。他人以该外观设计是特定自然物的固有属性，不能重复再现为由，请求宣告该外观设计专利权无效。受诉人民法院经审理后认为：该外观设计中的方形是花岗岩染色板产品领域内惯常形状，颜色（黑色）也未发生变化，图像则是将自然物花岗岩表面磨光后，经过染色而自动形成的，其上不规则小亮点和细纹的位置与布局均由花岗岩的自然属性所决定，并非设计者通过绘图或其他能够体现设计者构思的手段制作。同时，由于特定自然物花岗岩的自然属性是固有的，其上亮点和花纹的位置与排列均不由产品设计者或产品生产者的主观意志所决定，因而以其所呈显图案为主体的设计不具有再现性，即使在矿藏存在大致相同结构和属性的花岗岩，经磨光染色后形成了大致相同的图案效果，该图案效果也并非基于使用了设计者的外观设计而形成，而是由该石材的自然属性所决定的，并不属于专利法意义上的再现。[1] 该外观设计专利权最终被宣告无效。

第三，外观设计必须是对产品整体或局部的设计。《专利法》在2020年修订之前，外观设计专利权只针对产品的整体设计，产品中不能分割、不能单独出售、不能单独使用的"局部设计"，如笔帽、帽檐、衣领等不能获得外观设计专利权。这就意味着在申请外观设计专利权时，在权利保护要求说明书要求保护范围的附图上，不能把一个完整产品中的某一部分用线条划出来单独申请，即外观

---

[1] 参见北京市第一中级人民法院行政判决书（2012）一中知行初字第473号，北京市高级人民法院行政判决书（2013）高行终字第868号。

设计专利申请必须以产品的整体设计为基础，而不能以某一局部设计为基础。但是，随着产品的设计日益精细化，在产品整体外观与常见造型保持一致的情况下，对产品局部所做出的独特外观设计同样能够起到提升产品品位，使社会公众耳目一新。因此，许多国家都改变了早期的做法，对符合条件的局部外观设计同样给予外观设计专利权保护。例如，美国《专利审查程序手册》规定："对于外观设计专利申请，其申请的对象为体现或应用于工业制造品（或其部分）的外观设计，而非产品本身。"[1] 我国于2020年修订《专利法》时为适应工业品设计的趋势并参考其他国家的做法，明确规定外观设计既可以针对产品的整体也可以针对产品的局部。[2]

第四，外观设计必须富有美感。外观设计是一种以博取眼球为目的的艺术设计。因此，外观设计要富有美感是外观设计的主流。《专利法》第二条第四款关于外观设计的定义就明确地提出了外观设计应当具有通过视觉产生美感这一要件。对于美感，其评价标准不能以个体的眼光和喜恶作为出发点，应该以社会公众正常人群理性的审美取向为标准。不过，在多数国家的法律中，没有明确提出"美感"是给予外观设计专利权保护的要件，只要该外观设计有别于同类产品独特的个性化设计，能引起人们的注意就行了。例如，《法国知识产权法典》第L511-1条将外观设解释为"新图案、新立体造型、通过显著可识别的外观赋予其新颖性或通过一个或数个外部

---

[1] Manual of Patent Examining Procedure, 1502 (Definition of Design).

[2] 《专利法》第二条第四款规定：外观设计，是指对产品的整体或者局部的形状、图案或者其结合以及色彩与形状、图案的结合所作出的富有美感并适于工业应用的新设计。

效应赋予其独特的新外貌而区别于同类产品的工业品"。该条款重在强调外观设计的个性特征而未突出其美感。

二、关于不予专利权保护的对象

在各国的专利法中，一般都规定了不予专利权保护的对象。我国《专利法》第五条和第二十五条分别规定了下列情形不得给予专利权保护：违反法律、社会公德或者妨害公共利益的发明创造；违反法律、行政法规的规定获取或者利用遗传资源，并依赖该遗传资源完成的发明创造；科学发现；智力活动的规则和方法；疾病的诊断和治疗方法；动物和植物品种；原子核变换方法以及用原子核变换方法获得的物质；对平面印刷品的图案、色彩或者二者的结合作出的主要起标识作用的设计。以上事项之所以不予专利权保护，或者是基于社会公共利益的维护，或者是其本身不符合专利法保护的条件，或者是基于特定国情下的特殊考量。以下我们选择容易陷入误区的情形进行探讨。

（一）违法的发明创造可否授予专利权

《著作权法》在2010年修订时删除了"依法禁止出版传播的作品不受本法保护"的内容，那么为什么《专利法》（第五条）和《商标法》（第十条）就违反法律、社会公德或者妨害公共利益的发明创造和商标分别作出了不授予专利权和不得注册的规定呢？王迁教授认为，这种差异主要是源于著作权与包括专利权和商标权在内的工业产权的产生途径不同：著作权为自动产生，无须经过国家相

关机关的审查与授权；专利权和商标权的取得需要经过国家知识产权局的审查并进行授权或注册，授权或注册既是国家意志的体现，也是国家对某一行为或事物所持立场和态度的体现。另外，王迁教授还对知识产权的权利属性进行了分析，指出知识产权是禁止权而非自用权[①]，即承认违禁作品著作权人享有著作权能够使作品著作权自动取得的法律规定实现逻辑自洽，同时，规定著作权人拥有权利但不能自行使用违禁作品，在一定程度上能够实现个体利益与社会公共利益的有效平衡。笔者认为，知识产权立法对著作权和专利权、商标权持不同的态度，还有一个重要的原因就是著作权的违法性影响具有更强的可控性。

另外一个需要注意的问题是，那些处于两可之间，既可为合法的目的而使用，亦可为非法的目的而使用的发明创造，是否仍然可以被授予专利权？例如，假币生产机和自动麻将机都属于发明创造，但假币生产机只能服务于违法行为，而自动麻将机既可以用于违法的赌博，也可以用于人们日常的娱乐消遣。对于前者不予专利权保护非常容易理解，但对于后者是否给予专利保护却疑窦丛生。《巴黎公约》第4条之四明确规定：不应以专利产品的销售或依专利方法制造的产品的销售受到本国法律的限制或限定为理由，而拒绝授予专利或使专利无效。根据《巴黎公约》第4条之四的规定和笔者对专利立法的理解和领悟，对于既可合法使用又可非法使用的发明创造，应该有资格获得专利权保护。理由是既可合法使用，又可非法

[①] 详见王迁：《知识产权法教程》（第七版），中国人民大学出版社，2023，第355页。

使用的发明创造，其本身充其量只是一件工具，用之为善即服务于社会，用之为恶即危害社会，换言之，发明创造是否违法取决于使用它的人而非发明创造本身。但是，同样是工具，为什么造假币机不授予专利？因为生产假币的机器，无论是谁使用，它只能生产出假币，除非弃之不用。

（二）发现可否被授予专利权

科学发现有别于发明，科学发现是指对自然界中业已存在但尚未为人们所认识的客观物质、运动规律、变化过程、事物属性等自然现象的揭示。例如，1990 年《四川动物》第 1 期赵尔宓教授和陈远辉联合署名向全世界宣布，在中国郴州宜章县的莽山发现了一个新蛇种，命名为莽山烙铁头，这个事件就是典型的发现。总之，发现就是"众里寻他千百度，蓦然回首，那人却在，灯火阑珊处"般的境界。发明是一个从无到有的过程，是从无到有创造出自然界原本不存在东西的过程，是揭示出前所未有的解决某技术问题的某种技术方案的过程。所以发明和发现是两个截然不同的概念。正如英国法官 Buckley J. 在 Reynolds 诉 Herbert Smith 一案中所指出的那样："发现增加了人类知识的数量，但它只是对人们以前未看到的东西或处于朦胧中的事物进行了揭露或仅撩起了其面纱。发明也增加了人们的知识，但并不只是揭露。发明必然包括对人们所采取的行为的建议，而该行为会产生一种新产品，或导致一种新结果，或者对一

种旧产品或方法的改进。"① 对于科学发现是否授予专利权的问题，目前大部分国家采取不授予专利权的立法模式。例如《瑞典专利法》第1条第1款规定，发现、科学理论或数学方法不得视为发明。我国《专利法》第二十五条也有类似的规定。既然科学发现不能授予专利权，那么正确地划定发现与发明之间的界限就显得十分重要。然而，随着社会的发展，尤其是科技的进步，发现与发明之间的界限开始变得模糊起来，人们对发现不能授予专利的信念开始变得不再那么坚定了。

发现真的不能被授予专利吗？我国《专利审查指南》（以下简称《指南》）指出：人们从自然界找到以天然形态存在的物质，仅仅是一种发现，不能授予专利权。但是，如果是首次从自然界分离或提取出来的物质，其结构、形态或者其他物理、化学参数是现有技术中不曾认识的，并能被确切地表征，且在产业上有利用价值，则该物质本身以及取得该物质的方法均可依法被授予专利权。② 《指南》清楚地将"物质本身"与"取得该物质的方法"并列起来，并明确了二者都可以被授予专利权。但需要说明的是，《指南》将发现分成了对天然形态存在物质的发现和对自然界分离或提取出来物质的发现。

事实上，从自然界分离或提取出来的物质在没有从自然界分离或提取出来之前也是客观存在的。同样，物质的结构、形态或者其

---

① 转引自李明德：《外观设计的法律保护》，载《郑州大学学报（社科版）》，2000年第5期。
② 参见国家知识产权局颁布的《专利审查指南》（2010年版，2019年修改）第二部分第十章2.1。

他物理、化学属性和应用价值在没有被人类认识之前,也始终存在。人类只是用科学的方法和技术分离、提取了这种物质,或者分析出了其结构、形态或其他物理、化学属性,并发现了它的产业价值。客观地说,从自然界提取物质,到分析出其结构、形态、物理、化学参数,再到发现其产业价值的整个过程,本质上就是一个发现的过程,而且可以想象出这是一个非常艰巨,而且可能是一个漫长的过程。如果把这样的发现排除于专利法的保护之外,将其仅仅当成一种公共产品,那么当事人为了实现这一发现而付出的艰辛和进行的投资就无法通过获得专利权保护而得到应有的回报。为了促进生物医药和化学领域的发展,发现并提取出具有实用价值的物质,《指南》将利用生物、化学方法发现物质的"发现"当成"发明"而给予一体保护,这样的专利制度安排不仅具有现实意义,而且必将具有深远的战略意义。

(三)智力活动的规则和方法可否被授予专利权

上文我们提出了"发现可否被授予专利权"的疑问,通过分析我们知道"发现不能授予专利权"其实是一个伪命题,那么"方法不能授予专利权"是真命题还是假命题呢?智力活动的规则和方法是用于指导人们对信息进行思维、推理、分析和判断的方法,它们具有抽象性的特点,它们不是在利用自然规律的基础上而获得的技术方案,因此世界各国或地区均倾向于不授予其专利权。

从司法实践的角度,目前我国已有多起案例以判例的形式宣告了智力活动的规则或方法不能获得专利，如笔算方法不能获得专利[1]，清除血液中血脂的方法不能获得专利[2]。类似地，像猜谜游戏、经济管理方法、会计制度、教育方法等都不能取得专利权。但计算机程序能否取得专利权是一个十分复杂的问题。计算机程序是使计算机表示、履行或者获得某种特定作用、任务或结果的一系列指令的总和。由于计算机程序是一种用以表示信息的方法，它具有智力性和抽象性的特点，所以各国一般以著作权法来保护计算机程序。例如《与贸易有关的知识产权协定》（TRIPS）第10条规定，计算机程序无论是以源代码还是目标代码表达的，都应按照《伯尔尼公约》1971年文本的规定作为文字作品加以保护。在国际上，巴西、瑞典、澳大利亚、加拿大、法国、德国、英国等国家的著作权法都采用该立法例。我国的《计算机软件保护条例》也采用类似立法。我国《专利审查指南》目前对涉及计算机程序的专利申请区分两种情况加以处理：如果仅利用计算机程序这一手段实现了某种数学计算方法和规则，则该程序实际上是智力活动的规则和方法的一种表现形式，是不能被授予专利权的。例如目前开发的在线英语翻译程序，当我们输入中文后，程序将指挥计算机按照预先设定的规则和词汇及语句之间的对应关系输出英文。该程序本质上仅体现了不同语言文字之间的转换规则，属于智力活动的规则和方法，因此不构成方法发明。但如果计算机程序的执行是一种正确利用自然规

---

[1] 参见北京市第一中级人民法院行政判决书（2010）一中知行初字第2142号。
[2] 参见北京市第一中级人民法院行政判决书（2005）一中知行初字第2142号，北京市高级人民法院行政判决书（2005）高行终字第336号。

第八章 / 关于专利权的客体与不予专利权的对象

律的技术手段,并且能够解决具体技术问题,则该计算机程序就属于技术方案或其组成部分,是可以获得专利权的。我国《专利审查指南》指出:如果涉及计算机程序的发明专利申请的解决方案执行计算机程序是为了实现一种工业过程、测量或测试过程控制,通过计算机执行一种工业过程控制程序,按照自然规律完成对该工业过程各阶段实施的一系列控制,从而获得符合自然规律的工业过程控制效果(例如通过编制出一套计算机程序来控制发电机发电,则该套程序因为利用了自然规律从而可以获得专利保护);或者是为了处理一种外部技术数据,通过计算机执行一种技术数据处理程序,按照自然规律完成对该技术数据实施的一系列技术处理,从而获得符合自然规律的技术数据处理效果;或者是为了改善计算机系统内部性能,通过计算机执行一种系统内部性能改进程序,按照自然规律完成对该计算机系统各组成部分实施的一系列设置或调整,从而获得符合自然规律的计算机内部性能改进效果,则这些解决方案均属于可以获得专利权的技术方案。[①] 综上,计算机程序在多数情况下是不能获得专利授权的。但如果计算机程序在应用中对已知的技术作出了技术上的贡献,那么应当对于这种基于自然规律作出的计算机程序中的技术思想给予专利保护。例如针对便携式计算机、手机等移动设备存储容量较小的技术问题,设计了一种利用虚拟设备文件系统来扩充移动设备的存储容量的方法,使移动设备能够将服务器上的大容量存储空间用于存储本地数据。该设计方案通过执行计算

[①] 参见国家知识产权局颁布的《专利审查指南》(2010年版,2019年修订)第二部分第九章。

机程序实现了对移动设备存储容量的扩充，是利用自然规律的技术方案，属于专利法保护的客体。

总之，智力活动的规则和方法往往更侧重于思维层面的创新和运用，并不直接涉及具体的技术实施和应用，不符合专利法对于技术方案的要求，而且智力活动的规则和方法很难证明其具有客观独创性，因此智力活动的规则和方法不能授予专利权是一个真命题。

第九章　专利的申请人与专利的申请

专利权的取得不同于著作权的自动取得，专利权的取得需要通过申请，因此确定专利申请权人是取得专利授权的第一步。专利权必须经过国家专利行政部门（国家知识产权局）的审查之后才能授予。申请人应当提交符合专利法要求的专利申请文件：发明和实用新型专利的申请需要具备"三书"（申请书、说明书、权利要求书）；外观设计专利的申请文件包括申请书和照片/图片。专利申请通常实行"一发明一申请"的单一性原则。我国对发明、实用新型和外观设计采取不同的审查机制：对发明专利申请实行"早期公开、迟延审查"的机制，对实用新型和外观设计实行形式审查机制。对于驳回专利申请的决定，当事人具有行政复审和司法审查的救济机制。一项专利申请要获得专利授权必须具备新颖性、创造性和实用性这三项实质条件。创造性是从普通技术人员角度提出的要求，所以也被称为主观性实质条件；新颖性是与现有技术相比较的要求，所以也被称为客观性实质条件；实用性条件则反映了推广应用发明创造这一专利制度的宗旨。本章主要讨论专利申请权人的确定，以及给予专利授权需要满足的实质要件。

一、专利的申请人

（一）专利申请人的范围

发明创造是一项智力活动，因此，关于专利申请人的确定第一个需要回答的问题就是：专利权人是否需要具备完全民事行为能力？事实上，发明创造与作品创作一样，在法律上都属于事实行为，其原因就在于无论是作品，还是发明创造，它们的认定各自都有其客观的标准，与人的意思能力无关。即作品只与是否具有创作性有关；发明创造只与是否具有新颖性、创造性和实用性有关。

在著作权法领域，作者可以法律拟制，即"法人或非法人组织可以视为作者"，但在专利法领域，发明人和设计人是不可以法律拟制的，即不存在"法人或非法人组织可以视为发明人或设计人"。那么，是否可以由此而推出在专利法领域，专利申请人是否只限于自然人呢？答案显然是否定的。发明创造分为职务发明创造和非职务发明创造，对于非职务发明创造，申请专利的权利归属于实际完成了发明创造的自然人，对于职务发明创造，实际完成发明创造的自然人虽然在专利申请文件或专利文献中仍然被注明为发明人或者设计人，但实际的专利申请权人为其所在单位。

对于外国人的专利申请问题，中国早已加入了《巴黎公约》，《巴黎公约》第2条规定：成员国国民在其他成员国应当享有该国法律现在授予或今后可能授予其国民的各种利益，且不应损害本公约特别规定的权利。因此，他们应和其国民享有同样的保护，对侵犯他们的权利享有同样的法律上的救济手段。成员国不得以其他成员国国民在该成员国有住所或营业所为其享有工业产权的条件（这是给予成员国外国人国民待遇的规定）。《巴黎公约》第 3 条规定：非成员国国民只要在任一成员国内有住所或真实有效的营业所，就能享有与该成员国国民同样的待遇（这是给予非成员国外国人国民待遇的规定）。据此，《巴黎公约》成员国国民以及在中国或其他《巴黎公约》成员国有经常居所或营业所的外国人、外国企业或外国其他组织在我国申请专利权时，享有和我国国民相同的待遇。《巴黎公约》大大拓宽了外国人在我国申请专利权的范围，只有那些既不是《巴黎公约》成员国的国民，又在我国和其他《巴黎公约》任一成员国中没有住所或真实有效的营业场所的外国人、外国企业或外国其他组织才被排除在专利申请权人之外。

综上，在我国有权申请专利的申请权人包括中国自然人和外国自然人、中国法人和外国法人、中国非法人组织和外国非法人组织。

（二）职务发明的确定

专利申请权及专利权的归属为完成发明创造的发明人或设计人是专利法应遵循的最基本的原则。现代科技不断地向深度和广度拓展，变得日益复杂，许多科研项目的完成不仅需要多人合作，而且需要多单位协同攻关，任何个人要想完成较为重要的发明创造往往需要借助单位的物质技术条件、内部资料并与其他同事进行合作，因此，各国的专利立法比著作权立法更为重视保护单位的投资。[①]

[①] 王迁：《知识产权法教程》（第七版），中国人民大学出版社，2023，第 372 页。

《专利法》第六条第一款规定："执行本单位的任务或者主要是利用本单位的物质技术条件所完成的发明创造为职务发明创造。职务发明创造申请专利的权利属于该单位，申请被批准后，该单位为专利权人。该单位可以依法处置其职务发明创造申请专利的权利和专利权，促进相关发明创造的实施和运用。"为了更好地维护单位在专利申请及专利权归属上的合法权益，司法实践在确定专利申请权及专利权的归属方面为我们提供了可供借鉴的实践标准。

第一，以劳动关系来确定职务发明。认定职务发明的前提是发明人或设计人与单位之间是否存在劳动关系或者临时性工作关系。劳动关系表明劳动者与用人单位之间存在隶属关系，单位对该发明人或设计人创造性劳动拥有支配权。劳动关系不同于劳务关系，劳务关系体现的是当事人之间互不隶属的平等关系，是一种典型的民事法律关系。最高人民法院曾在相关判决中指出，在高校教师与其他单位签订"咨询服务合同"仅约定向该公司提供技术培训服务、技术合作和项目申请的中介服务，并未约定其从事技术研发工作的情况下，不能认为双方有建立职务发明意义上的劳动关系或者临时工作关系的意思表示。[①] 换言之，咨询服务合同是一种劳务关系。最高人民法院的相关判决从反面提示我们确定职务发明的一个重要条件就是看双方之间有没有管理和被管理的关系（隶属关系）。

第二，以为谁工作来确定职务发明。根据国家有关退休的法律法规，职工年满一定年龄就要自动退出劳动关系。但是，有相当一部分职工虽然达到了退休年龄，但其身体还能允许继续工作，且其

[①] 参见最高人民法院民事判决书（2020）最高法知民终1258号。

多年积累起来的工作经验、能力、学识仍然是原用人单位所需要的宝贵财富，因此当下许多单位，尤其是科研院所、高等学校纷纷出台了自己的"银龄计划"，专门用来返聘从自己单位退休的老同志，或者招募从其他单位退休的老同志。科研院所、高等学校返聘或招聘退休的老同志的目的基本上都是搞科研。对于在返聘或招聘期间他们所作出的发明创造的权利归属问题，上海市有关人民法院的判决给出了答案。上海市第一中级人民法院和上海市高级人民法院在审理类似案件时的裁判意旨是：在返聘期间在本职工作中作出的发明创造或履行单位交付的本职工作之外的任务所作出的发明创造，仍然属于职务发明创造，与该发明创造是否在退休返聘后一年之内做出无关。[①] 上海市有关人民法院的判决非常明白地告诉我们，此类权利归属与"退休返聘后一年之内作出无关"，即否定了以离职时间长短为权利归属的依据，那么，这类情况（返聘或招聘退休人员）发明创造成果的归属应该与什么有关呢？笔者认为，唯一有关的是返聘或招聘人员是在为谁工作。在返聘或招聘而缔结的合同到底是雇用（劳务）合同，还是劳动合同的问题上，笔者更倾向于将其认定为雇用（劳务）合同更为合适，但笔者支持在返聘或招聘期间所作出的发明创造成果应当归属于其目前的工作单位，是因为目前的单位虽然不是返聘或招聘人员的用人单位（退休人员的人事关系不在返聘单位），但却是被返聘或招聘人员的用工单位，用工单位用工的目的就是获得被返聘或招聘人员的工作成果。这就是退休人员被

[①] 参见上海市第一中级人民法院民事判决书（2009）沪一中民五（知）重字第1号；上海市高级人民法院民事判决书（2008）沪高民三（知）终字第129号。

返聘后的发明创造成果归用工单位，与时间无关，只与其为谁工作有关的真正原因。

第三，以提供物质技术条件来确定职务发明。根据《专利法》第六条第一款①的规定，判断职务发明的依据有两个角度：一是执行本单位的任务，即当事人为谁工作；二是主要利用本单位的物质技术条件，即当事人靠谁完成了发明创造。《中华人民共和国专利法实施细则》（以下简称《专利法实施细则》）第十三条规定："专利法第六条所称执行本单位的任务所完成的职务发明创造，是指：（一）在本职工作中作出的发明创造；（二）履行本单位交付的本职工作之外的任务所作出的发明创造；（三）退休、调离原单位后或者劳动、人事关系终止后1年内作出的，与其在原单位承担的本职工作或者原单位分配的任务有关的发明创造。"以执行本单位的任务来确定发明创造的归属遵循的是"受人之托忠人之事"的职业伦理，以提供物质技术条件来确定发明创造的归属遵循的是"谁投资谁受益"的市场规则。《专利法实施细则》第十三条第二款对"物质技术条件"作出了解释，具体包括资金、设备、零部件、原材料或者不对外公开的技术信息和资料等。所谓"主要利用"，是指职工在技术成果的研究开发过程中，全部或者大部分利用了法人或者非法人组织的资金、设备、零部件或者原材料等物质条件，并且这些物质条件对于形成该技术成果具有实质性的影响。另外，主要是利用法人或者非

---

① 《专利法》第六条第一款规定：执行本单位的任务或者主要是利用本单位的物质技术条件所完成的发明创造为职务发明创造。职务发明创造申请专利的权利属于该单位，申请被批准后，该单位为专利权人。该单位可以依法处置其职务发明创造申请专利的权利和专利权，促进相关发明创造的实施和运用。

法人组织的物质技术条件，还包括该发明创造成果的实质性内容是在法人或者非法人组织尚未公开的技术成果、阶段性技术成果基础上完成的（技术成果完成后利用法人或者非法人组织物质技术条件对技术方案进行验证、测试的）。① 原告陈某在南京大学环境科学研究所工作。南京市环保局请陈某帮助研究印染河水处理的问题，陈某应允。寒假期间，陈某一家将南京大学某地下室改建成实验室，利用煤灰渣、石灰渣、废酸等原料，以塑料桶、铁棍、瓦盆、竹箩等工具，采取试纸测试等手段，对南京市环保局派人送来的印染污水进行反复试验和测试，终于完成了"印染污水处理方法及工艺"的构思方案。嗣后，南京大学对此项发明创造申请了职务发明并获得授权。陈某与南京大学就专利权归属发生纠纷。本案受诉人民法院认为：陈某的发明既非其本职工作，亦非履行本单位交付的任务。其构思及以试验获得数据的方法简单，不需要复杂仪器，证明其发明创造所使用的化学药品及试纸均可在市场上买到，且有购货发票为证。而当时南京大学并无任何人知道这一情况，亦未拨给其经费，所以陈某并未利用南京大学的物质条件。因此，该项专利应确认为非职务发明创造，专利权应归陈某所有。② 本案为我们鉴别什么是主要利用法人或者非法人组织的物质技术条件确立了一个很好的标杆。

---

① 参见最高人民法院《关于审理技术合同纠纷案件适用法律若干问题的解释》（2020年修正）第4条。

② 参见江苏省南京市中级人民法院民事判决书（1991）经字第104号，江苏省高级人民法院民事判决书（1992）经上字第90号。

二、专利的申请

（一）与专利申请日有关问题的梳理

专利申请日的确定对于专利申请极为关键，它既是在冲突申请中确定"最先申请"的依据，同时也是确定发明创造新颖性的依据。关于专利申请日的确定需要厘清两个与申请日密切相关的问题。

第一个问题：关于最先申请。专利权是一种具有强烈排他性的支配权，对于同样的发明创造，只能授予一个申请人专利权。对于同样的发明创造出现冲突申请时如何解决？纵观世界各国，大体有两种做法：一是遵循先申请原则，即将专利权授予最先提出专利申请的人；二是遵循先发明原则，即将专利权授予最先发明创造的人。从各国专利法的实践来看，目前多数国家在解决该问题时适用先申请原则，只有美国、加拿大、菲律宾三个国家采用先发明原则。[①] 先发明原则追求的是一种事实上的公平，但过于理想化的制度设计给实践带来了不少的困惑：首先是举证困难；其次是不利于激发专利申请权人申请专利的动力。相较于先发明原则，先申请原则具有明显的优势：首先，有效地解决了申请冲突的问题；其次，有利于提高人们申请专利的积极性。当然，遵循先申请原则也有可能带来质量不高的专利申请充斥其中。

考虑到先申请原则的优越性，《专利法》也遵循了先申请原则。

[①] 吴汉东等：《知识产权基本问题研究》，中国人民大学出版社，2005，第423页。

《专利法》第九条第二款规定："两个以上的申请人分别就同样的发明创造申请专利的，专利权授予最先申请的人。"需要注意的是，这里的"最先申请"不能以"时"进行排序，在同一日申请的不宜区分早中晚，应视为同一时间提出申请。由此而造成的申请冲突由当事人自行协商确定，如果协商不成，两人的申请均将被驳回。这一机制看似不近人情，但却能有效促使当事人达成和解协议，因为任何一个理性的人都不愿出现两败俱伤的局面。对于申请日的确定，《专利法实施细则》第四条第一款规定：向国务院专利行政部门邮寄的各种文件，以寄出的邮戳日为递交日；邮戳日不清晰的，除当事人能够提出证明外，以国务院专利行政部门收到日为递交日。以电子形式向国务院专利行政部门提交各种文件的，以进入国务院专利行政部门指定的特定电子系统的日期为递交日。

第二个问题：关于优先权。由于内国法效力的地域性，根据一国专利法所取得的专利权要想在域外获得同样的专利保护，就必须向域外国家再次提出专利申请。在内国取得专利权后再向域外国家就相同主题提出专利申请需要耗费一定的时间进行材料准备，在这个过程中，由于专利申请的公开性，相同主题的专利申请很可能被他人在国外抢先提出申请而失去优先申请。为了解决这个问题，《巴黎公约》第4条A款第1项规定：在《巴黎公约》成员国的任何一个国家已经正式提出专利申请，从最初的申请日起至一定的期间内（发明、实用新型从第一次正式提出专利申请日起12个月内，外观设计从第一次正式提出专利申请日起6个月内），又在该联盟其他成员国就相同主题提出同样内容的申请的，应当享有优先权。该优先

权我们称为"外国优先权"。外国优先权的效果是：在优先权期间届满以前，申请人在该联盟其他成员国提出的同样内容的后申请，其后申请的实际申请日期以第一次的申请日期为准。换而言之，此时的后申请可以用第一次申请的日期对抗他人同样主题的申请。这样的优先权制度我们将其称为外国优先权。这一制度的确立对于希望在几个国家都得到工业产权保护的申请人来说，其意义不言而喻，因为只要申请人在优先权期间内提出专利申请，就被认为是在第一个申请的申请日提出的，从而使申请人有足够的时间在多个国家提出专利申请。

在我国，除了规定有国外优先权外，我们还规定了国内优先权（亦称本国优先权）。之所以要确立本国优先权，其理由是第一次提出专利申请后，申请人可能有考虑不周全的地方，保留其优先权可以让申请人在一段时间内从容地斟酌，挑选出对自己最有利的方案来。为此，《专利法》第二十九条第二款规定：申请人自发明或者实用新型在中国第一次提出专利申请之日起十二个月内，或者自外观设计在中国第一次提出专利申请之日起六个月内，又向国务院专利行政部门就相同主题提出专利申请的，可以享有优先权。国内优先权的确立，给在先申请人提供了诸多便利：首先，它可以实现发明和实用新型专利申请的互相转换。在优先权期间，申请人可以将发明专利申请与实用新型专利申请进行互换，或进行增减。其次，申请人可以对自己的申请构思进行调整。例如，申请人之前就一个总的发明构思分别提出了几项专利申请，在符合单一性要求的情况下，可以在一年之内将若干在先申请合并为一件申请提出，在本国优先权保护期内仍然保留了在先申请的申请日。最后，如果申请人由于某种原因撤回了在先申请，一年内可重新申请并要求本国优先权的，仍然可保留在先申请的申请日。例如，某人最初决定申请发明专利，但改变主意欲作为商业秘密予以保护，于是撤回了申请。但最后担心他人通过反向工程获悉其中的技术方案，最终决定还是申请专利较为合适。只要申请人的最后申请没有超过国内优先权的期限，该申请人就相同的主题再次提出发明专利申请并要求本国优先权，其后申请的申请日仍为首次申请的申请日。

需要特别指出的是，无论是要求获得外国优先权还是本国优先权，申请人都应当在申请的时候提出书面声明。要求发明专利、实用新型专利优先权的，在第一次提出发明、实用新型专利申请之日起十六个月内；要求外观设计专利优先权的，在第一次提出外观设计申请之日起三个月内。未提出书面声明或者逾期未提交专利申请文件副本的，视为未要求优先权。

（二）关于发明专利申请的实质性审查

如前所述，专利权的取得不同于著作权，专利权是国家专利行政管理机关通过一定的程序进行审查后，对符合条件的发明创造所赋予的具有排他性的专有权。专利审查是专利申请人获得专利授权的必经程序。下面重点讨论发明的实质性审查。

《专利法》第三十四条规定："国务院专利行政部门收到发明专利申请后，经初步审查认为符合本法要求的，自申请日起满十八个月，即行公布。国务院专利行政部门可以根据申请人的请求早日公

布其申请。"初步审查是进入实质审查的必经程序,初步审查后的发展方向是专利公开。专利公开有两种形式:一是国务院专利行政部门依职权公开;二是申请人依申请公开。这个期间的最长期限是十八个月,但它是一个可变期限,因为申请人也可以请求早日公布其申请。专利公开的发展方向是实质审查,请求实质审查的期间有三年时间。[①]为什么规定这么长的时间?这里主要有两个方面的原因:一是留给申请人足够的时间去评判该专利未来可能产生的技术价值和经济效益;二是可以使国务院专利行政部门减少审查的件数,通过减负为提高审查的质量提供了现实可能。关于发明的实质审查分三个步骤进行。

第一步,关于发明的新颖性审查。关于新颖性的判断标准,我国现行立法采取的是排除法,即不是现有技术,不存在抵触申请。所谓现有技术是指在申请日之前已被国内外公众所知晓的技术。在专利法领域,有三种情况会导致某项技术成为现有技术:一是被书面公开;二是使用公开;三是其他方式的公开。

书面公开包括报纸杂志、宣传画册、影碟光盘、专利文献、网上流传等形式。当然,书面公开能否使某项技术成为现有技术,需要把握两个度,第一个是该公开的程度要达到本领域的工程技术人员可以按照公开的内容实施该项技术,第二个就是该公开达到了有可能使不特定的公众所知悉。例如,某海运公司发明了一种用于稳

[①]《专利法》第三十五条规定:发明专利申请自申请日起三年内,国务院专利行政部门可以根据申请人随时提出的请求,对其申请进行实质审查;申请人无正当理由逾期不请求实质审查的,该申请即被视为撤回。

定机场登机桥的装置并获得了专利。该公司发现蒂森克虏伯机场系统公司（以下简称"蒂森公司"）安装的稳定机场登机桥装置落入了其专利权的保护范围，于是起诉蒂森公司侵权。蒂森公司抗辩称：其早在原告的专利申请日之前，就在美国旧金山国际机场安装了被控侵权的装置，且向机场交付了《操作和维护手册》，其中记载了与原告的专利相同的技术方案。其既未与机场签订保密协议，也未要求机场将该装置作为商业机密对待。根据美国加利福尼亚州的《公共记录法》，任何人都可以索取该份手册的复制件。蒂森公司认为其使用的是原告专利申请日之前的现有技术，其行为并不构成侵权。受诉人民法院认为，《操作和维护手册》虽然是随产品销售而交付使用者的，但使用者以及接触者均没有保密义务，即该份文件已通过书面方式公开，能够为不特定公众通过复印的方式获取。因此蒂森公司使用的是现有技术，其行为并不构成侵权。[①] 关于使用公开，其方式多种多样，包括制造、使用、销售、馈赠、演示、展示等。总之，某项技术成为现有技术，首先是已通过一定的书面形式公开，如果没有被公开，即便其在申请日之前已经存在也不能成为现有技术。例如，专利申请人所公开的技术方案在其公开前，同样的技术方案已被人研究出来但一直处于保密状态，申请人所公开的技术方案不丧失新颖性。其次是已处于被人所自由获取的状态，至于是否已被公众所真正了解在所不问。例如，某博士论文被编目后保存在公共图书馆中，美国专利申请人认为该博士论文仅保存在一所外国大学的图书馆中，不足以构成书面公开。美国联邦巡回上诉法院认

[①] 参见最高人民法院民事判决书（2016）最高法民再 179 号。

为，公众能否自由地获得该博士论文是判断该博士论文是否已经以书面形式公开的关键。而该博士论文被编目和保存后，任何感兴趣的人都可以去图书馆查阅，因此其充分描述的技术已公开。①

使用公开是指同样的技术在国内外曾被公开使用过，则该项发明或者实用新型即构成现有技术，在后申请丧失新颖性。当然，这里的"公开使用"导致新颖性丧失的标准是该技术的使用已导致公众从中得知了该技术的实质性内容。例如，原告杭州某泵业公司经德国某公司授权在国内实施"EDUR多相流泵"中的技术，并享有在中国境内申请专利的权利。上海某泵业公司正在申请"多相流反应器"发明专利，其所要求保护的技术方案、附图与原告销售的"EDUR多相流泵"中采取的技术方案及产品说明书、附图均完全相同。原告认为被告将原告所有的技术成果以自己名义申请专利侵害了其申请专利的权利，请求法院将该发明专利申请权判归自己所有。法院对原告"EDUR多相流泵"中的技术方案和被告申请发明专利权的技术方案进行对比，发现两者基本一致。但原告的多相流泵产品已在中国市场销售多年，只要购买者拆开机器观察内部结构即可获得该技术方案，原告也没有就该技术方案在我国申请过专利，法院因此认定涉案发明专利的技术方案在专利申请日之前已经被公开，属于现有技术。原告、被告均丧失获得专利保护的资格，遂驳回其诉讼请求。②

---

① 转引自王迁：《知识产权法教程》（第七版），中国人民大学出版社，2023，第399页。
② 参见上海知识产权法院民事判决书（2016）沪73民初16号。

使用公开的方式很多，不限于传统意义上的制造、销售、使用，还包括演示、测试、展示等多种方式。概言之，只要将包含了申请专利技术的产品销售出去或展示出来，相关行业的技术人员就有可能通过一定的手段获取该技术的关键信息，即视为达到了使用公开。

所谓其他方式的公开，是指除书面和使用公开外，通过授课、演讲、讲座、学术报告等学术交流形式而透露技术信息，并且能够使该行业的技术人员通过这些技术信息形成相应的技术方案。

需要特别指出的是，公开与丧失新颖性并不能完全画等号。为了社会公共利益或国际国内交流的需要，部分公开在一定期限内并不当然地丧失新颖性。《专利法》第二十四条规定，下列情形在公开后的六个月内不丧失新颖性：在国家出现紧急状态或者非常情况时，为公共利益目的首次公开的；在中国政府主办或者承认的国际展览会上首次展出的；在规定的学术会议或者技术会议上首次发表的；他人未经申请人同意而泄露其内容的。

第二步，关于发明的创造性审查。同样是创造性审查，对发明的创造性审查和对实用新型创造性审查的要求有所不同。对发明的要求是与现有技术相比具有突出的实质性特点和显著的进步，对实用新型的要求是与现有技术相比具有实质性特点和进步。"实质性特点"是指对本领域普通技术人员来说，该发明或者实用新型相对于现有技术，其进步是非显而易见的。如果该发明是所属技术领域的技术人员在现有技术的基础上仅仅通过合乎逻辑的分析、推理或者有限的试验可以得到的，则该发明是显而易见的，也就不具备突出

的实质性特点。① 所谓"进步",是指该发明或者实用新型与现有技术相比能够产生有益的技术效果。② 根据"实质性特点"与"进步"的内涵,可以判断一项专利申请是否具有创造性。首先,它必须具有非显而易见性。例如,马某发明的"红外传输出租汽车计价器"获得了发明专利,某研究中心请求宣告该发明专利无效,并提交了一个英国专利公开的技术方案和香港八通公司计价器说明书。此案上诉至二审人民法院后,上诉人民法院认定:英国专利所公开的是通过有线连接计算机对计价器进行数据传输管理的一种技术。同时公开了最好采用光波控制方式改进这种有线传输方式的信息。而香港八通公司计价器说明书所公开的是一种利用红外信号传输进行管理的出租车计价器。红外光是光波中的一种。本领域普通技术人员不经创造性劳动就会采用香港八通公司计价器所明示的红外信号传输装置转换英国专利公开的技术方案中的输入、输出装置,而红外信号传输装置是公知技术,是由红外接收、发射装置构成的。用红外信号代替英国专利公开的技术方案中的输入、输出技术也是公知技术。本领域普通技术人员根据公知技术很容易设计红外传输出租车计价器。英国专利和香港八通公司计价器已构成公知技术,本领域普通技术人员不经过创造性劳动即可得出被申请宣告无效的发明专利的技术方案,因此,该发明不具有专利法意义上的创造性。③ 本

---

① 参见国家知识产权局颁布的《专利审查指南》(2010年版,2019年修订)第二部分第四章2.2。
② 王迁:《知识产权法教程》(第七版),中国人民大学出版社,2023,第405页。
③ 参见北京市高级人民法院行政判决书(1998)高知终字第29号。

案中，马某的发明实际上是将英国专利所公开的技术和香港八通公司计价器说明书公开的技术组合在了一起。而这种组合方式对于本领域的技术人员是显而易见的，不需要投入大量创造性劳动，因此不具有突出的实质性特点，没有创造性。其次，它必须具有有益的技术效果。一项专利发明是否具有有益的技术效果，可以从以下几个方面去审查：第一，是否解决了长期渴望解决但未能有效解决的技术问题；第二，是否克服了本领域技术人员普遍存在的技术偏见，另辟蹊径采用被弃用的手段解决了技术问题；第三，是否能带来经济效益。

第三步，关于发明的实用性审查。关于专利领域的实用性，是指发明或实用新型能够在产业上制造或者使用，并且能够产生积极效果。实用性是专利立法的落脚点和价值所在，如果一项专利不能解决生产或生活中的实际问题，对其进行保护就失去了现实意义。因此在专利审查中，实用性具有非常突出的意义。既然专利必须具有实用性，被授予发明或实用新型专利权的技术方案就不能是纯理论性的，它必须在产业上能够得到应用或者制造。例如，《美国法典》第 35 编第 101 条规定："凡发明或发现任何新颖而实用的制法、机器、制造品、物质的组成，或其任何新颖而实用的改进者，可以按照本编所规定的条件和要求取得专利权。"《法国知识产权法典》第 L611-10 条和《日本专利法》第 29 条也将实用性作为取得专利的必要条件。[①] 我国《专利法》第二十二条第四款也规定了实用性

[①] 转引自吴汉东等：《知识产权基本问题研究》，中国人民大学出版社，2005，第 414-415 页。

条件："实用性,是指该发明或者实用新型能够制造或者使用,并且能够产生积极效果。"可见,我国《专利法》不仅强调发明或实用新型能够在工业上制造或应用,而且还要求同现有技术相比能够产生更高的经济效益。

那么,如何来检验一项发明或实用新型具有实用性?首先,它必须在产业上能够被制造或被使用,能够解决相关领域的技术问题,同现有技术相比能够产生更高的经济效益。其次,该发明或实用新型所属领域的一般技术人员能够根据专利说明书所描述的技术内容,能重复实施该技术方案并稳定地获得相同的实施效果。换言之,该发明或实用新型能够通过产业中的标准化模式被稳定地再现。再次,该发明或实用新型必须是符合自然规律的技术方案。例如,顾某和彭某就某种"磁悬浮磁能动力机"申请发明专利。其说明书记载,该磁悬浮磁能动力机是节能环保型动力机,其创新之处是用"磁能"替代汽、风、水、汽油、柴油及交流电机等动力源。其工作原理是在扇形体磁块经过电磁铁线圈的瞬间,通以脉冲电能使它产生推斥力,推动转子旋转。当电路断开时,转子外圆磁块的磁极在旋转中总是在后端得到一个推力,使转子向前加速。所以,在转子接近电磁铁时的圆周距离上并不消耗电能,这样旋转一周后,电磁铁再一次通电,使转子又一次得到电磁铁产生的力,推动其开始下一个循环旋转。该发明将磁能作为动力,采用少量直流电能做启动和控制,维持旋转的能量主要来自磁能。最高人民法院认为:具有实用性的发明或者实用新型专利申请应当符合自然规律,要求能够在产业上制造或者使用,即该申请的技术方案不能与自然规律相违背,所申请的主题必须具有产业中被制造或者使用的可能性,且应当具有再现性。众所周知,飞轮的惯性需要外力提供,外力对飞轮做功后,一方面要克服负载阻力,另一方面要加速推动外转子旋转做功,而要维持该磁场为动磁场,也需要能量的输入。由此可知,要达到持续推动飞轮前进,并对外做功的效果,输出的能量必然要大于输入的能量。但本申请技术方案的实质是:在磁悬浮磁能动力机只有少量用于维持飞轮转动的直流电输入的情况下,通过动力机特定结构得到"磁能",满足在 300 度的空间中不消耗电能,实现连续运转的技术效果。在运转的设备还存在能量消耗的情况下,本申请所强调的给予少量的能量输入,从设备内部得到一个大于输入能量的输出能量,保证飞轮持续运动的技术方案违反了能量守恒定律。依靠所谓的"磁能"实现不间断的连续运转的技术方案是不能够在产业上制造或使用的,因此本申请不应被授予专利权。[1]

需要特别指出的是,实用性并不要求发明或者实用新型是一项十全十美的技术方案,即便该技术方案尚存在某种缺陷,对技术问题的解决也不能令人十分的满意,只要这种缺陷没有严重到使该技术方案根本无法重复实施或根本无法实现其发明目的的程度,就不能仅因为其存在缺陷就否定其具有实用性。[2]

(三)关于外观设计专利申请的实质性审查

外观设计不是技术方案,不具有技术特征,因此不需要有技术

---

[1] 参见最高人民法院行政裁定书(2016)最高法行申 789 号。
[2] 参见北京市高级人民法院行政判决书(2004)高行终字第 149 号。

上的创新性，但需要有感官上的创新性。据此，外观设计取得专利授权的实质性要件与发明相比较是有所不同的。根据多数国家的法律实践，外观设计取得专利权的实质要件通常有新颖性、独创性、美感性和实用性。①笔者认为，在外观设计方面，美感性作为授予外观设计专利的一个条件值得商榷，因为外观设计与其说是为了取悦社会公众，还不如说是为了更好地将自己的产品与同类产品相区别，因此本书认为取得外观设计专利权的实质要件应该是新颖性、独创性和实用性。

新颖性是外观设计取得专利权的第一个实质要件。外观设计下的新颖性是指申请专利的外观设计是前所未有的，即申请专利的外观设计不属于现有设计。所谓"不属于现有设计"，是指在现有设计中，没有与之相同或实质相同的外观设计。②从实践来看，外观设计的公开方式有在出版物上公开发表和在产品上使用两种方式。但随着互联网的普及和广泛应用，电脑或手机亦可成为外观设计公开的载体。例如，刘某就一种电源支架的外观设计获得了外观设计专利权。但有人指出该外观设计的图片在申请日之前就已在刘某的QQ空间出现并用于商业推销，因此该外观设计缺乏新颖性，并以此为由请求人民法院宣告该外观设计专利无效。经受诉人民法院查明：该QQ空间中有涉案外观设计产品的照片展示，上传时间早于专利申请日，权限显示为"所有人可见"。虽然该QQ空间需要添加为好

---

① 吴汉东等：《知识产权基本问题研究》，中国人民大学出版社，2005，第415页。
② 参见国家知识产权局颁布的《专利审查指南》（2010年版，2019年修订）第四部分第五章"5.根据专利法第二十三条第一款的审查"。

友才能查看，但公众完全可以通过添加好友等方式获知产品照片，且没有证据显示该用户会对添加好友的请求进行特定筛选，也没有证据显示其所添加的好友需要遵守保密义务。因此，人民法院认为该QQ空间主要用作公开推销产品的商业用途，而非秘密性的个人使用。对于以商业用途为主的QQ空间，可以推定其对所有人公开，除非有相反证据证明该空间未公开或仅对特定人公开的情况，本案中的QQ空间的好友并非特定人，而是专利法意义上的社会公众，涉案QQ空间中相关商品照片处于为公众所知的状态，在没有相反证据的情况下，系统显示的照片上传时间即为公开时间。因该时间早于涉案外观设计专利申请日，因此该外观设计缺乏新颖性，应被宣告无效。[①]

判断外观设计的新颖性，多数国家以外观设计的申请日为判断标准，如法国、日本等国家。但实践中也有少数国家如美国以外观设计的完成时间为判断的标准。例如，《美国法典》第171条规定："任何人发明制造品的新颖、独创和装饰性的外观设计者，均可按照本编所规定的条件和要求取得对于该外观设计的专利权。本编关于发明专利的规定，除另有规定外，适用于外观设计专利。"根据该法的规定，发明专利的新颖性是以发明完成的时间来判断的，因此可以推知外观设计的新颖性也以发明完成的时间作为其判断的标准。我国《专利法》第二十三条第一款规定："授予专利权的外观设计，应当不属于现有设计；也没有任何单位或者个人就同样的外观设计在申请日以前向国务院专利行政部门提出过申请，并记载在申请日

[①] 参见最高人民法院行政判决书（2020）最高法知行终422号。

以后公告的专利文件中。"由此可见，我国关于外观设计新颖性的判断标准，采取的是申请日标准。

外观设计的独创性，是指申请专利的外观设计与现有的外观设计相比，具有明显的特点。规定外观设计的专利申请独创性要求，其目的在于鼓励设计者设计出新颖别致的外观。《法国知识产权法典》第 L511-3 条第 1 款明确规定："本卷规定适用于所有新图案、新立体造型、通过显著可识别的外观赋予其新颖性或通过一个或数个外部效应赋予其独特的新外貌而区别于同类产品的工业品。"我国《专利法》第二十三条第二款规定："授予专利权的外观设计与现有设计或者现有设计特征的组合相比，应当具有明显区别。"根据我国《专利审查指南》的规定，申请专利的外观设计不仅与相同或者近似种类产品的现有设计要有明显区别，而且还需要与现有设计"转用"或者现有设计特征"组合"得到的外观设计有明显区别。[①] 可见，对外观设计独创性的评判，需要遵循整体观察、综合评判的原则。例如，某公司就电吹风的外观设计获得专利权后，他人请求宣告该外观设计专利权无效。受诉人民法院将涉案外观设计与现有设计对比后发现：二者均包括吹风筒和手柄两部分，且两部分的整体形状和比例基本相同。二者主要不同：一是涉案外观设计手柄弧度略小，现有设计手柄弧度略大；二是涉案外观设计手柄底座为梯形台阶状，现有设计手柄底座为梯形；三是涉案外观设计开关按钮设于手柄内侧上部，现有设计开关按钮设于手柄外侧中部；四是涉案外观设计

[①] 参见国家知识产权局颁布的《专利审查指南》（2010 年版，2019 年修订）第四部分第五章。

手柄两侧各有一从上到下的薄翼，现有设计无此设计。人民法院审理后认为：这些区别均属于局部的细微差别，不足以使二者在整体上产生明显的视觉差异，亦不足以引起一般消费者的注意。根据整体观察、综合判断的原则，涉案专利的外观设计与现有设计具有相似性，不应被授予外观设计专利。①

外观设计的实用性，是指外观设计在工商业中的应用。设立专利制度的目的具有"表"和"里"，"表"是为了鼓励和促进创新，"里"是为了更好地促进社会经济发展和社会文明进步。因此，多数国家的专利法都规定外观设计只有用于工业上才能受到专利法的保护。例如《日本外观设计法》第3条第1款特别强调外观设计应当能在工业上应用。的确，外观设计既不是为了解决生产和生活中的技术问题，也不是为了单纯的观赏，其最终目的还是寄望于"外观"来推动相应产业的发展。因此，实用性是外观设计可获得专利保护必不可少的要件之一。

总之，发明创造只有在符合专利法规定的形式条件和实质条件后才能取得专利权。专利法名为鼓励和促进创新的法，实为推动产业发展的法，因此本书认为，无论是发明还是实用新型，抑或是外观设计，取得专利权的条件都应当满足新颖性、独创性和实用性的要件，只是它们在新颖性、独创性和实用性方面所要求的程度不同罢了。

---

① 参见北京市高级人民法院行政判决书（2005）高行终字第149号。

第十章 专利权的限制

专利权是支配权,具有排他性,因而又被称为独占性权利或垄断性权利,未经专利权人的同意,任何单位和个人都不得以营利目的来实施该专利。上文提到国家设立专利权制度,其"表"是为了鼓励发明创造,其"里"是为了国家和社会能够更好地发展。《专利法》第一条开宗明义指出:"为了保护专利权人的合法权益,鼓励发明创造,推动发明创造的应用,提高创新能力,促进科学技术进步和经济社会发展,制定本法。"为了将保护专利权人的合法权益与促进科学技术进步和经济社会发展有机地结合起来,使专利制度能够更好地造福于人类社会,各国专利法都不同程度地规定了专利权的限制制度,希冀设计出一套合理的专利运作方式,将专利权的行使控制在合理限度之内,使个人合法权利的维护与社会公共利益的保护实现平衡。

一、专利权交易的限制

专利权作为人身与财产的综合性权利,总体上偏向于财产权属性。作为财产权,只有进行流转才能产生经济效益。因此,在不违反法律法规的前提下,我们应该允许,甚至鼓励专利权的流转。然而,专利权的取得并非私法上的行为,而是经历了一系列的行政行为，是公法上的结果。换言之，专利权的取得既非民事事实行为所获，亦非民事法律行为所得。由于专利权的取得经过了登记和公告，原专利权人已为社会公众所知悉，因此，为了保障交易安全，专利权的转让应当要再次进行公示，以确保社会公众知悉新的专利权人或专利权的变化情况。为此，《专利法》第十条第三款①作出了明确的规定。概言之，专利权的转让与多数民事权利的转让是不同的，专利权的转让是当事人意思自治与国家专利行政机关干预下的结果。

关于专利权的使用许可有意思自治下的许可和国家强力干预下的许可两种情形。意思自治下的许可分为三种情况：一是独占实施许可；二是排他实施许可；三是普通实施许可。在独占实施许可和排他实施许可情况下，专利权所有人的权利得到不同程度的压缩。例如，在排他许可的情况下，如果其他人在相同范围内实施该专利。排他许可的被许可人有权和专利权人共同起诉或申请法院采取诉前措施，在专利权人不起诉或不提出诉前救济申请的情况下，被许可人可以自行起诉或提出申请。在独占许可的情况下，专利权所有权人的权利得到进一步压缩，独占实施被许可人不仅获得在约定范围内实施专利的垄断地位，而且如果他人在相同范围内实施该专利，独占实施许可的被许可人可以单独起诉或申请法院采取诉前措施。另外，在标准必要专利（standard-essential patent，SEP）情况下，作为具有标准制定权的专利权人，应该以公平、合理、无歧视

---

① 《专利法》第十条第三款规定：转让专利申请权或者专利权的，当事人应当订立书面合同，并向国务院专利行政部门登记，由国务院专利行政部门予以公告。专利申请权或者专利权的转让自登记之日起生效。

(fair, reasonable, and non-discriminatory, FRAND) 的条件向使用者发放许可。最高人民法院还专门就此作出司法解释："推荐性国家、行业或者地方标准明示所涉必要专利的信息，专利权人、被诉侵权人协商该专利的实施许可条件时，专利权人故意违反其在标准制定中承诺的公平、合理、无歧视的许可义务，导致无法达成专利实施许可合同，且被诉侵权人在协商中无明显过错的，对于权利人请求停止标准实施行为的主张，人民法院一般不予支持。"[①]

国家强力干预下的许可又称为强制许可。强制许可是《专利法》有别于《著作权法》和《商标法》所特有的法律制度。前文已述，《专利法》的立法目的具有"表"和"里"的双重性。为了使专利制度能够更好地促进社会经济和科技的发展，主权国家都希望专利权人能够以国家利益最大化的方式来实施其发明创造；但专利权人往往有其个体的利益考虑，这样在个人与集体、局部与整体之间的利益取向方面不可避免地会发生冲突。为了平衡个人与集体、局部与整体之间的利益，主权国家，甚至某些专利保护的国际公约均作出了强制许可的规定。例如《巴黎公约》在第5条明确规定"本同盟各国都有权采取立法措施规定授予强制许可，以防止由于行使专利法所赋予的专利权而可能产生的滥用，例如不实施"。《与贸易有关的知识产权协定》（TRIPS）第31条也作出了类似的规定。我国

[①] 最高人民法院《关于审理侵犯专利权纠纷案件应用法律若干问题的解释（二）》（2020年修正）第二十四条第二款。

《专利法》第五十三条①、第五十四条②和第五十五条③都对强制许可作出了相应的规定。强制许可通常又称为非自愿许可,是指国家专利主管机关根据特定的情形,在不经专利权人许可的情况下,授权符合法定条件的申请人实施专利的法律制度。根据我国的现行立法,当前我国实施的强制许可大体分为以下四种情形。

一是防止专利权滥用的强制许可。根据《专利法》第五十三条的规定,以下两种情形被定义为专利权滥用:专利权人自专利权被授予之日起满3年,且自提出专利申请之日起满4年,无正当理由未实施或者未充分实施其专利的;专利权人行使专利权的行为被依法认定为垄断行为。公权力是一直稀缺的社会公共资源,借社会公权力来维护私权,作为私权的所有者必须给予国家相应的回报。专利权人一方面自己不实施专利,另一方面也不许可他人实施专利,这就意味着国家由此而付出的公权力资源没有得到应有的回报,这是任何主权国家都无法容忍的行为。总之,保护专利权的最终目的

---

① 《专利法》第五十三条规定:有下列情形之一的,国务院专利行政部门根据具备实施条件的单位或者个人的申请,可以给予实施发明专利或者实用新型专利的强制许可:(一)专利权人自专利权被授予之日起满三年,且自提出专利申请之日起满四年,无正当理由未实施或者未充分实施其专利的;(二)专利权人行使专利权的行为被依法认定为垄断行为,为消除或者减少该行为对竞争产生的不利影响的。

② 《专利法》第五十四条规定:在国家出现紧急状态或者非常情况时,或者为了公共利益的目的,国务院专利行政部门可以给予实施发明专利或者实用新型专利的强制许可。

③ 《专利法》第五十五条规定:为了公共健康目的,对取得专利权的药品,国务院专利行政部门可以给予制造并将其出口到符合中华人民共和国参加的有关国际条约规定的国家或者地区的强制许可。

是促进社会的进步。为此,《专利法》第二十条①毫不避讳地表明了自己所应该持有的态度。当然,国家公权力要求专利权人让渡自己的私权利也不能恣意妄为,它是一个利益衡平的理性过程。具体来说,就是申请强制实施专利权的单位或者个人在申请强制许可时,应当提供相应的证据证明其以"合理的条件"请求专利权人许可其实施专利,但未能在合理的时间内获得许可。所谓"合理的条件"通常被理解为按照市场的要求愿意支付合理的专利使用费,并不得以其他任何方式有损专利权人的合法权益。在这种情况下专利权人的拒绝可以认定为"滥用权利"或"构成垄断"。

二是根据公共利益需要的强制许可。《专利法》第五十四条规定的强制许可有三种情况:国家出现紧急状态、非常情况、公共利益的目的。事实上这三种情况本质上就是一种情况,即公共利益的需要。为了社会公共利益,国务院专利行政部门可以给予实施发明专利或者实用新型专利的强制许可。当然,《专利法》第五十四条所规定的"公共利益需要"与我们平时所谈论的公共利益是有区别的,《专利法》第五十四条所讲的公共利益是有限定的公共利益,即"紧急状态""非常情况"。电影《我不是药神》上映后社会上议论纷纷,部分观众对剧中的男主人公深表同情,同时对现实深感遗憾甚至不满,而且还产生了强烈的对比:印度为什么可以仿制专利药品,为什么我们不可以?如果以专业和理性的视角来看待这件事情,

---

① 《专利法》第二十条规定:申请专利和行使专利权应当遵循诚实信用原则。不得滥用专利权损害公共利益或者他人合法权益。滥用专利权,排除或者限制竞争,构成垄断行为的,依照《中华人民共和国反垄断法》处理。

影片中男主人公的最后结局是符合情与法的。首先，印度能够仿制治癌药"格列宁"是基于其作为发展中国家加入世界贸易组织所享有的10年过渡期的特殊保护待遇，因此印度国内的药品生产商在过渡期内生产和销售仿制的"格列宁"是合法行为；其次，该药品在我国已获专利保护，专利权人享有进口权和销售权，未经我国的专利权人许可将印度仿制药进口至中国销售是侵害该药品专利权人的侵权行为；最后，电影主人公进口仿制药既然是侵权行为，且该药是仿制药，因此将其行为定性为销售假药于法有据。那么，在当下我们国家能不能以公共利益需要为依据，实施对治癌药"格列宁"的专利强制许可，以实现治癌药"格列宁"的大批量生产呢？我的回答是不能，原因前面已提到，以公共利益需要的强制许可是有条件的，它必须满足"紧急状态"或"非常情况"这两个要件中的一个。

三是制造并出口专利药品的强制许可。根据《专利法》第五十五条的规定，强制许可，是规定了特定领域的强制许可。而且《专利法》第五十五条所规定的强制许可从国内延伸到了国外——可以给予制造并将其出口到符合中华人民共和国参加的有关国际条约规定的国家或者地区。这一规定非常符合习近平总书记关于构建人类命运共同体的共商共建共享的全球治理观。假设在新冠疫情暴发期间，某发展中国家由于没有能力自行生产呼吸机，其通过外交渠道希望从我国进口某种型号的呼吸机，国务院卫生行政部门可以会同国家知识产权局给予某种型号的呼吸机专利权（目前仍然处于专利权保护期间）的强制许可，允许被许可人制造这种享有专利权的呼

吸机并出口到该发展中国家。公共健康与专利权保护之间的紧张关系业已成为当今社会公众关注的重大问题。一方面，新药的研制需要投入大量的人力和物力，且新药上市后根据其说明书进行逆向分析很容易了解其化学结构和有效成分。如果不对药品进行有效的专利保护，必然会打击人们研发新药的积极性，从长远来看很不利于维护社会大众的健康水平。另一方面，生产药品的最终目的是拯救人的生命、解除疾病给人类带来的痛苦。然而，新药上市后却用价格壁垒（比如电影《我不是药神》中的"格列宁"一瓶售价达4万元）将大量民众排除在外，只为少数人有钱人服务，无疑偏离了生产药品的初心和使命，滑向病人的对立面，成为某些制药公司敛财的工具。通过有识之士的多年呼吁和众多发展中国家的不懈努力，终于在2001年世界贸易组织的多哈部长级会议上，通过了《与贸易有关的知识产权协定和公众健康宣言》（以下简称《多哈宣言》）。《多哈宣言》明确将艾滋病、结核病和疟疾等传染病引发的公共健康危机列为"国家紧急状态"，TRIPS协定成员有权据此颁布药品的强制许可。2003年，TRIPS协定理事会为了进一步落实《多哈宣言》，再次通过决议允许那些没有药品生产能力或生产能力不足的国家，可以从其他国家进口根据强制许可制造的药品。为了响应和落实《多哈宣言》，中华人民共和国国家知识产权局颁布的《专利实施强制许可办法》明确规定：为了公共健康目的，具备实施条件的单位可请求给予制造取得专利权的药品，并将其出口到下列国家或者地区的强制许可：最不发达国家或者地区；依照有关国际条约通知世界贸易组织表明希望作为进口方的该组织的发达成员或者发展中成员。如果国家知识产权局作出给予强制许可的决定的,应当在该决定中明确下列要求:依据强制许可制造的药品数量不得超过进口方所需的数量,并且必须全部出口到该进口方;依据强制许可制造的药品应当采用特定的标签或者标记明确注明该药品是依据强制许可而制造的;在可行并且不会对药品价格产生显著影响的情况下,应当对药品本身采用特殊的颜色或者形状,或者对药品采用特殊的包装;药品装运前,取得强制许可的单位应当在其网站或者世界贸易组织的有关网站上发布运往进口方的药品数量以及前项所述的药品识别特征等信息。同时,由国务院有关主管部门将下列信息通报世界贸易组织:取得强制许可的单位的名称和地址;出口药品的名称和数量;进口方;强制许可的期限;上述网站的网址。以上表明如果世界贸易组织成员按照总理事会决议确定的机制通报 TRIPS 协定理事会,希望进口治疗某种传染病的药品,或者非世界贸易组织成员通过外交渠道通知我国政府,希望从我国进口治疗某种传染病的药品,则国家知识产权局可以依上述规定授予强制许可,允许被许可人利用 TRIPS 协定理事会决议确定的制度制造该种药品并将其出口到需要的国家或地区。

四是为实施从属专利需要的交叉强制许可。在发明创造领域,许多发明创造是在原发明创造的启发下所作出的发明创造,属于改进型发明创造。如果原有发明创造本身已获专利权保护并在专利保护期内,在其基础之上的改进型发明创造的实施就有赖于原有发明创造专利权人的许可,二者实际上已经形成了联系紧密的从属关系。如果从属专利权人之间未经许可实施彼此的专利,从属关系人之间

就会构成侵权关系。交叉强制许可的实施可以有效地在从属专利权人之间实现彼此利益的平衡。关于交叉强制许可制度，《与贸易有关的知识产权协定》第31条第1项规定了交叉强制许可制度，但对它的实施规定了较为严格的限制条件，即实施是为了开发一件新专利，而不侵犯前一专利则无法开发；第二专利之权利要求书所覆盖的发明，比第一专利之权利要求书所覆盖的发明应属于具有相当经济效益的重大技术进步；第一专利所有人应有权按合理条款取得第二专利所覆盖之发明的交叉使用许可证；就第一专利发出的授权使用，除与第二专利一并转让外，不得转让。可见，上述规定既指明了第二专利与第一专利之间的从属关系，又要求第二专利比第一专利有较大的技术进步。其目的是促进技术的进步。《日本专利法》第92条也比较详细地规定了从属专利制度，其适用条件包括：后一专利权与前一专利权存在从属关系，不实施前一专利，则后一专利也无法实施。上述两项专利权既可为发明专利权，也可为实用新型专利权或外观设计专利权；后一专利权人已与前一专利权人进行过实施发明的协商；前后两专利权人协商不成或不能达成协议，双方提请专利厅长官裁定；如果设定强制许可会对专利权人或独占实施权人的利益造成不当损害，专利厅长官不能作出设定该普通实施权的裁定。《法国知识产权法典》第L613-15条也规定了交叉强制许可制度，即在存在从属专利的情况下，改进发明的专利权人提出了实施前一专利的请求，且改进发明较前一专利具有显著技术进步和重大效益，大审法院可在专利权授予3年期满后，出于公共利益的需要，在实施改进专利所必需的范围内，向改进专利人颁发许可证。

前一专利人向法院申请，即可获取改进专利的许可。可见，上述规定与《知识产权协定》第 31 条的规定完全一致。总之，为了促进科学技术的进步，让发明创造更好地服务人类社会的生产和生活，实施专利交叉强制许可是目前国际上专利立法较为普遍的做法。我国《专利法》第五十九条[①]也作出了类似的规定。

二、不视为侵犯专利权的行为

《专利法》第七十五条[②]规定了不视为侵犯专利权的五种情形，这五种情形表面来看是对专利权的侵害，但基于特定的立法政策，均被视为不构成专利权侵权。此外《专利法》第六十七条[③]还规定了现有技术或现有设计抗辩，实际上承认了实施现有技术和现有设计也不构成对专利权的侵害。这些规定共同构成了对现有专利权的限制。

---

① 《专利法》第五十九条规定：依照本法第五十三条第（一）项、第五十六条规定申请强制许可的单位或者个人应当提供证据，证明其以合理的条件请求专利权人许可其实施专利，但未能在合理的时间内获得许可。

② 《专利法》第七十五条规定，有下列情形之一的，不视为侵犯专利权：（一）专利产品或者依照专利方法直接获得的产品，由专利权人或者经其许可的单位、个人售出后，使用、许诺销售、销售、进口该产品的；（二）在专利申请日前已经制造相同产品、使用相同方法或者已经作好制造、使用的必要准备，并且仅在原有范围内继续制造、使用的；（三）临时通过中国领陆、领水、领空的外国运输工具，依照其所属国同中国签订的协议或者共同参加的国际条约，或者依照互惠原则，为运输工具自身需要而在其装置和设备中使用有关专利的；（四）专为科学研究和实验而使用有关专利的；（五）为提供行政审批所需要的信息，制造、使用、进口专利药品或者专利医疗器械的，以及专门为其制造、进口专利药品或者专利医疗器械的。

③ 《专利法》第六十七条规定，在专利侵权纠纷中，被控侵权人有证据证明其实施的技术或者设计属于现有技术或者现有设计的，不构成侵犯专利权。

（一）专利权的穷竭

所谓专利权的穷竭，是指专利权人自己或者许可他人生产的专利产品被合法地投放市场后，任何人对该产品进行销售或使用，不再需要得到专利权人的许可或者授权且不构成侵权。换言之，专利产品经专利权人授权被首次销售后，专利权人即丧失对该专利产品支配权，因此专利权穷竭又被称为首次销售原则（first sale doctrine）。专利权的穷竭的制度设计类似于著作权的发行权用尽，它打通了专利法与民法之间的壁垒，维护了专利产品所有权转移后的新所有权人的财产权益，使专利产品新所有权人对物的占有、使用、收益、处分等权能能够得到充分的释放。专利权用尽规则是一项实现专利权人和非专利权人"双赢"的规则。试想，如果专利产品销售出去了，专利权人还能控制专利产品，那谁还会去购买专利产品呢？专利产品无人购买，专利权人的利益又怎么能够得到有效的维护？因此，只有当专利产品能够顺利地在市场上进行有效流通，专利权人的利益才能得到真正地实现。总之，专利法赋予专利权人使用、销售和许诺销售权的目的是使专利权人能够从他人对专利产品的支配中获得应有的报酬。需要特别强调的是，专利产品的购买者对专利产品是否具有绝对的支配权呢？即如果专利权人申明了对专利产品仍然享有专利权的，购买者除了自用外，是否可以为了商业利益再次将专利产品进行流通？世界知名的打印机制造商利盟公司在美国拥有几项关于墨盒的专利权。为了防止使用者在用尽墨盒中的墨粉后，不重新购买原装墨盒，而是添加其他墨粉继续使用，利盟公司推出了归还墨盒的销售模式，即只要购买者在合同中承诺用尽墨粉后直接将空墨盒交给利盟公司回收，就可以按八折的价格购买新墨盒。但仍有一些使用者用尽墨粉后没有直接将空墨盒交给利盟公司回收，而是将其出售给专门收购空墨盒的商人。本案被告收购空墨盒后，向其中充填墨粉并以低于原装墨粉的市场价格出售。利盟公司起诉其侵害专利权，被告则以专利权用尽进行抗辩。美国联邦巡回上诉法院判决利盟公司胜诉，理由是：专利权用尽的前提是专利权人许可出售专利产品，而本案中的利盟公司在出售墨盒时已明确禁止使用者自由流转其墨盒，因此使用者和本案被告再次出售墨盒的行为构成专利侵权。美国联邦最高法院则认为，联邦巡回上诉法院判决的理论基础是错误的，它误认为专利权用尽的性质是默示许可，当专利权人明示禁止时这种默示许可就不存在了。然而专利权用尽实际上是对专利权的限制，只要专利权人自己或许可他人出售了专利产品，任何合同约定的限制都不会影响专利权的用尽。最终利盟公司因此败诉。本案释明了两个问题：一是通过合法方式取得专利产品的所有权后，该所有权与其他产品的所有权一样具有绝对的支配权；二是专利权的限制具有强制性，不得通过合同等方式予以排除。

专利权的穷竭不限于国内销售，专利权用尽同样适用于"平行进口"。"平行进口"是指专利权人或者专利权人许可的他人在某一国家或地区销售专利产品后，他人从该市场购入专利产品后并将其进口至专利权人享有专利权的另一国家或地区进行销售。产生"平行进口"的主要原因是不同国家或地区销售同样专利产品存在差价。

在国际上，对于"平行进口"是否侵犯专利权的问题，目前国与国之间尚未达成统一意见。赞成者认为，只有允许专利产品跨国自由流通，才能最大程度地维护好专利权人的利益；反对者认为，由于不同国家间生产能力和水平的差异，允许专利产品跨国自由流通，势必会损害生产能力和水平落后的国家或地区的专利权人。基于"平行进口"的问题难以协调，《与贸易有关的知识产权协定》明确规定，"本协议的任何规定均不得用于处理知识产权的权利用尽问题"，换言之，有关"平行进口"的允许与否，由各缔约方自行作出规定。我国《专利法》第七十五条第一项的规定实际上表明了我国对"平行进口"合法性的认可。将《专利法》第七十五条第一项的规定延伸开来看，我国实际上同样认可了专利权的国际用尽——在一国享有的进口权不能阻止他人的"平行进口"。

依据《专利法》第七十五条第一项的表述，专利权的穷竭不限于专利产品，还包括"依照专利方法直接获得的产品"。例如，韩国LG公司取得了三项方法专利：提高读取计算机内存数据效率的方法；提高读取计算机内存数据准确性的方法；管理中央处理器与芯片之间数据传输的方法。韩国LG公司许可英特尔公司制造和销售使用了这些专利方法的中央处理器与芯片，同时约定：英特尔公司不得许可他人将上述英特尔公司的产品与第三方产品进行组合；英特尔公司在销售产品时应向客户书面告知这一点。量子计算机公司等购入了英特尔公司的上述中央处理器与芯片，也得到了英特尔公司有关LG公司许可协议限制条件的书面通知，但仍将英特尔公司的中央处理器与芯片和其他厂商的内存、总线等相组合，组装成整台计算机后出售。韩国 LG 公司认为该行为侵害了其方法专利权。美国联邦巡回上诉法院认为，对于方法专利不适用专利权用尽，量子计算机公司在明知限制条件且没有获得 LG 公司许可的情况下，将英特尔公司使用 LG 方法生产的中央处理器与芯片和其他厂商的内存、总线等相组合行为侵犯了 LG 公司的方法专利。[1] 但美国联邦最高法院则认为，销售体现专利方法的产品，仍然会导致专利权用尽。[2] LG 公司的三项专利方法要依靠英特尔公司的中央处理器和芯片与内存和总线相连才能发挥作用，因此仅销售中央处理器和芯片尚未完全实施方法专利。但该专利方法中所有具备创造性的方法都已在英特尔公司的中央处理器和芯片中体现，剩下的只是按常规步骤将其与内存和总线等计算机部件相连，因此，英特尔公司向量子计算机公司销售中央处理器和芯片的唯一目的就是使其将这些产品用于组装计算机，以实现专利方法。这种常规组合本身并不属于受 LG 公司专利保护的新方法。LG 公司已许可英特尔公司通过制造产品实施其专利方法并销售这些产品，且这些产品的唯一用途就是与其他计算机部分进行常规组合。该项经过许可的销售行为导致专利权用尽，量子计算机公司的行为并不构成侵权。[3] 根据《专利法》的规定，经专利权人许可销售"依照专利方法直接获得的产品"将产生专利权用尽的后果。此处的"专利方法"显然是指制造产品的方法，但可获

---

[1] LG Electronics. Inc. v. Bizcom Electronics, Inc., 453 F. 3d 1364. 1370 (Fed. Cir., 2006).

[2] Quanta Computer, Inc. v. LG Electronics, Inc., 553U. S. 617 (2008). 628.

[3] Quanta Computer, Inc. v. LG Electronics, Inc., 553U. S. 623, 633 – 634, 638 (2008). 628.

得专利的方法不限于制造方法。①

关于专利权的穷竭是一个很复杂的问题，《专利法》第十三条规定"发明专利申请公布后，申请人可以要求实施其发明的单位或者个人支付适当的费用"，根据该规定我们很自然地会想到一个问题，即对临时保护期内获得的专利产品是否适用专利权穷竭的规则？例如，某精细化工公司就某水处理设备申请发明专利，在专利申请公布之后专利授权之前，某水处理设备公司制造了具有相同技术特征的设备并销售给某自来水公司使用。在某精细化工公司获得专利权之后，某自来水公司继续使用该设备，某水处理公司则继续提供维修和保养等技术服务。某精细化工公司遂起诉两公司侵权。最高人民法院认为，在专利临时保护期内制造、销售、进口被诉专利侵权产品不为专利法所禁止，其后续的使用、销售、许诺销售该产品的行为即使未经专利权人许可也应当得到允许。但专利权人有权要求实施者支付适当费用，因此最终判决本案原告败诉。此案被确定为最高人民法院的指导案例，其裁判要旨被纳入了后来颁布的《最高人民法院关于审理侵犯专利权纠纷案件应用法律若干问题的解释（二）》第十八条第三款②。这个案例给我们提供的结论是：临时保

---

① 王迁：《知识产权法教程》（第七版），中国人民大学出版社，2023，第446页。

② 《最高人民法院关于审理侵犯专利权纠纷案件应用法律若干问题的解释（二）》第十八条第三款规定：发明专利公告授权后，未经专利权人许可，为生产经营目的使用、许诺销售、销售在本条第一款所称期间内已由他人制造、销售、进口的产品，且该他人已支付或者书面承诺支付专利法第十三条规定的适当费用的，对于权利人关于上述使用、许诺销售、销售行为侵犯专利权的主张，人民法院不予支持。

护期内获得的专利产品同样适用专利权穷竭规则。

（二）先用权对专利权的限制

先用权作为限制专利权的权利，它是基于公平原则，由法律直接规定而产生的权利。先用权的产生需要一定的构成要件：一是在专利申请人提出专利申请前就已经实施该发明创造或者为实施该发明创造做好了实施准备；二是必须进行了实质性实施或者进行了实质性准备，如建造了相应的厂房、购买了相应的设备、招聘和培训了相应的人员；三是申请时不知道别人的专利申请的内容而独自研究开发出该发明，或者是通过合法的手段获取了该发明创造。如果被诉侵权人通过非法手段获取了专利权人申请日前作为商业秘密予以保护的技术方案就不得以享有先用权进行抗辩[1]；同样地，如果被诉侵权人以非法手段获得的技术方案或者设计方案进行先用权抗辩的，人民法院同样不予支持[2]。目前，世界上相当多的国家和地区规定了先用权制度。《日本专利法》第79条规定："不知与专利申请有关的发明内容而自行作出该发明，或者不知与专利申请有关的发明内容，而由发明人得知该发明，并在专利申请时已在日本国内经营实施该发明的事业者或者准备经营该事业者，在该实施或者准备实施发明及事业的目的范围内，就与该专利申请有关的专利权拥有普遍实施权。"《日本实用新型法》第26条及《日本外观设计法》

---

[1] 参见江苏省高级人民法院民事判决书（2010）苏知民终字第0107号。
[2] 参见《最高人民法院关于审理侵犯专利权纠纷案件应用法律若干问题的解释》第十五条第一款。

第29条亦有类似的规定。《法国知识产权法典》第L613-7规定：在本卷适用的领土上，任何人于专利申请提交日或优先权日已善意占有有关专利所保护的发明的，可以个人名义使用该发明而不问该发明的存在。本条承认的权利只可与其所依附的营业资产、企业或部分企业一同转让。《英国专利法》第64条规定：当一项发明获准专利时，一个人在联合王国于发明的优先权日之前，采取了一项善意行为，如当时专利已生效，将构成专利侵权行为。如此人善意地做了有效而认真的准备去做此行为，那么此人就获得了先用权。任何这样的一个人有权由其本人做出或继续做出此行为。[①] 我国《专利法》第七十五条第二项[②]也作出了类似的规定。

需要指出的是，对先用权的理解要注意以下三个方面：第一，这里的"先用"是以不公开的方式进行的使用，否则申请人因该发明创造于申请日前已向社会公众公开而丧失新颖性，断不可有后面的专利权授予，同时也就不存在先用权对专利权的限制问题了。第二，所谓"已经做好制造、使用的必要准备"，是指已经完成实施发明创造所必需的主要技术图纸或者工艺文件，已经制造或者购买实施发明创造所必需的主要设备或者原材料；所谓"原有范围"，是指专利申请日前已有的生产规模以及利用已有的生产设备或者根据已

[①] 转引自吴汉东等：《知识产权基本问题研究》，中国人民大学出版社，2005，第468-469页。

[②] 《专利法》第七十五条第二项规定：在专利申请日前已经制造相同产品、使用相同方法或者已经作好制造、使用的必要准备，并且仅在原有范围内继续制造、使用的。

有的生产准备可以达到的生产规模。① 例如，某家居用品公司是某饮水杯外观设计的专利权人，星巴克公司销售的一款不锈钢保温杯与其外观设计高度近似。该家居用品公司诉称星巴克公司及其供货商侵犯其专利权。星巴克公司及其供货商利用先用权进行抗辩。受诉人民法院认为：涉案保温杯外观设计的申请日为2014年5月26日，而在2013年11月至2014年2月，星巴克公司及其供货商之间的往来邮件已经讨论了按被诉外观设计所生产杯子样品存在的问题，邮件附件中的设计图片可以为证。2014年2月，星巴克公司向其供货商发送的订单、售货确认书、装箱明细、发票、海关出口货物报关单等可以印证，证明该供货商于2014年6月14日完成了2万余件订单产品的生产、装箱和报关。受诉人民法院据此认为该供货商在涉案专利申请日2014年5月25日之前就已经做好了生产相关订单产品的准备并制造出了相关产品。虽然并无证据证明该供货商当时所具有的生产规模，但其依据2014年2月的订单于2014年6月向星巴克公司交付的杯子为2万多个，而2015年6月向星巴克公司交付的杯子仅为1260个。因此没有证据证明该供货商超出了原来的范围。因此该供货商的制造和销售以及星巴克公司的嗣后销售均不构成侵权。② 第三，应将"在原有范围内继续制造、使用"理解为先用权人不但在原有范围内继续制造相同产品，还使用、销售或许诺销售该产品；先用权人不但在原有范围内继续使用相同方法，还对由该

---

① 参见《最高人民法院关于审理侵犯专利权纠纷案件应用法律若干问题的解释》第十五条。

② 参见上海市知识产权法院民事判决书（2015）沪知民初字第504号。

方法直接获得的产品加以使用、销售或许诺销售。因为单纯制造产品而没有产品的市场流通对先用权人是毫无意义的。关于这样的理解在司法实务中已经得到了印证。人民法院不仅承认先用权人有制造、使用、销售或许诺销售该产品的权利，还认为先用权人将在原先范围内制造的产品销售给第三人之后，第三人再次销售的，第三人同样可以以先用权人享有先用权为由对专利权人的侵权指控进行抗辩。

（三）临时过境外国运输工具对专利权的限制

为了便于国际的人员与商贸往来，《巴黎公约》第 5 条之 3 规定，"各成员国不得将下述情况视为侵犯专利权人的权利：其他成员国的船舶临时或偶然进入该成员国的领水时在该船舶的船身及机械、船具、装备及其他附件上使用该专利权人的专利对象的发明，但仅限于在该船舶内专为该船舶需要而使用时；其他成员国的飞机或陆地车辆临时或偶然进入该成员国时使用专利权人在此飞机或车辆或其附件的构造或机能方面的专利对象的发明时"。以上规定即为临时过境外国运输工具对本国专利权的限制。目前，世界上许多国家根据《巴黎公约》的规定，在专利法中规定了临时过境原则。《日本专利法》第 69 条第 2 款所规定的临时过境制度，不仅惠及《巴黎公约》成员国，而且拓展到了《巴黎公约》成员国以外的其他国家。《瑞典专利法》关于临时过境的规定同样不仅适用于《巴黎公约》成员国，也适用于《巴黎公约》成员国以外的任何国家。《瑞典专利法》第 5 条规定，外国船只、飞机或其他外国运输工具可为其本身的需要使用发明专利，且政府可以规定尽管授予了专利，仍可将飞行器的备件和附件输入瑞典用于修理外国的飞行器，但该国须对瑞典的飞行器给予同等的优惠。《美国法典》第35编第272条基于互惠也确立了临时过境规则，即"任何国家的船舶、飞机或车辆使用任何一项发明而暂时地或意外地进入美国，如果该国对美国的船舶、飞机或车辆也给予同样的权利时，该项使用不构成对任何专利权的侵害，但该项发明必须是专为船舶、飞机或车辆的需要而使用，并且不在美国出售，或者不用于制造在美国出售或从美国出口的任何物品"。《英国专利法》第60条第5款第4、5、6项也规定了临时过境制度，其对象仅适用于联合王国或《巴黎公约》成员国。[①] 我国《专利法》第七十五条第三项也确立了临时过境规则，即"临时通过中国领陆、领水、领空的外国运输工具，依照其所属国同中国签订的协议或者共同参加的国际条约，或者依照互惠原则，为运输工具自身需要而在其装置和设备中使用有关专利的"。从我国《专利法》第七十五条第三项的规定来看，我国所确立的临时过境规则的适用对象限于共同参加的国际条约成员国和我国存在互惠关系的成员国。

正确理解"临时过境"需要注意以下几点：第一，我国《专利法》第七十五条第三项所称"临时通过"既包括外国运输工具穿越中国领陆、领水或领空到其他国家，也包括运输工具在某外国和中国之间往返的情形。第二，"临时通过"包括"暂时进入"和"偶

[①] 转引自吴汉东等：《知识产权基本问题研究》，中国人民大学出版社，2005，第470-471页。

然进入"。暂时进入包括非定期的暂时进入和定期的暂时进入,偶然进入包括各种因意外事故而引起的入境。[1] 既然临时通过包括了定期的暂时进入,因此在定期往返于外国与中国之间的外国交通工具上使用中国专利并不构成侵权行为。第三,必须是为运输工具自身需要而在其装置和设备中使用有关专利产品或方法。《巴黎公约》创设临时过境规则是为了便利跨国交通运输,因此为了运输工具自身需要而对专利的使用并不构成侵权。例如,美国钢铁机车公司拥有一项有关火车车厢的专利。加拿大太平洋铁路公司运营美国至加拿大的铁路运输业务,将木材运至美国后空车返回。美国钢铁机车公司认为加拿大太平洋铁路公司使用的车厢侵犯其专利权,遂提起诉讼,加拿大太平洋铁路公司则以临时过境规则予以抗辩。宾夕法尼亚东区联邦地区法院一审认为被告的行为不构成临时过境,理由是:火车的车厢不是运输工具,火车的车头才是;被告的车厢不是临时进入美国,因为其在大部分时间内都是在美国境内运输木材;专为运输工具的自身需要使用专利是指帮助运输工具的发动、定位和其他使之运转的需要而使用专利。涉案专利只涉及车厢的结构,并不为火车提供动力。联邦巡回上诉法院推翻了一审判决,其认为:根据词典对运输工具的解释,火车车厢也属于运输工具;临时过境是指为了进行国际商业活动而进入美国境内,并在一段期间后离开。这与运输工具在其使用限期内是否大部分时间待在美国并无关系。《巴黎公约》规定的临时过境规则明确包括"在飞

---

[1] [奥]博登浩森:《保护工业产权巴黎公约指南》,汤宗舜、段瑞林译,中国人民大学出版社,2003,第54页。

机或陆地车辆的构造中……使用专利"，《美国专利法》第 272 条就是为了实施《巴黎公约》有关"临时过境"的规定而制定的，因此，"专为运输工具的自身需要"既包括使运输工具正常运转的需要，也包括使运输工具具有特定构造的需要。此案加拿大太平洋铁路公司最终胜诉。①

（四）为科学研究和实验的目的使用

为了鼓励发明创造推进科学技术的发展，对于为科学研究或实验目的而使用专利不视为侵权是国际社会的普遍做法。《日本专利法》第 69 条第 1 款规定"专利权的效力不及于为试验或者研究目的而实施专利发明"。《法国知识产权法典》第 L613-5 条、《英国专利法》第 60 条第 5 款、《瑞典专利法》第 3 条、我国台湾地区所谓"专利法"第 118 条，也有类似的规定。②我国《专利法》第七十五条第四项也规定了"专为科学研究和实验而使用有关专利的"不视为侵犯专利权。

对于"使用"应作如下理解：该使用是作为对象使用，而非作为工具或手段使用。将专利产品或方法作为科学研究和实验对象加以使用属于"为科学研究和实验的目的使用"。当然，这里的"使用"也包括为实验目的制造。如果将专利产品或方法作为科学研究和实验的工具或手段使用则构成专利侵权。因为如果将实验室利用

---

① National Steel Car, Ltd. V. Canadian Pacific Ry, 357 F. 3d 1319, at 1328-1333 (Fed. Cir., 2004).

② 转引自吴汉东等：《知识产权基本问题研究》，中国人民大学出版社，2005，第 472 页。

某专利仪器对其他研究项目开展科学实验也纳入"专为科学研究和实验而使用有关专利"而不构成侵犯专利权，则意味着任何为该实验室提供仪器而制造、销售、许诺销售和进口的行为都将视为不侵犯专利权，这显然有悖常理。例如，陆某获得了某垃圾筛碎机的实用新型专利权。某环境卫生工程实验厂为了完成国家城乡建设环境保护部下达的"城市生活垃圾无害化处理技术"的研究任务，委托上海某工程公司为筛分破碎机的设计、制造、安装、调试提供成套技术服务。国家城乡建设环境保护部接收了上海某工程公司交付的筛分破碎机后对其进行了使用。陆某起诉某环境卫生工程实验室侵权。一审人民法院审理后认为：某环境卫生工程实验室为完成国家城乡建设环境保护部下达的科研任务，委托工程公司对筛分破碎机进行研制，属于专为科学研究和实验而使用有关专利，不视为对专利权的侵害。[①] 但二审人民法院认为，"专为科学研究和实验而使用有关专利"是指在实验室条件下，为了在已有专利技术的基础上探索、研究新的发明创造，演示性地利用有关专利，或者考察、验证有关专利的技术经济效果。而本案中，某工程公司为了完成筛分破碎机的设计、制造、安装和调试任务，直接利用了陆某的专利技术成果进行设计、制造、安装机械设备，然后销售给某环境卫生工程实验厂使用。该行为不是专为科学研究和实验而使用专利的合法行为。该环境卫生工程实验厂不仅自己成套使用工程公司制造、销售的侵权产品处理垃圾，而且对外销售，属于以生产经营为目的的使用行为，不符合"专为科学研究和实验而使用有关专利"的条件，

---

① 参见上海市中级人民法院民事判决书（91）沪中经字第8号。

应认定为侵权。

那么，是否将"以营利为目的"作为"实验性使用例外"免责的事由呢？例如，美国人马迪是几项激光技术的专利权人，其曾任杜克大学自由电子激光器实验室主任。在离开杜克大学后，马迪起诉杜克大学在该实验室中未经其许可继续使用其专利设备。一审法院认为，杜克大学仅为非营利性的实验目的而使用专利设备，因此并不构成侵权。然而，二审法院则认为，由判例创设的"实验性使用例外"的适用范围极为狭窄，只限于为娱乐、满足好奇心和纯粹理论探究这几种情形。而为了实现合法的经营目的使用专利，并不能根据"实验性使用例外"免责，无论这种使用是否具有商业目的。二审法院指出：杜克大学在实验室中使用专利设备的行为也许与商业目的无关，但能够实现大学的合法经营目的。该判例将"为生产经营目的"和"以营利为目的"两个概念进行了区分。笔者认为，以"为生产经营目的"和"以营利为目的"作为"实验性使用例外"免责的依据并不可取，因为多数情况下的科学研究都是为解决生产中的问题而开展的，即"为生产经营目的"而研究。因此以"为生产经营目的"和"以营利为目的"在本质上是一致的，只是前者着眼于长远，后者着眼于当前。本案是否构成专利侵权归根到底还是要看杜克大学使用马迪的专利设备，是作为"对象"使用还是作为"工具"使用。

（五）为提供行政审批信息使用或提供专利药品或医疗器械

将"为提供行政审批信息使用或提供专利药品或医疗器械"作

为限制专利权的一种情形，始于美国的"罗氏公司诉 Bolar 制药公司案"，故被称为"Bolar 例外"。1983 年，Bolar 公司为了能尽早将 Roche 公司的安眠药盐酸氟西泮仿制品上市，在该产品专利届满前（1984 年 1 月 17 日），从国外进口了 5 千克原料，进行制剂学、药物稳定性和生物效性等方面的数据收集，以备向美国食品药品监督管理局（Food and Drug Administration，FDA）申请上市时之所需，为此被 Roche 起诉侵犯专利权。经过二审，联邦巡回法院最终判定 Bolar 公司侵权。但法院同时认为，一个药品的上市要获得许可需要多年时间，如果专利期届满后才开始进行仿制药物的相关试验，专利权人实际上获得了超期的排他使用权，而法院本身不是解决此问题的合适机构，该问题应交由国会解决。美国国会于 1984 年修改了《专利法》，规定"目的在于仅仅为获得和提交 FDA 要求信息的有关行为不侵犯专利权"。此后美国法院对"Bolar 例外"的适用范围采取了越来越宽松的解释，将"专利产品"扩大到除了药品以外的医疗设备。只要是为了收集 FDA 审批所需数据，无论是否具有商业目的均属于合理的范畴。此外，美国最高法院还判定"Bolar 例外"不仅适用于人类，还拓展到了动物身上。在 2007 年的 Amgen vs. Roche 案中，美国联邦巡回上诉法院认为，"Bolar 例外"条款既可以适用于进口专利产品的行为，也可以适用于进口通过专利方法制造的药品的行为。继美国之后，"Bolar 例外"在很多国家和地区通过立法或判例被广泛认可。我国《专利法》第三次修订时增加了类似"Bolar 例外"的内容，《专利法》第七十五条第五项规定：为提供行政审批所需要的信息，制造、使用、进口专利药品或者专利医疗器械的，以及专门为其制造、进口专利药品或者专利医疗器械的，不视为侵犯专利权。

（六）现有技术或现有设计对专利权的限制

鼓励创新是专利法立法的重要目的之一。《专利法》第一条明确规定鼓励发明创造，提高创新能力，促进科学技术进步是制定本法的出发点之一。因此，现有技术和现有设计不仅是抗辩发明、实用新型和外观设计专利侵权的有力武器，而且是请求宣告发明、实用新型和外观设计专利权的有力证据。在现实生活中，对发明专利进行实质审查的文献在数量上难以穷尽，出现疏漏实属无奈。因此，总会有部分缺乏新颖性的发明被授予发明专利；而实用新型和外观设计的专利申请不需要经过实质审查，所以，因不符合新颖性而被授予专利的可能性更大。为此，在司法实务中，以现有技术或现有设计作为专利侵权的抗辩理由是比较普遍的司法现象。例如，本案原告朱某是"全密封式地漏排水器"实用新型专利的专利权人。本案被告之一是涉案地漏产品的制造者，被告之二是涉案地漏产品的销售者。朱某起诉两被告擅自制造、销售其专利产品。两被告提出了现有技术抗辩，提交的证据表明：在原告申请日之前，已有公开文献记载了这样一种技术，将两块磁铁设置为N极相对，依靠两块磁铁同性磁场相互排斥和水的压力使滑杆在滑杆套内上下移动，并带动密封盖上下移动，以解决密封和排水的效果，且该技术已经进入了公有领域。受诉人民法院经审理后查明：被告的地漏产品采用的技术与原告的专利技术基本相同，唯一区别仅在于两块磁铁极性

的改变，即现有技术中两块磁铁是 N 极相对，通过两块磁铁磁场相互排斥的作用实现密封、排水的效果，而被控侵权产品则采用 N-S 极相对的方法，通过两块磁铁磁场相互吸引的作用实现密封、排水的效果。受诉人民法院认为：众所周知，磁场按其极性分为 N 极和 S 极，当两块磁铁相同的磁极相对时会产生相互排斥的效果，而当两块磁铁的相异磁极相对时会产生相互吸引的效果。根据上述常识，本领域普通技术人员根据现有技术无需进行创造性的劳动即可实现被控侵权产品的技术方案。至于该进入公有领域的技术方案中其他结构与被控侵权产品的差异，仅是等同替换。法院据此认定被告关于现有技术抗辩的理由成立，判决驳回了原告的诉讼请求。[①]

本案是利用现有技术抗辩获得成功的典型案例。本案中现有技术一肩挑两头，起到了一石二鸟的作用。一方面它洗刷了被告侵权的嫌疑，另一方面它照出了专利授权的瑕疵。因此，现有技术既可成为否认专利侵权的抗辩理由，亦可成为宣告现有专利无效的理由。当然，以现有技术抗辩专利侵权只具有个案上的意义，以现有技术宣告专利无效则具有公益上的意义。

总之，无论是发明，还是实用新型、外观设计，本质上都是属于"知识"的范畴。知识具有属于人类共同财富的天然属性，任何垄断知识的行为都是反文明、反智的行径，任何公开的知识终将归入人类文明的储水池，人类的进步最终是人类文明不断积累的结果。当然，知识的产生从来就不是社会公众共同商量的结果，知识的产

[①] 参见北京市第一中级人民法院民事判决书（2006）一中民初字第 1518 号。

生总是表现为个体创造性劳动的成果。因此,法律作为社会治理的理性工具,必须以智慧的方式将对个体创造的褒奖和对社会整体利益的关注有机地结合起来,并实现二者利益上的有序衡平。

第十一章　专利侵权的认定

为了保护专利权人的合法权益，各国专利法均围绕专利权的保护进行了一系列的制度设计，具体包括了专利权的保护范围、专利侵权的具体类型和专利侵权的法律责任。专利权是一种无形财产权，对专利权的保护不像对有形财产的保护，对有形财产权的保护可以根据对象本身来确定，但对于无形财产权的保护就只能通过控制人的行为来获得保护，因此，专利权本质上是一种控制行为的权利，在实务中对专利侵权的认定通常有周边限定原则、中心限定原则和折中原则。周边限定原则要求对侵权的判定以权利要求书记载的范围为最大限度；中心限定原则要求对侵权的判定不限于权利要求书所记载的文字，而是应当以权利要求书为中心，充分考虑发明的目的、性质，将中心四周一定范围的技术特征包括在专利保护的范围；折中原则要求在解释权利要求书时，应当在参考发明详细说明的基础上确定专利权保护的范围。

一、发明与实用新型专利权的侵权认定

（一）以权利要求书为核心依据的侵权认定

权利要求书是判断一种产品或方法是否构成专利侵权的核心依

据。当某种产品或方法包含了发明或实用新型的全部技术特征时，该产品或方法即构成专利侵权。例如，甲申请专利的发明包含的技术特征为 A+B+C，乙生产的产品包含的技术特征是 A+B+C+D，在这种情况下，乙生产的产品就完全落入了甲权利要求书的保护范围而构成专利侵权。相反，如果乙生产的产品的技术特征是 A+B 或 A+C+D，则乙所生产的产品没有完全落入甲专利产品的技术特征，乙所生产的产品为非专利产品，乙的行为不构成对甲专利权的侵权。[①]

专利权利要求书的技术特征通常是用语言文字来表述的，但由于语言文字表达的局限性和个体理解的差异性，因此特别需要对专利权利要求书有科学且权威的解释。对专利权利要求书的解释通常有三种方法：第一种方法是"周边限定法"。这种方法强调权利要求书的绝对权威性，是专利侵权与否不可逾越的边界。这种方法对权利要求书的撰写提出了极高的要求，是对语言局限性的严重挑战。第二种方法是"中心限定法"。这种方法保留了权利要求书的"中心区域"，同时根据发明的目的、性质和说明书的说明，将专利保护的范围进行适当地扩充。这种方法对权利要求的解释并不严格遵循权利要求书中的文字表述，导致专利权的保护范围产生了不确定性。

---

① 参见《最高人民法院关于审理侵犯专利权纠纷案件应用法律若干问题的解释》第七条：人民法院判定被诉侵权技术方案是否落入专利权的保护范围，应当审查权利人主张的权利要求所记载的全部技术特征。被诉侵权技术方案包含与权利要求记载的全部技术特征相同或者等同的技术特征的，人民法院应当认定其落入专利权的保护范围；被诉侵权技术方案的技术特征与权利要求记载的全部技术特征相比，缺少权利要求记载的一个以上的技术特征，或者有一个以上技术特征不相同也不等同的，人民法院应当认定其没有落入专利权的保护范围。

第三种方法是"折中的方法"。这种方法的特点是以权利要求书的内容为准,但不死板地拘泥于权利要求书的文字或措辞,而是结合说明书和附图划定专利权的保护范围。根据这种方法,本领域的普通技术人员在阅读了权利要求书并参考说明书及附图之后,仍然不能确定的技术,就不属于专利权的保护范围。我国当前的司法实践和立法采用的是折中的方法。《专利法》第六十四条规定:发明或者实用新型专利权的保护范围以其权利要求的内容为准,说明书及附图可以用于解释权利要求的内容。外观设计专利权的保护范围以表示在图片或者照片中的该产品的外观设计为准,简要说明可以用于解释图片或者照片所表示的该产品的外观设计。

例如,一种复合板实用新型专利的权利要求记载的特征为"镁质胶凝、竹、木、植物纤维复合层至少有两层……"。被告被诉侵权的复合板有镁质胶凝材料与植物纤维材料复合层,不含竹、木材料。原告、被告就如何解释权利要求产生了争议。原告认为权利要求中的"镁质胶凝、竹、木、植物纤维"后三种材料之间是"或"的关系,即包含其中任何一种材料即可。而被告认为后三种材料之间是"和"的关系,即需要同时包含这三种材料。最高人民法院在再审中认为:如果对权利要求的表述内容产生不同理解,导致对权利要求保护范围产生争议,说明书及其附图可以用于解释权利要求。仅从涉案权利要求对"竹、木、植物纤维"三者关系的文字表述看,很难判断三者是"和"的关系还是"或"的关系,应当结合说明书记载的相关内容进行解释。而专利说明书在描述实施案例时称"镁质胶凝植物纤维层是由氯化镁、氧化镁和竹纤维或木或植物纤维制成的混合物"。由此可见,权利要求中的"竹、木、植物纤维"三者之间应该是选择关系而非并列关系,即具备三者其中之一即可,而非竹、木及植物纤维三者必须同时具备。① 再比如,某拖拉机制造公司就一种联合作业机获得了专利权,其权利要求书记载的特征之一是该机器的特定部件"设有打孔销钉"。被控侵权产品在相同部位设有两个螺钉,与专利产品的实物在外观上非常接近。但从说明书对背景技术和发明内容的描述可以看出,涉案发明要解决的技术问题之一是为覆盖土壤的膜面开设渗水孔,以往的类似产品没有合适的机具为覆盖土壤的膜面开设渗水孔,导致雨水无法进入膜下,而人工打孔很容易破坏地膜。与之对应的权利要求书记载的"打孔销钉"的作用在于为地膜打孔。而被控侵权产品中的螺钉仅起到固定零件的作用,不能用于打孔,无法解决为膜面开设渗水孔、使雨水从膜面渗入的技术问题,因此不能实现与原告之发明专利相同或基本相同的功能,因此被控侵权产品并未落入涉案专利的保护范围。② 这也是通过说明书实现对权利要求的适当解释。

(二)以"功能性特征"为依据的专利侵权认定

"功能性特征"是性质特殊的技术特征,它不是以具体的技术手段来限定权利要求的保护范围,而是直接以技术特征来确定专利权保护的范围。由于实现某种功能或达到某种效果的方式多样,因此

---

① 参见最高人民法院民事裁定书(2010)民申字第871号。
② 参见宁夏回族自治区银川市中级人民法院民事判决书(2018)宁01民初162号。

以"功能性特征"来确定专利保护的范围，容易导致专利保护的范围不适当地扩大。正因为如此，我国《专利审查指南》特别强调"应当尽量避免使用功能或者效果特征来限定发明"①。在确定相关技术特征为功能性特征后，如果与该发明或实用新型说明书及附图记载的实现该功能或相关效果不可缺少的技术特征相比，被诉侵权技术方案的相应技术特征是以基本相同的手段实现相同的功能或达到相同的效果，且本领域普通技术人员在被诉侵权行为发生时无须经过创造性劳动就能够联想到的，法院应当认定被诉发明或实用新型相应的技术特征与功能与被控侵权的发明或实用新型特征相同或者等同，即落入了专利权的保护范围。

上文提到以"功能性特征"来确定专利保护的范围容易导致专利保护的范围不适当地扩大，因此在司法实践中对于实现"功能性特征"的技术手段通常采取限缩性解释。但是如果本领域技术人员仅通过阅读权利要求书，即可直接明确该发明或实用新型结构特征的，该"功能性特征"则不属于需要对保护范围进行限缩性解释的情形。②

（三）以"全面覆盖原则"为依据的专利侵权认定

在现实生活中，为了规避对他人专利权的明显侵犯，一种以模

---

① 参见国家知识产权局颁布的《专利审查指南》（2010年版，2019年修订）第二部分第二章3.2.1：只有在某一技术特征无法用结构特征来限定，或者技术特征用结构特征限定不如用功能或效果特征来限定更为恰当，而且该功能或者效果能通过说明书中规定的实验或者操作或者所属技术领域的惯用手段直接和肯定地验证的情况下，使用功能或者效果特征来限定发明才可能是允许的。

② 参见最高人民法院民事裁定书（2017）最高法民申字第1804号。

仿为特征的专利侵权模式应运而生。他们采取投机取巧的方式，对他人的专利产品或方法的技术特征做某些非实质性的无关紧要的改变或替换，使模仿之物俨然处于专利要求书的范围之外。等同原则对专利模仿起到了很好的抑制作用。等同是指某种产品或方法的技术特征与某种专利产品或方法的技术特征相比，在本领域的普通技术人员看来，二者能够以实质上相同的方式产生实质上相同的功能或效果，这样的相同就是等同。这样产生的侵权就是等同侵权。例如，"结美曲塞"是一种具有严重副作用的治癌药物。知名药企美国礼来公司经研究发现将其合成为"培美曲塞二钠"与维生素 B_2 一起服用就可以有效避免该药物的副作用。礼来公司据此制成了抗癌药物"力比泰"并在欧洲获得了专利授权。瑞士仿制药公司阿特维斯集团制成了以培美曲塞为主要成分，与维生素 B_{12} 一起使用的三种抗癌药物，但均不含有"培美曲塞二钠"，取而代之的是"培美曲塞二酸""培美曲塞二钾""培美曲塞硝基甲胺"。礼来公司以"等同"为由起诉阿特维斯集团侵害其专利权。由于礼来公司的权利要求书只记载了"培美曲塞二钠"，没有记载"培美曲塞"与"二酸""二钾""硝基甲胺"三者的组合。因此，一、二审法院均认为阿特维斯集团没有直接侵害礼来公司的专利权。英国最高法院则认为：根据《欧洲专利公约第 69 条的解释议定书》，不能认为欧洲专利的保护范围只能严格按权利要求书的字面含义来确定。当被控侵权产品的技术特征与授权专利产品权利要求书所记载的技术特征有所不同时，要看二者是否存在实质性差异。此时应考虑三个问题：一是被控侵权产品的技术特征是否以实质性相同的方式实现了实质性相同

的结果；二是本领域的技术人员是否认为这种替换是显而易见的；三是本领域的专业技术人员是否在阅读了权利要求书后会得出一个结论，即希望对权利要求书的字面含义进行严格解释。如果对前面两个问题的回答是肯定的，对第三个问题的回答是否定的，则被控侵权产品存在等同侵权。"培美曲塞二纳"与"培美曲塞二酸""培美曲塞二钾""培美曲塞硝基甲胺"都是培美曲塞与盐及维生素B_{12}的组合，阿特维斯集团的三种组合以实质性相同的方式实现了与"培美曲塞二钠"实质性相同的结果；而且用"二酸""二钾""硝基甲胺"去替换"二钠"对本领域技术人员而言是常规手段；同时，本领域技术人员在阅读权利要求书之后，不会认为礼来公司为了获得专利授权会希望将除"二钠"之外的盐排除出可与"培美曲塞"组合的范围。根据以上分析，英国最高法院判决瑞士仿制药公司阿特维斯集团构成专利等同侵权。[①]

承认等同侵权虽然可以很好地抑制技术模仿和对文字表达局限性的恶意利用，但同时也增加了专利保护范围的不确定性。因为语言表达所固有的弹性使公众无法准确地界定专利权利要求书所保护的确切范围。同行业竞争者的自我认知所划定的保护范围，往往被指控为同等侵权，从而束缚了正常的竞争和技术的不断创新。为了避免等同原则的滥用，在将专利技术与被控侵权技术进行对比时，应坚持"全面覆盖原则"，即被控侵权的产品或方法必须完全与专利产品或方法的权利要求书所载明的技术特征相同或等同。换言之，尽管被控侵权的产品或方法与专利产品或方法在整体上是相似的，

---

① Actavis UK Limited and others v. Eli Lilly and Company，[2017] UKSC48.

但只要被控侵权的产品或方法有一项技术特征在专利产品或方法的权利要求书中以相同或等同的形式出现，则不能认定为等同侵权。

二、外观设计专利的侵权认定

（一）以相同或近似产品种类为依据的认定标准

虽然外观设计具有一定美感，甚至某些外观设计本身就是美术作品，但专利法对外观设计的保护与著作权法对美术作品的保护并不相同。著作权法服务于人类的精神文明，发明创造服务于人类的物质文明。因此，外观设计专利权必须与特定的产品结合起来，其保护的范围限于相同或相近种类的产品。据此，对外观设计专利侵权的认定标准之一，就是看是否有相同或相近种类产品的外观设计与授权外观设计相同或相近。例如，某外国公司获得了一种名称为"餐具用贴纸"的外观设计专利，专利主视图显示该外观设计由多个呈淡黄绿色无规则摆放的苹果组成。某玻璃工艺品厂生产并销售的玻璃杯上印有由绿色苹果组成的相同图案。该外国公司起诉该玻璃工艺品厂侵犯其外观设计专利权。最高人民法院指出：确定被诉外观设计是否侵权的关键，是看被诉侵权产品与涉案外观设计专利产品是否属于相同或者相近的产品种类。涉案专利产品是"餐具用贴纸"，其用途是美化和装饰餐具，具有独立存在的产品形态并可以作为产品单独销售。被诉侵权产品是用于存放饮料或食物等的杯子，虽然被诉侵权产品印有与涉案外观设计相同的图案，但该图案不能脱离杯子单独存在，不具有独立的能作为产品单独销售的产品形态。

被诉侵权产品和涉案专利产品用途不同，既不属于相同种类产品，也不属于相近种类产品。因此被诉侵权外观设计未落入涉案外观设计专利权的保护范围。[①]

再比如，甲公司是"五果拼盘"外观设计专利权人，该外观设计由葡萄等 5 种水果层叠组成莲花状。被诉侵权产品为乙公司销售的"五果莲花果冻"，该"五果莲花果冻"由 5 种水果分 5 层叠放组成莲花形状，各层塑料水果内部填充了可食用的果冻。被诉侵权人认为，外观设计专利权人的产品用于装饰，而被诉侵权产品是用于食用的果冻。二者不属于相同或者相近似的产品。但受诉人民法院认为：被诉侵权产品除食用外，消费者食用后还可以作为摆设，可以达到与涉案专利产品相同的视觉效果。因此，尽管被诉侵权产品盛有可食用的果冻，但其同时与涉案专利产品具有相同的装饰用途，故被诉侵权产品与涉案外观设计专利产品是相近似种类的产品，因而被告销售相关产品的行为构成侵权。[②]

（二）以整体视觉效果为依据的认定标准

生活经验告诉我们，在现实生活中外观设计的微细差异通常不会引起人们的注意，产品的外观往往作为一个整体吸引消费者的注意力。完全可能存在这样的情况：产品局部的外观相似，但作为整体的外观在视觉上存在较大的差异；产品局部的外观相异，但作为整体的外观在视觉上存在相似的情况。前者不构成专利法上的"近

[①] 参见最高人民法院民事裁定书（2012）最高法民申字 54 号。
[②] 参见最高人民法院民事裁定书（2013）民申字第 1216 号。

似",后者则构成专利法上的"近似"。例如,在卡洛驰洞洞鞋外观设计侵权案中,卡洛驰(Crocs)公司认为一些进口鞋(俗称"洞洞鞋")侵犯其在美国获得的外观设计专利权,请求美国国际贸易委员会进行调查并下达禁止进口"洞洞鞋"的禁令。美国国际贸易委员会认为:卡洛驰公司的外观设计专利产品为凉鞋,鞋洞是圆的且规则分布于鞋面,而被控侵权的凉鞋的鞋洞并不圆且无规则地分布在鞋面,因此没有被认定为侵权。[1] 美国联邦巡回上诉法院则认为:本案中影响整体视觉效果的设计,如鞋带与鞋跟部的连接方式、鞋体的曲线设计、脚洞的椭圆形设计在被控侵权产品与涉案产品中都存在,这些要素的组合造成被控侵权产品的外观设计与涉案产品外观设计的整体外观几乎没有区别,很容易使普通消费者误认为被控侵权产品就是原告的外观设计专利产品。国际贸易委员会认为不构成侵权就在于没有进行整体观察,只凭从整体视觉效果中分离出来的细微的差异就认为侵权不成立,这显然是错误的。[2]

以整体视觉效果为依据的认定标准中的"整体"我们应该辩证地看,这里的整体有两层含义:一层含义是指整体中的整体,即将整个产品看成一个整体,如上例中的"洞洞鞋";另一层含义是指局部中的整体。产品就像一个自然人,有整体的形象,也有局部的特色。例如罗纳尔多,我们一想到这个人立马他的整体形象就会浮现在我们的脑海里,但同时他的突出的门齿(民间俗语中所谓的"兔

---

[1] In The Matter of Certain Foam Footwear Initial Determination on Violation of Section 337 and Recommended Determination on Remedy and Bond, USITC Inv. No. 337 – TA-567(2008).

[2] Crocs. Inc. v. International Trade Com'n, 598 F. 3d 1294, 1303–1306(2010).

牙")也会浮现在我们的脑海里。产品也是如此,有整体的产品形象,也有局部的产品形象。对于局部外观设计的授权而言,该局部就应被视为一个吸引公众视角的"整体"。在进行比对时,应将该局部外观设计作为一个整体来评判其对消费者产生的视觉效果,此时除该局部外观设计外,不再考虑一个完整的产品其他部分的视觉效果。例如,甲公司生产的电饭锅的局部外观设计锅盖与被诉侵权产品乙公司生产的电饭锅锅盖相比,相同的局部锅盖虽有细微差异,但该局部的"整体"视觉效果相近,即使产品的其他部分(如电饭锅锅体)的视觉效果有较大差异,也可以认定电饭锅锅盖外观设计相同或近似。

本篇结束语

自改革开放以来，我国专利权法一路走来见证了无数创新成果的诞生与发展，在中国特色社会主义法治建设的历史进程中留下了浓墨重彩的一笔。当前，面对百年未有之大变局，世界各国间在科技领域，特别是在高新科技领域的竞争越来越激烈，促使科技创新日新月异，新的科技创新不断涌现，专利权法面临着新的机遇与挑战。专利权法是创新的守护者，是科技进步的护航舰。在全面依法治国和知识经济的双重大背景下，我们每个人都应当尊重和维护专利权法，并进而尊重和维护创新者的专利权。无论是科研工作者、企业经营者，还是普通公民，都要深刻认识到专利权法对于形成创新生态的重要性。

专利权法作为知识产权保护领域的关键性法律制度，为创新者开展创新工作提供了良好的法治环境，为创新成果的保护构筑起了坚固的法律壁垒，为创新成果的转化工作提供了可靠保证。专利法不仅激励着个人与企业投身创新活动，更对推动国家科技进步与社会经济发展发挥着深远的影响。让我们共同行动起来，自觉遵守和捍卫专利法，精准对接科技创新的需要，不断进行制度优化与完善，为创新驱动发展战略的实施提供坚实有力的法律支撑。在以更加开放和包容的姿态积极推动科技创新的同时，切实利用好专利法武器坚定地维护好创新者的合法权益，营造出鼓励创新、保护创新的良好社会氛围，让创新在法律的阳光下蓬勃发展，为我们的社会创造

更多的福祉！

  未来，随着科技的持续革新与社会经济环境的不断变化，专利权法也需要与时俱进，不断进行制度创新以完善自身，以更好地适应新的挑战与需求。新时代，面对新一轮的科技革命浪潮，让我们的创新思想更加活跃，让我们的创新火焰更加燎原，让创新的力量成为推动人类社会进步的强大引擎，为人类社会描绘出更加绚丽多彩的科技画卷。

第三篇　商标法

篇 首 语

  商标是区分商品或服务的标志，是商品或服务的提供者为了将自己的商品或服务与他人提供的同种或类似商品或服务相区别而使用的标记①，是商事主体进行品牌运作的重要载体。总体而言，商标是一个历史的范畴，是人类社会物质生产丰富到一定程度出现了商业后才出现的。有学者认为，商标使用的历史可追溯到自人类有交易生活开始②，甚至有人认为在物品上使用标记的历史与人类和宗教的历史一样悠久③。根据考古发现和文献记载，中国和古埃及等文明古国都是商标的起源地。关于商标在我国的起源，我国学者间有不同的观点。有人认为远在汉代之前我国就已经开始使用商标了，甚至有人将商标在我国的起源追溯到传说中的三皇五帝时代，认为那时在陶器上绘制的一些标记和符号是区别器物所有人或制造人的标记，是商标历史的源头。④ 但通常认为，在自然经济条件下，那些绘制、镌刻在器物上的标记即使能够起到一定的区别作用，也不能算做现代意义上的商标。按照一般的说法，北宋年间山东济南刘家功

---

  ① 王迁：《知识产权法教程》（第七版），中国人民大学出版社，2023，第488页。

  ② 曾陈明汝：《商标法原理》，中国人民大学出版社，2003，第4页。

  ③ ［日］小野昌延、江口俊夫：《商标知识》，魏启学译，中国财政经济出版社，1981，第16页。

  ④ 张序九主编：《商标法教程》，法律出版社，1997，第28页；沈关生：《我国商标法制的理论与实践》，人民法院出版社，1993，第22-23页。

夫针铺使用的白兔标识是我国现在发现最早的真正意义上的商标。[①]

随着社会经济的发展和商业规模的不断扩大和成熟，蕴含在商标中的价值和功能不断得到显现。概括起来，商标的功能主要体现在以下几个方面：一是来源识别功能。识别是商标的首要功能，不具有识别来源功能的标志不能称为商标，更不能被注册为商标，从而得到商标法的保护。众所周知，"优盘"曾经是朗科公司的注册商标，但随着"优盘"逐渐成为"闪存"的通用名称，朗科对"优盘"的商标注册就很难维系了。二是自我表达功能。商标是生产者或服务者追求向善的一种自我表达。试想，一个不追求自我完善、努力为社会提供优质商品和服务的商事主体哪有勇气将自己的商品或服务与同类的商品或服务区别开来？商事主体借商标形式将自己的商品或服务与同类的商标或服务区别开来并进行正常的竞争，充分表达了商事主体为善于公众的积极心态。三是品质保障功能。当前随着商业规模化、国际化水平的提高，许多资本雄厚的大企业为了降低生产成本，将资本选择流向资源丰富、生产成本低的国家和地区，因此出现了许多"定牌生产"或"定牌加工"等商业模式，商标品质保障功能面临严峻的挑战。四是广告宣传功能。商标的广告宣传功能本质上发轫于商标所具有的识别功能。同类商品或服务的多样性难以用自己的商品或服务进行促销，"不怕不识货，就怕货

[①] 郑成思：《知识产权法》，法律出版社，1997，第166-167页；张玉敏主编：《知识产权法学》，中国检察出版社，2002，第226页；张序九主编：《商标法教程》，法律出版社，1997，第30页；沈关生：《我国商标法制的理论与实践》，人民法院出版社，1993，第25页。

比货"的营销手段既不科学，也无法满足日益扩大的市场。相反，商标的唯一性不仅使人们对商标产生强烈的印象，更重要的是使人们对商标背后所代表的商品或服务产生强烈的印象。同时，商标的二维性不仅便于户外广告的物理传播，而且适合电视、电脑等电子产品的无纸化传播。总之，当今世界的生产发展和商业繁荣，商标的兴起居功至伟！

第十二章　有关商标权的取得问题

商标权的取得实际上就是将某个体或某团体的商标取得法律上的认可或者说取得法律上的身份。在我国，取得商标权的基本途径是申请商标注册。商标在没有取得商标权之前，其功能与作用与取得商标权的商标是没有区别的，二者的区别就在于取得商标权的商标获得了法律上的庇护。通常情况下，商标是否需要取得法律上的身份完全取决于商标所有权人的意愿，然而，一个有作为的商事主体是不会听任自己的商标游离于法律框架之外的，因为商标不仅仅是商事主体天然的形象大使，更是商事主体具有无穷增值潜力的无形资产。因此加快商标权的取得对商事主体具有重大的意义。

一、取得商标权的途径

（一）通过使用取得商标权

通过使用取得商标权，是指即使商标尚未经过注册，只要其已经在商业活动中用于识别某种商品或服务的来源，商标使用者也能取得商标权。[①] 通常情况下，纯粹的使用是不可能取得商标权的，使

[①] 王迁：《知识产权法教程》（第七版），中国人民大学出版社，2023，第501页。

用只是取得商标权的前提条件。1946年美国制定的《兰姆法》规定，只有先前已经使用的商标才能获得联邦商标注册。当然，《兰姆法》也给通过使用取得商标权留了个口子：经营者即使没有在美国专利商标局进行联邦商标注册，只要其对商标使用在先，仍然能够在当地继续使用商标，并对抗他人对相同商标的使用。美国在加入《商标国际注册马德里协定有关议定书》之后，对《兰姆法》关于商标注册的条件进行了修改："先使用"不再是进行联邦商标注册的前提，但注册商标申请人必须证明其在注册之后2年内准备使用商标。[①] 这一修改使美国联邦与英美法系其他国家在商标注册方面实现了统一，商标注册的底线是申请人至少在若干年内有使用商标的意图。例如，《英国商标法》第32条第3款规定，商标注册申请人应当证明欲获得注册的商标正由其自己使用，或经其同意正在被使用，或其有使用该商标的真实意图。《加拿大商标法》规定，已经在加拿大使用商标，使商标为人所知，或准备在加拿大使用该商标者，或者已经在其他国家注册的同时使用该商标者，可以申请注册商标。如果仅是准备使用该商标，则必须在申请时加以声明。

随着商业的不断发展，商品和服务的范围日益扩大，商事主体之间的商业竞争也越来越激烈，新的商业模式也在不断地被挖掘和创新，以使用在先或必须使用作为商标注册的条件已经越来越不适合当今市场经济的发展，甚至成为市场经济发展的掣肘。在这种情

---

① 15 U.S.C 1051（d）.

况下，目前多数国家都不再单纯采取通过使用取得商标权的制度。[①]当然，商标使用并非就此变得毫无意义，在出现申请商标注册纠纷时，使用在先就成了获得商标注册的决定性条件。

时至今日，纯粹因使用而获得商标权的唯驰名商标而已。因使用而驰名，因驰名而获得商标权是国际社会的普遍认知。根据《巴黎公约》第6条之二的规定：缔约国应当依职权或依有关当事人的请求，对于受公约保护的权利人所有的驰名商标，如果他人的商标是对该驰名商标的复制、模仿或翻译，用于相同或类似商品，易于产生混淆的，应拒绝或取消注册，并禁止使用。因驰名而获得商标权是国际社会对主权国家所提出的要求，是主权国家赋予优质商主体因提供优质产品或服务所给予的褒奖，是商事主体通过使用而获得商标权的特殊情形。

（二）通过注册取得商标权

在商标保护的历史上，注册取得晚于使用取得，但却为世界上绝大多数国家或地区所采用，究其原因首先是由于经济的发展，商品市场在地理范围上不断扩大，以商标使用作为获得法律授权的条件既难以查证，又难以避免相同或近似标志相互混同的情况。但如果通过登记注册的方式授予具有排他性的商标权，不但简便，而且避免了相同或近似商标之间的相互混同。同时注册中的公示程序可以使公众直观地了解申请注册的特定标志所处的真实状况。

[①] 参见王迁：《知识产权法教程》（第七版），中国人民大学出版社，2023，第502页。

第十二章　有关商标权的取得问题

在没有成文法之前,商标事实上处于无法律保护的状态。商标依注册而获得法律保护是大陆法系所确立的法律传统。大陆法系各国的商标保护与商标注册制度几乎是同时建立起来的,在许多国家,注册是受保护的前提条件。[1]

任何事物都是辩证的,商标注册制度所具有的优点是显而易见的,但其缺点也是很明显的。例如,某些使用未注册商标进行经营的商事主体,其商标一旦被他人抢注,自己不仅不能凭借使用在先的事实禁止他人使用,反倒陷入不能继续使用的境地。另外,在抢先注册制度下,还可能会滋生商标掮客,他们先把商标抢注下来,然后再以高价出售给在先使用人或意图使用人,从而使真正创造商标价值的人要想收复"失地",就必将陷入自己创造的商标价值越大,就必须付出越多的尴尬境地。为了避免因商标抢注而产生的不公平现象,较早实行商标注册制度的大陆法系国家在商标立法上做了些预防性尝试,为我们提供了可供借鉴的预防措施。《法国商标法》虽然未将"使用或意图使用"作为商标注册的前提条件,但恶意抢注的商标不具有商标权。例如,法国两个公司合并之后需要创设新的商标,某人预测到新公司可能会用原先两个公司的缩写字母申请商标注册,就抢先注册了这一商标,最终被法院认定为注册无效。[2]《德国商标法》第4条将注册和使用均规定为取得商标保护资格的途径。《中华人民共和国商标法》(以下简称《商标法》)历经

---

[1] 董炳和:《再论商标在先使用的法律意义》,载郑成思主编:《知识产权文丛》第4卷,中国政法大学出版社,2000,第175页。

[2] See Ethan Horwitz, *World Trademark Law and Practice*, Matthew Bender & Company (2005), France, §1.02.

数次修订，针对商标抢注行为所带来的消极影响规定了一些有针对性的防御措施：将"不以使用为目的的恶意商标注册"列为不予注册的绝对理由；将"以不正当手段抢先注册他人已经使用并有一定影响的商标"等损害他人在先权益的行为列为不予注册的相对理由。

这里需要说明的一点是，"抢注"的前提是在先使用，但并非所有的在先使用都能构成抢注，只有对在先使用并积累了一定的信誉度，在社会上形成了一定影响的商标申请注册才有可能构成抢注。某电子公司申请在网络服务上注册"阿里巴巴 alibaba 及图"商标，阿里巴巴网络公司认为该公司的行为构成"抢先"，并提起诉讼。受诉人民法院认为：自1998年"alibaba 阿里巴巴"网站就已开通。经过一段时间的使用和宣传，以"alibaba 阿里巴巴"为名称的网站在计算机网络使用者等相关用户中具有了一定的知名度，使"alibaba 阿里巴巴"客观上起到了区分不同网站提供的互联网服务的作用，成为有一定影响的未注册服务商标。作为同行业经营者的某电子公司应当知晓"alibaba 阿里巴巴"系他人的计算机网络服务标识。该公司将"阿里巴巴"及"alibaba"在相同或类似服务上注册为商标具有恶意，不仅损害了阿里巴巴网络公司的在先权益，而且客观上会导致相关公众对不同计算机网络服务来源产生混淆和误认，其行为已经构成《商标法》所禁止的"以不正当手段抢先注册他人已经使用并有一定影响的商标"，最终判决对该被异议商标不予核准注册。[①]

---

① 参见北京市高级人民法院行政判决书（2006）高行终字第393号。

总之，申请注册是取得商标专用权最直接、最普遍的形式，但通过注册取得商标专用权不仅要遵守国家法律法规，而且需要遵守诚实信用、公序良俗等民法的基本原则。

二、关于商标不予注册的几个突出问题

我国关于商标权的取得总体上采取的是注册取得，除驰名商标之外，其他商标只有通过商标注册才能获得商标权，即获得排斥他人将相同或近似商标在相同或类似商品或服务上使用的权利。因此，《商标法》在对商标注册持开放态度的同时，为了保护公共利益，也对商标注册作出了一些限制性规定。

（一）不具有显著性的标志

根据《商标法》第十一条第一款的规定，下列情形不具有显著性：仅有本商品的通用名称、图形、型号的；仅直接表示商品的质量、主要原料、功能、用途、重量、数量及其他特点的。显著性是商标的必要条件，没有显著性，商标就失去了其应有的意义。根据生活经验，标志与其所指代的商品或服务越密切，其显著性就越差。在所有标志中，商品或服务的通用名称与商品或服务的联系最紧密，其显著性最差。假如某农业企业在自己生产的大米包装上印上"大米"二字作为本企业大米销售的产品商标，显然，该文字商标对大米这类商品是完全不具有显著性的，因为该商标不仅不能将其与相同的商品区别开来，而且消费者也完全丧失了对该商品来源的判断。美国法院曾经认定"hotel.com"和"lawyer.com"不能作为商标注

册，因为它们分别是宾馆网站和律师网站的通用名称。① 商品或服务的通用名称也包括商品或服务的俗称，换言之，商品或服务的俗称也不能注册为商标。美国床垫制造商扎尔蒙·吉尔伯特·西蒙斯（Zalmon Gilbert Simmons）与工匠合作，于1876年生产出了世界第一张弹簧床垫，随后创立了美梦公司，并将自己的名字 SIMMONS 作为公司生产的弹簧床商标使用。2013年，美梦公司在我国提出商标注册申请，要求在弹簧床及床垫等商品上注册含"SIMMONS"和"席梦思"组合的图文商标。受诉人民法院认为，在《现代汉语词典》中，"SIMMONS""席梦思"是西式弹簧床的泛称，弹簧床被直接解释为"弹簧床垫"。在商标申请日前，"席梦思"已经成为中国公众普遍认为的弹簧床垫，因此"席梦思"已成为弹簧床垫的俗称，为此，"SIMMONS""席梦思"不应在弹簧床及弹簧床垫等床上用品上获得注册。②

此外，对于直接表示商品的质量、主要原料、功能、用途、重量、数量及其他特点的描述性标志，也不能注册为商标。所谓"描述性标志"，是指该标志描述了使用该标志的商品或服务的特点，不是指在脱离特定商品或服务的情况下，该词汇或图形自身所描述的含义。例如，在葡萄酒、黄酒等酒类产品上申请注册"手酿"是不能通过商标注册的，理由是"手酿"直接描述了葡萄酒、黄酒等酒类的制作和加工方式，不具有区分商品来源的作用，因此在酒类上

---

① See In re Hotels.com, 573 F. 3d 1300（Fed. Cir., 2009）; In Re Reed Elsevier Properties, 482F. 3d 1376（Fed. Cir., 2007）.
② 参见最高人民法院行政裁定书（2017）最高法行申2200号。

注册"手酿"不具有显著性。① 相反，申请人以"zoomer"申请注册为玩具商标，"zoomer"的英文翻译是"可变焦距镜头"。人民法院认为，"可变焦距镜头"与玩具的性能、功能和特点不具有直接的联系，不属于玩具通常具有的技术特征和功能特点，将其注册为商标具有区分商品来源的作用，具有显著的特征，可以注册为商标。②

商品的通用名称、图形、型号和仅直接表示商品的质量、主要原料、功能、用途、重量、数量及其他特点的标志不具有显著性，是因为：首先，这类标志无法使消费者将相同或相似的商品或服务区分开来；其次，商品的通用名称、图形、型号和原料、功能、用途、数量、质量、重量是同类商品共性的东西，从商标的角度将它们注册为商标缺乏显著性，从公平竞争的角度将它们注册为商标缺乏合理性。

（二）特定的三维标志

在商标这个大家族，如果以商标的空间形状来划分，商标可以分为平面的二维商标和立体的三维商标。《商标法》第十二条明确规定了下列三种情况所形成的三维标志不得注册为商标：一是仅由商品自身的性质产生的形状；二是为获得技术效果而需有的商品形状；三是使商品具有实质性价值的形状。将以上三种情况所形成的三维标志排除在注册商标之外，首先是因为基于以上三种情况所产生的形状缺乏显著性，其次是基于阻止利用商标注册来垄断技术的公共

---

① 参见北京市第一中级人民法院行政判决书（2012）一中知行初字第118号。
② 参见北京市高级人民法院行政判决书（2016）京行终字第3162号。

政策考虑。禁止将那些具有技术效果的形状、具有实质性价值的形状注册为商标，是为了有效防止某些商事主体借用商标权无期限的独占性来实现对商品技术效果、实质性价值的垄断。例如，灯泡从被发明出来开始，一直以椭圆形立体形状示人，如果某生产灯泡的企业将椭圆形灯泡注册为商标，这就意味着其他所有灯泡生产企业的灯泡外包装均不得出现椭圆形灯泡的图片。

《商标法》第十一条第一款在列举了商品的通用名称、图形、型号等不得作为商标申请注册后，紧接着第二款规定"前款所列标志经过使用取得显著特征，并便于识别的，可以作为商标注册"。那么，我们能否由此推出《商标法》第十二条有着同样的逻辑呢？即"由商品自身的性质产生的形状、为获得技术效果而需有的商品形状或者使商品具有实质性价值的形状"经过使用取得显著特征，并便于识别的，也可以作为商标注册。我们的回答是否定的，理由是：一旦允许"由商品自身的性质产生的形状、为获得技术效果而需有的商品形状或者使商品具有实质性价值的形状"经过使用取得显著特征后可以作为商标注册，那就意味着申请人可以通过商标注册来获得对技术特征和美感造型的无限期保护；那就意味着通过商标注册架空了著作权法对作品财产权的有期限保护，架空了专利法对技术特征和外观设计有期限的保护。1966年，飞利浦公司推出了一款由三个等边三角形旋转刀组成的剃须刀，并获得了专利保护；在其专利保护期届满之前的1985年，飞利浦公司在英国就该三头剃须刀的外形获得了商标注册（立体商标）。1995年雷明顿公司开始在英国大量生产和销售自己的三头剃须刀。飞利浦公司起诉雷明顿公司侵犯其注册商标权，而雷明顿公司则反诉飞利浦公司，请求宣告其外形立体注册商标无效。英国高等法院支持雷明顿公司的反诉请求，理由是构成该商标的形状对于获得技术性效果而言是必需的，而且这一形状赋予了该剃须刀实质性价值。飞利浦公司提起上诉，认为剃须刀可以被设计成其他形状以达到同样的技术效果，因此，其三头剃须刀的形状可以获得商标注册。上诉法院将该案件递交到欧共体法院听取意见。

欧共体法院的总法务官指出：《欧共体商标一号指令》第3条第1款e项规定：纯粹基于商品自身性质产生的形状、为了获得技术效果或者赋予产品实质性价值的形状不能被注册为商标。这一规定并不仅仅是基于标志可能缺乏显著性的考虑，而是反映了阻止利用商标注册扩展技术垄断的公共政策。据此，欧共体法院认定：只要商品的外形是实现某种技术效果或使商品具有实质价值所必需的，就不能注册为商标。最终飞利浦公司的注册商标被宣告无效，雷明顿公司胜诉。

（三）内容违反法律规定的标志

商标不仅仅服务于特定商事主体的商业目标，实际上还具有挖掘本土文化、引领社会正气、弘扬社会主义核心价值观等作用。作为商标注册的标志，无论是文字、图形，还是文字与图形的组合，都必须严守道德底线，严控法律红线，将有违社会道德和法律的所有标志排除于商标注册之外。

首先，作为申请商标注册的标志不得与特定官方标志相同或近

似。《商标法》第十条规定，下列标志不得作为商标使用：同中华人民共和国的国家名称、国旗、国徽、国歌、军旗、军徽、勋章等相同或者近似的，以及同中央国家机关的名称、标志、所在地特定地点的名称或者标志性建筑物的名称、图形相同的；同外国的国家名称、国旗、国徽、军旗等相同或者近似的；同政府间国际组织的名称、旗帜、徽记等相同或者近似的；与表明实施控制、予以保证的官方标志、检验印记相同或者近似的；同"红十字""红新月"的名称、标志相同或者近似的。以上标志代表了一定国家或地区、国际组织的尊严，甚至凝结了一定国家或地区的文化和历史，神圣且庄严。如果将其作为商标使用，不仅是对上述标志的矮化，而且是对公共资源的个体化。这是绝对不允许的，除非该国或国际组织同意或授权。

其次，作为申请商标注册的标志不得具有民族歧视、欺骗公众的后果或有损害道德风尚的内容。根据《商标法》第十条第（六）第（七）第（八）项的规定：带有民族歧视性的不得作为商标注册与使用；带有欺骗性，容易使公众对商品的质量等特点或者产地产生误认的不得作为商标注册与使用；有害于社会主义道德风尚或者有其他不良影响的不得作为商标注册与使用。这些标志或者带有民族歧视性，或者带有欺骗性，或者容易使公众对商品的质量等特点或者产地产生误认，它们共同的特点就是要么有害于社会主义道德风尚，要么有其他不良的影响。"Darkie"在英语中有"黑鬼"的意思，将其注册为商标有侮辱黑人之嫌，因此用"Darkie"申请注册为商标是不被允许的。商标本身具有宣传的功能，要达到宣传的效

第十二章 / 有关商标权的取得问题

果难免有夸大的成分,很容易陷入欺诈的指控。如何界定"宣传"与"欺诈"?笔者认为需要通过一个假设的正常理性人的认知来判断。例如,"永久"牌自行车,任何一个正常的理性人都不会相信一辆正常使用的自行车是永久不破损的,以"永久"作为自行车的商标只能说明该牌子的自行车经久耐用,质量上乘,并没有欺骗消费者的意思。

至于"有其他不良影响"则是一个宽泛的概念,无法用确定的语言进行界定,需要根据具体问题进行具体分析,综合考虑该标志或者其构成要素是否可能对我国政治、经济、文化、宗教、民族等社会公共利益和公共秩序产生消极、负面影响。① 很显然,那些破坏国家政治稳定、危害社会主义市场经济发展、毒害社会主义道德风尚、宣扬封建迷信、破坏国家统一和民族团结的标志均不能作为商标使用,更不能作为注册商标进行保护。例如,某公司曾经注册了"福尔摩莎"商标,其读音类同"Formosa"。"Formosa"是16世纪葡萄牙殖民者对我国台湾岛的称谓,具有强烈的殖民色彩,而且近年来一些"台独"分子也用该词称呼我国台湾地区。因此将"福尔摩莎"注册为商标是非常不严肃的。还有当年贵州茅台酒厂申请在其酒类商品上注册"国酒茅台"。但"国酒"二字不仅带有"国内最好"意味,而且不恰当地把一个商事主体与国家信誉捆绑起来,不仅有利用国家为其站台的嫌疑,而且对其他酒类商品生产者的正

---

① 参见《最高人民法院关于审理商标授权确权行政案件若干问题的意见》(2020年修正)第五条。

常市场竞争极不公平。因此该商标注册申请被驳回也就不足为怪。①

（四）特定范围的地名

《商标法》第十条第二款的前半句规定"县级以上行政区划的地名或者公众知晓的外国地名，不得作为商标注册"。作出这样的规定主要是基于以下几个方面的考虑：一是允许个别商事主体在其商品或服务上（特别是土特产上）以本地地名注册商标，不仅会导致个别商事主体对公共资源不公平的垄断，还会不合理地剥夺本地区其他商事主体使用本地地名描述自己商品或服务的机会；二是将特定区域的地名注册为商标，会造成商标指引商品或服务个体提供者来源的功能大大减弱，甚至会导致商标无法发挥识别来源的作用；三是以特定地方注册的商标代表的商品或服务并非来自该地方，则地名商标还会给公众带来误导。例如，由于当年我们没有禁止将特定地名作为商标注册，导致"金华"商标被金华外的火腿生产企业注册并使用在自己的火腿商品上，许多不知情的消费者误认为此火腿即为金华当地火腿生产企业生产的火腿。

《商标法》第十条第二款的后半句规定，"但是，地名具有其他含义或者作为集体商标、证明商标组成部分的除外"，这就意味着当"地名具有其他含义"时，县级以上行政区划的地名或者公众知晓的外国地名是可以作为商标使用和注册的。那么，我们应该如何来理解"地名具有其他含义"呢？司法裁判将其描述为：该地名具有明

---

① 参见商标评审委员会〔2018〕第95669号不予注册复审决定。

显有别于地名的、明确的、易于为公众所接受的含义，从而足以使该地名在用于商品之时，能够起到识别商品来源的作用。① 典型的例子如"长安"与"红河"。长安与红河除了是地方②，还有其他的含义：长安具有与地理位置无关的"长治久安"或"长久平安"的祝愿意思，将其注册在交通工具上可以为用户讨个吉利，且不会剥夺竞争对手合理的竞争机会，也不会产生误导消费者的消极后果；红河除指代地方外，还可以指代越南境内的一条河流，还具有红色河流的常见含义。因此，将"红河"注册在液体类商品上通常不会将其与特定的地名联系在一起，能够起到识别商品来源的作用。

总之，当县级以上行政区划的地名或者公众知晓的外国地名在作为商标使用中具备了整体上具有区别于地名的含义时，就可以作为商标进行注册。哈尔滨啤酒公司申请在其啤酒商品上注册"哈尔滨小麦王"文字商标。商标局与人民法院一审和二审就该含地名的标志能否被注册为商标有不同意见。最高人民法院认为，应当从整体上考察其是否区别于地名。据查，哈尔滨啤酒公司在啤酒商品上注册了多件"哈尔滨"或包含"哈尔滨"字样的商标。"哈尔滨"系列啤酒经过哈尔滨啤酒公司长期使用和持续宣传，已经具有了较高的市场知名度。相关公众在看到"哈尔滨"商标时可以将其与哈尔滨啤酒公司建立起较为稳定的产源联系。由此推知"哈尔滨小麦王"易被相关公众识别为哈尔滨啤酒的系列产品之一，具有区别于

---

① 参见北京市高级人民法院行政判决书（2003）高行终字第 65 号。
② 长安县原为陕西省西安市下辖的一个行政县，2002 年长安县撤县，原辖区并入西安市，设为长安区。红河县系云南省哈尼族彝族自治州的行政区划地名。

地名的其他含义，可以发挥识别商品来源的作用。加之"哈尔滨"商标系列啤酒经过长期经营已积累了良好的社会信誉，最终"哈尔滨小麦王"文字商标的注册申请获准通过。

（五）目的不正当的商标申请

对于目的不正当的注册申请，笔者将其分为三种情况：一是不以使用为目的的恶意申请注册；二是采用欺骗或其他不正当手段取得的注册；三是商标代理机构自己申请商标注册。严格意义上讲，商标代理机构自己申请商标注册可以将其归类于第一种情形。

下面我们来分析一下不以使用为目的的恶意申请。《商标法》第四条明确规定"不以使用为目的的恶意商标注册申请，应当予以驳回"。我们知道，商标不同于作品的地方首先表现为商标是用来使用的，不是用来欣赏的；其次著作权的获得是一种事实行为，而商标权的获得是一种行政行为，需要耗费行政资源。因此，恶意申请注册商标是不被接受的。当然，我们对"不用"的判断不能简单化，这里的"不用"有两层含义：积极的不用和消极的不用。所谓积极的不用，是指商标注册申请完全与经营脱钩，所申请注册的商标不仅目前没有与真实的商品或服务相结合，未来也没有将其与真实的商品或服务相结合的可能。在"海棠湾"商标注册案中，海棠湾作为《国务院关于推进海南国际旅游岛建设开发的若干意见》确定建设的精品旅游景区之一，短时间在海内外产生了较大知名度，李某乘此机会注册了"海棠湾"商标。据查，李某并无从事不动产相关生产经营活动的主体资格，自称看到李嘉诚先生表示将投资海棠湾的新闻后，认为该标志会非常知名，作为商标会具有较高的价值，因此才将它申请注册为商标的。最高人民法院认为，民事主体申请注册商标，应该有使用的真实意图，以满足自己的商标使用需求为目的，其申请注册商标的行为应具有合理性或正当性。李某抢先注册"海棠湾"用以转让牟利的动机非常明显，因此其商标注册被撤销了。①《商标法》第十九条第四款规定，"商标代理机构除对其代理服务申请商标注册外，不得申请注册其他商标"。立法之所以作出这样的规定主要是合理推定商标代理机构注册的商标除了像李某用于转售牟利外，难以找出其注册商标的合理理由。关于消极的不用，不能将其理解为不用，应该把它理解为与某种主商标配合使用。

下面我们来讨论一下采用欺骗或其他不正当手段进行的商标注册。《商标法》第四十四条规定：以欺骗手段或者其他不正当手段取得注册的，由国家知识产权局宣告该注册商标无效；其他单位或者个人可以请求国家知识产权局宣告该注册商标无效。对于《商标法》第四十四条的规定，我们可以从两个层面去理解。一是在申请注册阶段，如果经调查发现申请人的申请具有欺骗或者其他不正当手段的，国务院商标行政管理部门有权拒绝当事人的商标注册申请。二是事后发现已注册的商标是通过欺骗或者其他不正当手段获得的授权，事后有两条救济途径：①依职权宣告无效，即国家知识产权局宣告该注册商标无效；②依请求宣告无效，即其他单位或者个人可以请求国家知识产权局宣告该注册商标无效。无论是哪一种类型的宣告无效，二者的效果都是一样的，即已经授权的注册商标的商标

---

① 参见最高人民法院行政裁定书（2013）知行字第42号。

权的无效溯及既往,自始无效。根据《民法典》第一百四十八条的规定①,因欺诈而实施的民事法律行为可以撤销,这里的撤销规定了1年或90日的除斥期间②。《商标法》第四十四条所规定的注册商标无效宣告并无时间上的限制。

关于"其他不正当手段"的界定,《最高人民法院关于审理商标授权确权行政案件若干问题的规定》(以下简称《商标授权确权规定》)第二十四条将其表述为:以欺骗手段以外的其他方式扰乱商标注册秩序、损害公共利益、不正当占用公共资源或者谋取不正当利益的,人民法院可以认定其属于商标法第四十四条第一款规定的"其他不正当手段"。在实务中,当事人虽有使用意图,但故意将他人许多具有较高知名度的商标或者其他标志在多个商品类别上进行注册,扰乱了正常的商标注册管理秩序,有损于公平竞争的市场秩序,违反了诚实信用和公序良俗原则,属于以其他不正当手段取得商标注册。③

(六)地理标志错位的商标申请

所谓地理标志,《商标法》第十六条第二款进行了明确的界定:

---

① 《民法典》第一百四十八条规定:一方以欺诈手段,使对方在违背真实意思的情况下实施的民事法律行为,受欺诈方有权请求人民法院或者仲裁机构予以撤销。

② 《民法典》第一百五十二条规定:有下列情形之一的,撤销权消灭:(一)当事人自知道或者应当知道撤销事由之日起一年内、重大误解的当事人自知道或者应当知道撤销事由之日起九十日内没有行使撤销权;(二)当事人受胁迫,自胁迫行为终止之日起一年内没有行使撤销权;(三)当事人知道撤销事由后明确表示或者以自己的行为表明放弃撤销权。当事人自民事法律行为发生之日起五年内没有行使撤销权的,撤销权消灭。

③ 参见北京市高级人民法院行政判决书(2015)高行(知)终字第659号。

是指标示某商品来源于某地区，该商品的特定质量、信誉或者其他特征，主要由该地区的自然因素或者人文因素所决定的标志。所谓"自然因素"，是指商品或者服务的品质形成与当地的气候、土壤、水流、地貌等自然条件密切相关；所谓"人文因素"，是指商品或者服务的品质形成与当地的风俗习惯、历史传承、宗教信仰、特色文化、审美观念等社会因素密切相关。地理标志不仅代表了一定地域的自然风貌，而且还承载了一定地域的历史和文化，因此它具有专属性，从严格意义上说，只有附着在该地域的当事人才有资格将其申请为集体商标或证明商标。非该地域的当事人将他人的地域标志进行申请注册的行为，不仅是对他人历史和文化的不尊重，而且也容易在消费者中产生误导，扰乱正常的市场秩序。这样的申请应当予以驳回。

由于地理标志代表了一定的区域范围，并承载了该区域范围的人文地理，因此个体商事主体不应成为地理标志商标注册的当事人。地理标志作为证明商标，应该由符合法定条件并具有监督能力的团体、协会申请注册；地理标志作为集体商标，应当由来自该地理区域的经营者的组织（如行业协会或商会）进行注册。一旦注册为集体商标或证明商标，特定的团体或协会只能允许来自该特定地理区域的商品或服务提供者使用该商标。例如，舟山水产协会申请注册了"舟山带鱼"证明商标。某食品公司未经许可擅自在其带鱼段销售外包装上印上"舟山精选带鱼段"字样。舟山水产协会起诉其侵犯注册商标专用权。受诉人民法院经审理后查明：涉案"舟山带鱼"商标系作为证明商标注册的地理标志，用以证明使用该商标的带鱼商品具有舟山水产协会所规定的特定品质。由于本案被告没有充分举证证明其销售的带鱼产于浙江舟山海域,受诉人民法院最终判决被告败诉。①

此案给我们提出了两个值得思考的问题。

第一个需要思考的问题是,如果本案所涉地理标志为集体商标,舟山水产协会是否有权拒绝本区域的非会员单位或个体使用该地理标志?要回答这个问题,首先必须厘清申请注册地理标志商标的目的是什么。很显然,将地理标志注册为集体商标不是为了垄断地理之上所承载的人文地理这一宝贵的公共资源,而是为了充分利用公共资源来保证当地产品或服务的纯正性,进而扩大当地产品或服务的影响力,提高当地产品或服务的社会声誉。因此,地理标志作为商标本质上具有公共产品性和区域开放性,集体商标的注册人不能禁止符合条件的本地非团体成员享有该公共产品。《中华人民共和国商标法实施条例》(以下简称《商标法实施条例》)第四条第二款对地理标志作为证明商标和集体商标的开放性,都作出了肯定的规定。②《欧盟商标条例》第 74 条第 2 款规定:作为有关禁止将表明商品或服务地理来源的标志注册为商标的规定的例外,该标志可以

---

① 参见北京市高级人民法院民事判决书(2012)高民终字第 58 号。
② 《商标法实施条例》第四条第二款规定:以地理标志作为证明商标注册的,其商品符合使用该地理标志条件的自然人、法人或者其他组织可以要求使用该证明商标,控制该证明商标的组织应当允许。以地理标志作为集体商标注册的,其商品符合使用该地理标志条件的自然人、法人或者其他组织,可以要求参加以该地理标志作为集体商标注册的团体、协会或者其他组织,该团体、协会或者其他组织应当依据其章程接纳为会员;不要求参加以该地理标志作为集体商标注册的团体、协会或者其他组织的,也可以正当使用该地理标志,该团体、协会或者其他组织无权禁止。

构成集体商标。但集体商标权利人无权阻止第三方在其商业活动中根据工商业的诚信惯例使用该标志，特别是该标志不应被用于禁止那些有权使用地理名称的人使用该标志。《欧盟商标条例》第74条第2款首先强调了地理标志的公共性；其次强调了地理标志作为集体商标的开放性，"不应被用于禁止那些有权使用地理名称的人使用该标志"。

第二个需要思考的问题是，如何正确理解我国《商标法》第十六条的规定[①]？《商标法》第十条第一款首先表明了"地理标志，非来源于该标志所标示的地区不予注册并禁止使用"的态度，但接下来又规定"经善意取得注册的继续有效"，这个但书给我们留下了几个问题：如何理解这里的"善意"？如果是恶意的，如果该虚假的地理标志为非驰名商标，五年后即不可撼动？关于此处"善意"的理解，我们知道，民法领域对善意与恶意的判断并非基于当事人的人品道德，而是以"知道或者应当知道"即为恶，"不知道或者不应当知道"即为善来判断的。如果以民法对善意通常的判断标准来检视此处的善意，能够善意"取得他人的地理标志商标"几乎是不可能存在的。因为上文已经提到，地理标志承载了所在地区的人文和地理，具有厚重的历史沉淀和文化传承，一个理性的商标申请人岂能"不知道或者不应当知道"，至少是"应当知道"。因此，《商标法》第十六条第一款后面的"但书"是不应该存在的，与此相适

[①] 《商标法》第十六条第一款规定：商标中有商品的地理标志，而该商品并非来源于该标志所标示的地区，误导公众的，不予注册并禁止使用；但是，已经善意取得注册的继续有效。

应,《商标法》第十六条第一款也不应该出现在本法第四十五条第一款的前半部分。前面我们以很肯定的态度否定了地理标志善意取得的可能性。那么,对于恶意取得,该如何处置呢?《商标法》第四十五条第一款后半部分只提到了"对恶意注册的,驰名商标所有人不受五年的时间限制"。这是否意味着自商标注册之日起超过五年就听之任之呢?我们认为这样处理是不妥当的。举轻以明重,驰名商标维护的只是个体利益,而地理标志维护的是广大公众的利益,将不属于自己的地理标志享受着排他的无期限限制的支配权,不仅对真实地理标志所在地的商品和服务提供者是不公平的,而且对社会公众也是不负责任的。如此恶意,法律岂能以时间的经过听之任之!

（七）与他人相同或类似的商标

商标最重要的功能是区分相同或近似商品或服务上的不同经营者。商标如同绿茵场上两支同台竞技队伍的球衣,又像是同一支队伍中不同队员之间的号码。它的设计虽然也追求更加的艺术或更加的炫目,但所有这一切都是为了实现它的功能——区分。因此,在相同或类似的商品或服务上不应该有相同或近似的商标。据此,《商标法》第三十条明确规定,同他人在同一种商品或者类似商品上已经注册的或者初步审定的商标相同或者近似的,由商标局驳回申请,不予公告。那么我们将如何判断相同或类似商品或服务上商标之间的相同或近似呢?我们认为,商标是否相同或近似,商品或服务是否相同或类似,均要由该消费领域的"相关公众"来判断。何谓"相关公众"?《最高人民法院关于审理商标民事纠纷案件适用法律若干问题的解释》（以下简称《商标民事纠纷案件适用法律解释》）第八条作出了明确规定①，"相关公众"是指商标所标识的某类商品或者服务有关的消费者和与前述商品或者服务的营销有密切关系的其他经营者。虽然我们界定了"相关公众"的范围，但在实务中我们在判定商标是否相同或近似、商品或服务是否相同或类似时，总不至于由"相关公众"来共同解决吧。这样做既不可能，也没有必要。事实上，我们在判定商标是否相同或近似、商品或服务是否相同或类似时，最科学的做法就是从"相关公众"中抽象出一个具有正常理性和理智的成年人在面对"争议商标"和"争议商品或服务"时，将作出怎样的回答。

解答了"相关公众"问题，下面我们先来讨论一下商标的相同及近似。

关于"商标的相同"，《商标民事纠纷案件适用法律解释》第九条第一款给出的答案是"被控侵权的商标与原告的注册商标相比较，二者在视觉上基本无差别"。根据《商标审查及审理标准》的规定，文字商标相同是指"商标使用的语种相同，且文字构成、排列顺序完全相同，易使相关公众对商品或者服务的来源产生混淆误认。因字体、字母大小写或者文字排列方式有横排与竖排之分使两商标存在细微差别的，仍判定为相同商标"。图形商标相同是指"商标图形在视觉上基本无差别，易使相关公众对商品或者服务的来源产生混

---

① 《最高人民法院商标民事纠纷案件适用法律的解释》（2020年修正）第八条规定：商标法所称相关公众，是指与商标所标识的某类商品或者服务有关的消费者和与前述商品或者服务的营销有密切关系的其他经营者。

淆误认"。组合商标相同是"指商标的文字构成、图形外观及其排列组合方式相同，使商标在呼叫和整体视觉上基本无差别，易使相关公众对商品或者服务的来源产生混淆"。①

所谓"商标近似"，《商标民事纠纷案件适用法律解释》第九条第二款给出的答案是"被控侵权的商标与原告的注册商标相比较，其文字的字形、读音、含义或者图形的构图及颜色，或者其各要素组合后的整体结构相似，或者其立体形状、颜色组合近似，易使相关公众对商品的来源产生误认或者认为其来源与原告注册商标的商品有特定的联系"。

以上描述只给了我们一些概念性的东西，在实务中我们又当如何具体操作呢？首先，在判断商标是否近似时应以正常理性的一般消费者的注意力为标准。其次，对申请商标与引证商标②进行"隔离观察比较"，"隔离观察比较"是指对申请商标与引证商标分别观察后凭借记忆印象进行比较。最后，对申请商标与引证商标进行"显著部分比较"，即把申请商标与引证商标留给消费者印象最深的部分进行比较。例如，甲医药器材公司在澳大利亚注册了一个图文组合商标，乙公司申请在相同商品上注册商标时受到甲公司的指控，认为乙公司申请注册的商标与自己的注册商标高度近似。诉讼中，一审法院认为，尽管二者之间有相似之处，但比较起来有明显的区别：第一，注册商标（引证商标）的 inSight 中的 S 为大写，且与 inSight 构成组合商标的 ClinicalImaging 字体小写且二者分行书写；与

---

① 参见国家工商总局《商标审查及审理标准》（2016），第 64-66 页。
② 引证商标是指用于与申请商标进行对此的商标。

之相对应，申请商标中的 insight 与 radiology 均为小写，连在一起构成一体。第二，两个商标中的图形也显著不同，引证商标图形中的内圈完全闭合，且内外圈均为绿色，而申请商标中的内圈没有闭合，且只有内圈为绿色，外圈则为黑色。因此两者不存在整体印象上的相似。[1] 澳大利亚联邦法院经审理后认为：一审法院在进行近似度比对时，没有考虑引证商标中的"关键要素"（essential elements），也就是没有对能带来强烈视觉冲击的对消费者的认知起主导作用的部分进行比较。在引证商标和申请商标中，与"inSight"组合的"Clinical Imaging"和"radiology"都是描述性的，对于近似性判断不起作用。引证商标中的"inSight"和双圈图形则是"关键要素"（essential elements）。由于这两个要素在申请商标中都出现了，两者给消费者的整体印象是相近的，因而判定申请商标不应获得注册。[2]

最后，我们来讨论一下商品或服务的相同及类似。

目前对"相同商品"或"相同服务"最具权威性的统一标准是"尼斯分类"。1957年在法国尼斯缔结的《商标注册用商品和服务国际分类尼斯协定》（简称《尼斯协定》）建立了商标注册用商品和服务国际分类，简称"尼斯分类"。尼斯分类将相同名称下的商品或服务列为相同商品或相同服务，虽然名称不同，但在功能、用途、原材料、消费对象、销售渠道等方面相同或者基本相同，相关公众一般认为是同一种商品，也属于相同商品。1994年我国加入《尼斯

---

[1] Insight Radiology Pty Ltd. v. Insight Clinical Imaging Pty Ltd., ［2016］FCA 1406 (2016), para. 18.

[2] Pham Global Pry Ltd. and Another v. Insight Clinical Imaging Pty Ltd. . 251 FCR 379, paras. 55-56.

协定》后,以《尼斯协定》为基础,制定了适合我国国情的《类似商品和服务区分表》,供申请人申请商标注册时使用。《类似商品和服务区分表》中45个类别项下含有类别标题、商品和服务项目名称及相关的注释。尼斯分类每年修订一次,《类似商品和服务区分表》随之予以调整。

所谓"类似商品"或"类似服务",是指在功能、用途、生产部门、销售渠道、消费对象等方面相同,或者相关公众一般认为其存在特定联系,容易造成混淆的商品或服务。[①] 对类似商品和服务的判断比相同商品和服务的判断更复杂、更具挑战性。但是,我们都知道,无论是商品还是服务,它们针对的对象都是消费者,因此如果我们跳出产品或服务本身,从消费群体分类的角度进行类似判断,可能是解决这个问题的一把钥匙。

例如,某公司在运载工具用电池等商品上注册了"Tesla"商标,但之前特斯拉公司已在电动车辆、全电池动力车等商品上注册了"TESLA"商标,特斯拉公司认为,争议商标属于在类似商品上注册相同或近似商标,请求宣告该注册商标无效。受诉人民法院认为:争议商标与引证商标核定使用的商品虽然分属不同商品类别,但电池是电动车辆的核心部件之一,在功能、用途、生产部门、销售渠道、消费群体等方面均具有较大关联性,易使相关公众认为其存在特定联系,从而对商品来源产生混淆、误认,因此争议商标应

[①] 王迁:《知识产权法教程》(第七版),中国人民大学出版社,2023,第563页。

被宣告无效。①

再比如，某公司申请在第9类眼镜商品上注册"GAP"商标，而此前美国盖璞公司已在第25类服装商品上注册了"GAP"商标。本案中的问题是服装与眼镜是否属于类似商品。最高人民法院认为：虽然盖璞公司提交的证据尚不足以证明其"GAP"系列商标在被异议商标申请日之前在中国已经成为驰名商标，但能证明其具有一定的知名度，且被异议商标的申请人根据常理可以推出其是知晓引证商标的知名度并具有攀附"GAP"品牌的主观意图。被异议商标指定使用的太阳镜、眼镜框等商品虽与引证商标主要使用的对象服装等在《类似商品和服务区分表》中分属不同的大类，但是商品的功能用途、销售渠道、消费群体具有较大的关联性，尤其对于时尚类品牌而言，公司经营同一品牌的服装和眼镜等配饰是普遍现象，客观上容易使相关公众认为商品是同一主体提供的，或者其提供者之间存在特定联系。最终该异议商标被核准不予注册。②

从以上两例可以看出，商品或服务消费群体的关联关系是判断商标或服务相同或类似的重要视角。

（八）侵犯他人在先权益的商标

《商标授权确权规定》第十八条对《商标法》第三十二条所规定的"在先权益"作了进一步阐释，即"商标法第三十二条规定的

---

① 参见北京知识产权法院行政判决书（2016）京73行初5000号，北京市高级人民法院行政判决书（2018）京行终2239号。

② 参见最高人民法院行政判决书（2012）行提字第10号。

在先权利,包括当事人在诉争商标申请日之前享有的民事权利或者其他应予保护的合法权益。诉争商标核准注册时在先权利已不存在的,不影响诉争商标的注册"。《商标授权确权规定》将商标申请日之前他人所有民事权利和利益都纳入了在先权益的范畴。正确理解侵犯他人在先权益需要注意以下两点。

首先,他人未行使的在先权益是否属于《商标授权确权规定》第十八条所规定的范围?乔丹体育股份有限公司(简称"乔丹公司")在体育活动器械、服装、游泳衣等商品上注册了"乔丹"商标。美国职业篮球联赛(简称NBA)巨星迈克尔·杰弗里·乔丹以侵犯其姓名权为由请求宣告注册商标无效。本案中争议最大的问题是迈克尔·乔丹对于"乔丹"是否享有在先权利的姓名权。乔丹公司否认其在先权利的存在,理由如下:一是"迈克尔·杰弗里·乔丹"才是姓名,"乔丹"并不是姓名,乔丹本人并未主动使用"乔丹"称呼自己,而是使用"迈克尔·乔丹";二是"乔丹"为常见英文姓氏,与篮球明星乔丹并未形成唯一对应关系。一、二审法院对此也基本认同。但最高人民法院通过再审程序对终审判决进行了改判,给出的理由对于我们正确理解在先权益很有启发意义。第一,自然人的姓名是识别自然人的符号,但不是识别自然人的唯一符号。例如,对鲁迅的识别既可以是鲁迅,也可以是周树人。鲁迅先生并不姓鲁名迅,但没有人会否认周树人可以主张对"鲁迅"名称的权利。第二,自然人对自己称谓的使用无论是自己主动使用的,还是他人使用的,与自然人对该称谓是否享有在先权益并无关系。自然人对姓名权的在先权益不是基于使用而产生的,

第十二章 / 有关商标权的取得问题

而是基于产生而产生的。第三,一种称谓能否被归结为自然人姓名权的范畴,关键在于它是否具备识别自然人身份的作用,不能机械地套用姓+名形式。当一种称谓具备了识别自然人身份的作用时,他人对该称谓的盗用、冒用和擅自使用就会产生损害人格尊严以及相关经济利益的后果。即使这种称谓并没有与特定自然人形成"唯一"对应关系,也不会影响上述损害后果的发生。例如,国内媒体普遍将贝拉克·侯赛因·奥巴马(Barack Hussein Obama)称为"奥巴马",其实美国驻华使馆在各种新闻稿中使用的中文译名则为"欧巴马",但这并不影响国内公众的理解——在特定语境下的"奥巴马"指的就是那名"欧巴马"。特定名称与特定自然人之间能否形成"唯一"的对应关系并不是进行姓名权保护的前提,否则重名的人或者除本名之外还有其他名称的人,将无法获得姓名权的保护。只要自然人主张的特定名称与该自然人已经建立稳定的对应关系,即使该对应关系没有达到"唯一"的程度,也可以依法获得姓名权的保护。

回到本案中来,虽然"乔丹"并不是"迈克尔·杰弗里·乔丹"的全名,也不是其自己主动使用的称谓,而且美国还有其他人的姓名中也包含"乔丹",甚至也有中国人姓乔名丹,但本案的关键在于:国内媒体长期以"乔丹"称呼这位篮球巨星,使之在体育业内具有极高的知名度,在这种情况下,在体育运动相关的商品与服务中使用"乔丹"时,我国相关公众很自然地将"乔丹"指向"迈克尔·杰弗里·乔丹",换言之,在体育领域的公众中,"乔丹"与"迈克尔·杰弗里·乔丹"指向的是同一自然人。最高人民法院特别

强调："维护（乔丹公司主张的）此种市场秩序或者商业成功，不仅不利于保护姓名权人的合法权益，而且不利于保障消费者的利益，更不利于净化商标注册和使用环境。"①

其次，在先权益之"在先"如何确定。对于认定在先权益的时间节点，《最高人民法院关于审理商标授权确权行政案件若干问题的规定》（2020年修正）第十八条明确规定："商标法第三十二条规定的在先权利，包括当事人在诉争商标申请日之前享有的民事权利或者其他应予保护的合法权益。诉争商标核准注册时在先权利已不存在的，不影响诉争商标的注册。"本条实际上属于上述规定的总则性条款，是对2010年公布的《最高人民法院关于审理商标授权确权行政案件若干问题的意见》（法释〔2010〕12号）第十七条规定的重申，主要表明两个原则：一是在先权益既包括现有民事法律中规定的有名权利，也包括那些没有被正式定义在法条中，但根据公平正义、公序良俗应予保护的合法利益。例如，二人转演员沈鹤的一句台词"小沈阳"传遍大江南北，虽不是作品，但如有人将其注册为声音商标，即构成对沈鹤在先权益的侵犯。二是在先权益必须在商标核准注册时仍然存在，否则不予认定。例如，外观设计或作品所承载的权益都可构成在先权益，但一旦外观设计或作品所承载的权益超过了法律所赋予的保护期限，就不再构成阻却相关商标注册的在先权利。

---

① 参见最高人民法院行政判决书（2016）最高法行再字第27号。

三、商标的注册申请与审查

(一)商标注册申请人

《商标法》第四条明确规定,商标注册资格的主体范围包括自然人、法人或者其他组织。但以自然人名义办理商标注册、转让等申请事宜的,只限于个体工商户、农村承包经营户和其他依法获准从事经营活动的自然人。① 商标权与其他知识产权一样都具有强烈的地域性,外国自然人或外国企业在外国就某商品或服务申请了商标权后,要在我国获得同样的保护,需要重新在我国进行商标注册申请。对于外国人或者外国企业在中国申请商标注册的,根据《商标法》第十七条的规定,需要依照有关的国际条约办理。② 根据我国参加的《巴黎公约》第2条规定,《巴黎公约》要求成员国彼此之间给予最惠国待遇,即成员国国民在其他成员国应当享有该国法律现在授予或今后可能授予其他国民的各种利益,且不应损害本公约特别规定的权利。根据《巴黎公约》第3条的规定,非成员国国民只有在我国有住所或真实有效的营业所,才能在商标注册中享有《巴黎公约》成员国国民的同等待遇。《商标法》第十八条第二款规定:"外国人或者外国企业在中国申请商标注册和办理其他商标事宜的,应当委

---

① 参见2007年国家工商总局商标局颁布的《自然人办理商标注册申请注意事项》。

② 《商标法》第十七条规定:外国人或者外国企业在中国申请商标注册的,应当按其所属国和中华人民共和国签订的协议或者共同参加的国际条约办理,或者按对等原则办理。

托依法设立的商标代理机构办理。"但根据《商标法实施条例》第五条第四款的解释，如果外国人或企业在中国有经常居所或营业所，就无须通过商标代理机构进行代理。[①] 可见，外国人和外国企业在我国是否有住所或营业所对商标注册有着特别的意义。

（二）商标注册申请日

商标权的取得采取注册制，因此商标注册申请实施先申请原则，先申请原则是实施注册取得商标权制度的必然结果。先申请原则是指当两个或两个以上申请人在相同或类似商品或服务上申请注册相同或近似商标时，先提出申请的申请人才有可能获得商标注册。《商标法》第三十一条规定："两个或者两个以上的商标注册申请人，在同一种商品或者类似商品上，以相同或者近似的商标申请注册的，初步审定并公告申请在先的商标；同一天申请的，初步审定并公告使用在先的商标，驳回其他人的申请，不予公告。"这是先申请原则的体现。需要强调的是，商标申请日与专利申请日一样都是以"日"为单位，不是以"时"为单位，因此如果两个申请人在同一日先后提出申请的视为同时申请，彼此无先后之别。关于商标注册申请日的确定，要注意将《商标法实施条例》第九条和第十八条的规定结

[①] 《商标法》第十八条第二款规定：外国人或者外国企业在中国申请商标注册和办理其他商标事宜的，应当委托依法设立的商标代理机构办理。《商标法实施条例》第五条第四款规定：商标法第十八条所称外国人或者外国企业，是指在中国没有经常居所或者营业所的外国人或者外国企业。

合起来理解①。《商标法实施条例》第九条规定了各种情况下国家知识产权局收到申请文件的日期确定,第十八条明确了商标申请日的确定。综合《商标法实施条例》第九条和第十八条的规定,商标注册申请的文件是通过邮寄的,以寄出的邮戳日确定申请日。根据《商标法实施条例》第十九条的规定,如果两个申请人同一天就同一种商品或者类似商品,就相同或者近似的商标申请注册的,彼此不分先后,各申请人应当自收到国家知识产权局通知之日起 30 日内提交在先使用该商标的证据,以在先使用确定二者的申请先后;如果各申请人在同日使用或者均未使用的,各申请人可以自收到国家知识产权局通知之日起 30 日内自行协商,并将书面协议报送国家知识产权局;不愿协商或者协商不成的,国家知识产权局通知各申请人以抽签(俗称"抓阄")的方式确定最终的申请人,驳回其他申请人的注册申请。

基于国际合同的需要,无论是专利法还是商标法,都规定与申请日密切联系的优先权日。《商标法》第二十五条和第二十六条分别规定了两种可享有优先权的情形:一是在特定外国的首次申请,可

---

① 《商标法实施条例》第九条规定:除本条例第十八条规定的情形外,当事人向商标局或者商标评审委员会提交文件或者材料的日期,直接递交的,以递交日为准;邮寄的,以寄出的邮戳日为准;邮戳日不清晰或者没有邮戳的,以商标局或者商标评审委员会实际收到日为准,但是当事人能够提出实际邮戳日证据的除外。通过邮政企业以外的快递企业递交的,以快递企业收寄日为准;收寄日不明确的,以商标局或者商标评审委员会实际收到日为准,但是当事人能够提出实际收寄日证据的除外。以数据电文方式提交的,以进入商标局或者商标评审委员会电子系统的日期为准。《商标法实施条例》第十八条第一款规定:商标注册的申请日期以商标局收到申请文件的日期为准。

产生优先权。《商标法》第二十五条第一款规定："商标注册申请人自其商标在外国第一次提出商标注册申请之日起六个月内，又在中国就相同商品以同一商标提出商标注册申请的，依照该外国同中国签订的协议或者共同参加的国际条约，或者按照相互承认优先权的原则，可以享有优先权。"在特定外国首次申请后就相同商品相同商标在我国提出商标注册申请并要求优先权的，其前提条件是存在多边公约或双边条约或存在彼此的互惠关系，至于该申请人在某外国首次提出申请后，在六个月内除在中国提出申请的同时，是否也向其他国家提出了类似的申请在所不问。二是在特定的国际展览会上首次使用可产生优先权。《商标法》第二十六条第一款规定："商标在中国政府主办的或者承认的国际展览会展出的商品上首次使用的，自该商品展出之日起六个月内，该商标的注册申请人可以享有优先权。"《专利法》第二十四条规定了发明创造在申请日以前六个月内所从事的四种行为不丧失新颖性，其中就包括了"申请专利的发明创造在中国政府主办或者承认的国际展览会上首次展出的"[①]。两种类似的情况，在《商标法》领域是可以要求享受优先权日；在《专利法》领域是不丧失新颖性，并非享有优先权。即发明创造在首次展出后 6 个月内申请的，申请日仍然是实际申请的那一天，而不是展出日。

---

① 《专利法》第二十四条规定：申请专利的发明创造在申请日以前六个月内，有下列情形之一的，不丧失新颖性：（一）在国家出现紧急状态或者非常情况时，为公共利益目的首次公开的；（二）在中国政府主办或者承认的国际展览会上首次展出的；（三）在规定的学术会议或者技术会议上首次发表的；（四）他人未经申请人同意而泄露其内容的。

（三）商标注册的审查

1. 形式审查

形式审查又称为书面审查，是商标注册申请的第一步。国家知识产权局在收到商标注册申请的相关材料后，就申请人是否具备申请资格，商标注册申请文件和手续是否齐备，文件的撰写格式、图样的大小比例、商标分类是否符合要求，申请费是否缴纳具结等，进行审查。商标局认为商标注册申请文件的内容需要进一步说明或者修正的，发回当事人进行完善。如果认为形式符合要求，即确定该申请的申请日，并进入实质审查阶段。

2. 实质审查

国家知识产权局经过形式审查认为申请人主体合格、文件材料形式合规、申请文件内容完备即发给"受理通知书"，并将申报程序推进到实质审查阶段。实质审查的内容主要围绕《商标法》第十条、第十一条、第十二条、第二十五条、第二十六条、第三十条和第三十一条进行，重点是《专利法》第十条和第十一条。通过实质审查，商标局对受理的商标注册申请分别作出如下决定：对符合规定或者在部分指定商品上使用商标的注册申请符合规定的，予以初步审定并予以公告；对不符合规定或者在部分指定商品上使用商标的注册申请不符合规定的，予以驳回；或者驳回在部分指定商品上使用商标的注册申请，书面通知申请人并说明理由。

3. 初步审定公告、异议和复审

国家知识产权局经过实质审查，认为符合《商标法》规定的，即予以初步审定并公告；国家知识产权局在公告期间收到商标异议书的，需将异议书副本送交商标申请人（被异议人）并要求其在规定期限内答辩。商标局应当全面听取异议人和被异议人双方的陈述，并作必要的调查、核实。但这个期间不能无限期地拖延，国家知识产权局应在公告期满之日起十二个月内作出是否准予注册的决定。

商标申请人（被异议人）对国家知识产权局作出不予注册的决定不服的，可以自收到通知之日起 15 日内向国家知识产权局申请复审。国家知识产权局应当自收到申请之日起 12 个月内作出复审决定。如果国家知识产权局再次作出不予注册的复审决定的，商标申请人（被异议人）仍然不服的，可以自收到通知之日起 30 日内向北京知识产权法院提起以国家知识产权局为被告的行政诉讼（列异议人为诉讼第三人）。

异议人对国家知识产权局作出予以注册的决定不服的，根据《商标法》第四十四条和第四十五条的规定，异议人自收到通知之日起 15 日内向国家知识产权局申请复审。国家知识产权局应当自收到申请之日起 12 个月内作出复审决定。如果国家知识产权局再次作出予以注册的复审决定，商标异议人仍然不服的，可以自收到通知之日起 30 日内向北京知识产权法院提起以国家知识产权局为被告的行政诉讼（列被异议人为第三人）。

4. 核准注册

对于初步审定的商标，如果公告期届满而无人提出异议的，或者提出异议被依法驳回的，国家知识产权局即予以核准注册，发给商标注册证，并在《商标公告》上进行公告。这里需要讨论的一个问题是：如果商标尚未在《商标公告》上进行注册公告，第三人无从得知商标申请人是否已获得商标注册而拥有商标专用权，那么，自商标申请至商标授权在《商标公告》正式公告这段时间内，第三人在同一种或者类似商品或服务上使用与该申请注册商标相同或者近似标志的行为是否构成侵权？要回答这个问题，必须厘清商标申请人获得商标专用权的时间节点：是基于国家知识产权局的授权决定书，还是基于《商标公告》上的公告。我们认为商标权是对世权，不是当事人之间私设的权利，它直接涉及不特定的第三人，因此必须要将"公知公告"作为最终获得商标授权的时间节点，即申请人获得商标专用权的时间节点是《商标公告》的正式公告。据此，在这段时间内，不特定的第三人在同一种或者类似商品或服务上使用与该注册商标相同或者近似标志的行为并不构成侵权，即注册商标专用权对这段时间内的上述行为不具有追溯力，商标专用权的排他效力自正式公告后发生法律效力。

目前，各国对商标注册普遍采用自愿注册为原则，强制注册为例外。在自愿注册下，除了违反法律禁止性规定的情形之外，商标即使不注册也可使用。只是在规定商标权通过注册才能取得的国家，商标注册之后才会受到较强的法律保护。

第十三章　商标权的利用与消灭问题

对商标权的使用可以分为静态的使用与动态的使用。所谓静态的使用，就是将注册商标附着于特定的商品或服务上，使其与相同或类似的商品或服务进行区分，实现从普通商标到著名商标的跨越。所谓商标的动态使用，就是将注册商标作为商标权人一种独立的特殊形态的财产通过转让、许可使用或质押等商业运作形式在市场上流通起来，以实现商标权人的经营目的。商标权作为知识产权的重要组成部分，它与专利权和著作权的一个很大的区别就是它存续的无限性。当然，这种无限性并非绝对的，必须在法律预先设定的轨道上运行。

一、商标专用权的利用

（一）商标专用权的转让

商标专用权的转让将导致商标主体的改变，是商标流转中最大的变化。商标专用权本质上属于私权的范畴，但商标专用权的取得并非当事人意思自治的结果，而是公权力相授的结果。换言之，商标专用权的取得是公权力全程监督下的结果。这样的制度设计充分表明了商标专用权的行使与社会公众利益之间的紧密联系。因此，不管是商标权的取得还是商标权的流转，都必须在国家有关部门的监管下进行。《商标法》第四十二条第一款规定，"转让注册商标的，转让人和受让人应当签订转让协议，并共同向商标局提出申请。受让人应当保证使用该注册商标的商品质量"，第三款规定，"对容易导致混淆或者有其他不良影响的转让，商标局不予核准，书面通知申请人并说明理由"。不仅商标专用权的转让行为要得到政府相关部门的同意，而且其转让的内容也要受到政府相关部门的约束。《商标法》第四十二条第二款规定，"转让注册商标的，商标注册人对其在同一种商品上注册的近似的商标，或者在类似商品上注册的相同或者近似的商标，应当一并转让"。商标专用权的转让既不是当事人之间意思表示一致就生效，也不是双方在商标局完成变更登记就可以生效，而是需要完成公告后才能生效。《商标法》第四十二条第四款规定，"转让注册商标经核准后，予以公告。受让人自公告之日起享有商标专用权"。

商标权的转让，是商标专用权作为独立的无形财产权进行转让，还是将商标权与其所附着的商品或服务一并转让？对此问题，《商标法》并没有明确的规定，世界各国也没有一个统一的标准。美国作为商业高度发达的资本主义国家，其《兰姆法》规定，商标权人转让商标专用权时，商标权人必须将商标专用权和相关的商誉一并转让。[1] 例如，在美国波士顿发生的一起商标权纠纷案就很有代表性。美国波士顿一家健身房的经营者将"Leap Fitness"作为服务商标注册在健身服务上，后该经营者将健身房的"所有资产和商誉"一并

---

[1] 15 U.S.C. 11060 (a).

转让给了另一健身经营者,双方在签订健身房转让协议时没有对"Leap Fitness"的归属进行约定。健身房完成转让后,受让者在健身房门店和宣传资料中使用"Leap Fitness"商标进行营销和宣传,后双方就"Leap Fitness"的归属发生纠纷并诉至法院。美国法院认为:商标仅仅是商誉的象征,抛开其背后的商誉并无其他实际意义。当"Leap Fitness"转让没有约定或约定不明时,应当推定该商标随着商誉的转让而转让。法院最终判决原告败诉。[①]

对于商标权的转让是否应与其相联系的实体经济一并转让,笔者认为大可不必,理由是:一是将商标权独立于实体经济之外,能够促使经营者谨慎经营,以保证商标权作为无形资产的保值增值。二是将商标权易主后无法保证产品的质量是一个伪命题。第一,既然商标权是一种可以流通的无形资产,受让人只有让其保值增值的冲动,绝没有让其贬值的理由;第二,商标权转让公示的目的就是要让相关的消费群体了解目前商标权的归属现状,否则公示就没有存在的意义。三是随着市场经济的发展,当下的消费者已变得越来越成熟理性,被误导的概率将越来越低。当然,商标权转让后仍然要维系注册申请时的分类原则,继续用于与之相同或相似的商品上。

(二)商标权的许可使用

根据《商标民事纠纷案件适用法律解释》第三条的规定,《商标法》第四十三条所规定的商标权转让许可分为三种形式:独占使

[①] Pereyra and City Fitness Group , LLC. v. Sedky, 2015 U. S. Dist., LEXIS 162219. at 17-20.

用许可、排他使用许可和普通使用许可。① 根据《商标法》第四十三条第三款的规定，许可他人使用其注册商标的，无论是哪一种类型的许可，许可人应当将其商标使用许可合同报商标局备案，由商标局予以公告。商标使用许可未经备案不得对抗善意第三人。对于《商标法》第四十三条第三款，有两点需要进一步澄清。第一，商标转让合同生效时间的节点在哪里？是备案登记之日，还是公告之日，抑或是商标权使用许可合同签字盖章之日？笔者认为，商标权使用许可合同的生效与商标权使用转让生效应采用二分法，即二者的生效时间是不同的，商标权使用许可合同不涉及第三人利益，是特定民事主体个人的私事，属于当事人意思自治的范畴，公权力不宜干预。所以商标权使用许可合同的生效始于双方签字盖章之日。第二，商标权转让的生效是始于合同生效，还是商标权使用许可合同报商标局备案，还是商标权使用许可转让事实公告。笔者认为，商标权使用的转让涉及第三人利益，这就是立法要求"许可人应当将其商标使用许可合同报商标局备案，由商标局予以公告"的原因，因此，商标使用权转让的生效时间既不是商标权转让的合同生效之日，也不是商标使用许可合同报商标局备案之日，应该是商标专有使用权

---

① 《商标民事纠纷案件适用法律解释》第三条规定：商标法第四十三条规定的商标使用许可包括以下三类：（一）独占使用许可，是指商标注册人在约定的期间、地域和以约定的方式，将该注册商标仅许可一个被许可人使用，商标注册人依约定不得使用该注册商标；（二）排他使用许可，是指商标注册人在约定的期间、地域和以约定的方式，将该注册商标仅许可一个被许可人使用，商标注册人依约定可以使用该注册商标但不得另行许可他人使用该注册商标；（三）普通使用许可，是指商标注册人在约定的期间、地域和以约定的方式，许可他人使用其注册商标，并可自行使用该注册商标和许可他人使用其注册商标。

转让的事实公告之日，即告知社会公众之日。

当商标权属于两个或两个以上商事主体共有时，商标使用权的转让是否需要共有人协商一致才能转让？对于这个问题，目前商标法无论是立法还是司法解释，均没有给出明确的规定，但可以参照著作权法的相关规定处理。① 我国的司法实践对此作出了回应。张某和朱某共有"田霸"注册商标专用权。朱某设立许田霸公司并希望以普通许可使用的形式使用"田霸"商标，张某拒绝。双方为此发生纠纷并诉至人民法院。本案有三个问题需要讨论：①朱某作为"田霸"注册商标专用权共有人之一，可否为自己利益在张某反对的情况下以普通许可使用的形式使用"田霸"商标？②朱某在张某反对的情况下，可否允许共有人之外的第三人以普通许可使用的形式使用"田霸"商标？③朱某在张某反对的情况下，可否允许共有人之外的第三人以独占使用许可和排他使用许可的形式使用"田霸"商标？最高人民法院认为：商标权为一种私权利，在商标权共有的情况下，行使商标专用权应由共有人协商一致；不能协商一致且无正当理由的，任何一方共有人不得阻止其他共有人以普通许可的方式许可他人使用该商标。②

最高人民法院的上述理由只回答了上面的第二个问题，即在商标专用权共有的情况下，在其他共有人反对且无正当理由的情况下，其他共有人有权以普通许可的方式许可使用商标专用权。对于第一

---

① 《著作权法》第十四条第二款规定：合作作品的著作权由合作作者通过协商一致行使；不能协商一致，又无正当理由的，任何一方不得阻止他方行使除转让、许可他人专有使用、出质以外的其他权利，但是所得收益应当合理分配给所有合作作者。

② 参见最高人民法院民事裁定书（2015）民申字第3640号。

个问题和第三个问题并没有作出回答。笔者认为,朱某作为共有人之一,其使用商标专用权无须得到张某的许可,但如果朱某开设的是我国《公司法》意义上的公司,显然该公司具备法人资格,具有独立的民事主体资格,显然属于"他人",比照《著作权法》第十四条第二款的立法意旨,当然有权允许自己开设的公司以普通许可的形式使用"田霸"商标专用权。关于第三个问题,笔者认为,在其他共有人不同意的情况下,任何一方共有人都无权将共有的商标专用权以独占许可的形式许可他人使用。理由是:如果允许他人以独占许可的形式使用商标专用权,实际上是剥夺了其他共有人的使用权,这是绝对不允许的。至于排他使用许可,因为不损害其他共有人继续使用共有商标专用权,所以在其他共有人反对的情况下,一方当事人仍然有权与第三人达成排他使用许可的协议。笔者之所以得出以上结论,一是无论是允许共有人以外的第三人实施普通使用许可,还是排他使用许可,均不损害其他共有人的利益;二是商标专用权作为一种无形财产权,只有通过更多的市场流通才能实现它的保值增值,本质上是有利于全体共有人的。

最后一个需要讨论的问题是商标专用权人是否对受让人的商品或服务质量有监督的义务。对于商标专用权的转让人是否有义务对受让人的商品或服务质量进行监督,不同的国家或地区有不同的制度设计。美国法院通过判例的形式表达了自己的观点:商标专有权人许可他人使用商标但放弃对受让人商品或服务质量监督的,视为对商标的放弃[1];英国则规定,如果商标权人未能对被许可人使用其

---

[1] Dawn Donut Co. Inc. v. Hart's Food Stores, Inc., 267 F.2d358. at436 (2nd Cir., 1959).

注册商标的商品或服务的质量进行控制，而社会公众却误认为受让人提供的商品或服务为商标使用权转让人提供的，则可以撤销该注册商标①。与此相反，另一些国家和地区如法国、西班牙等则认为，商标权人并没有义务去监督被许可人使用其注册商标的商品或服务的质量。② 我国《商标法》第四十三条第一款共有三层意思：一是商标注册人可以通过签订商标使用许可合同，许可他人使用其注册商标；二是许可人应当监督被许可人使用其注册商标的商品质量；三是被许可人应当保证使用该注册商标的商品质量。③ 让商标使用许可人监督被许可人使用其注册商标的商品或服务质量的立法规定，完全是出于对社会公共利益的维护，但它只是表明了立法者的态度和立场，其宣示的意义大于实际意义，在实务中不好操作。众所周知，质量是企业的生命，一个正常的商事主体受让他人的商标使用权，其出发点是为了使企业的生产经营能够更上一层楼，所以担心商事主体利用受让的商标使用权提供假冒伪劣商品或服务是没有必要的。如果真有这样的企业，那就让它被市场淘汰就是了。让一个商事主体去监督另一个商事主体不仅有违市场主体间的平等关系，而且还给人一种国家相关市场监督管理部门推卸责任之嫌。与其立法赋予商标使用许可人监督被许可人之责任，还不如立法赋予商标

---

① 参见《英国商标法》第 46 条第 1 款 d 项。
② 参见王迁：《知识产权法教程》（第七版），中国人民大学出版社，2023，第 595 页。
③ 《商标法》第四十三条规定：商标注册人可以通过签订商标使用许可合同，许可他人使用其注册商标。许可人应当监督被许可人使用其注册商标的商品质量。被许可人应当保证使用该注册商标的商品质量。

使用许可人指导被许可人之义务。

（三）注册商标专用权的质押

将注册商标专用权用于质押是对商标权价值的进一步挖掘。根据民法理论，用于质押的对象既包括动产，也包括权利，因此就有了动产质权和权利质权的区分。《民法典》第四百四十条第（五）项规定，"可以转让的注册商标专用权、专利权、著作权等知识产权中的财产权"均可成为权利质押的对象。根据权利质押的一般原理，权利质押的设立有权利凭证的，自权利凭证交付质权人时设立；没有权利凭证的，质权自办理出质登记时设立。根据这一原理，《民法典》第四百四十四条规定，"以注册商标专用权、专利权、著作权等知识产权中的财产权出质的，质权自办理出质登记时设立"。

以注册商标专用权出质的质权自办理出质登记时设立自不待言，需要讨论的问题是：第一，这里的"设立"是否包括注册商标专用权出质合同的设立，即办理注册商标专用权出质登记是否为质押合同成立并生效的前提条件？第二，注册商标专用权出质后，对注册商标专用权的行使有什么影响？针对第一个问题，笔者认为质押权的生效不能与质押合同的生效混为一谈，质押合同的生效应该根据《民法典》合同篇的有关规定处理。根据《民法典》第五百零二条的规定，"依法成立的合同，自成立时生效，但是法律另有规定或者当事人另有约定的除外"。依照法律、行政法规的规定，合同应当办理批准等手续的，办理批准手续后生效；未办理批准手续的合同不生效，但不影响合同中履行报批等义务条款的效力。很显然，注册

商标专用权出质合同的成立或生效均不属于依照法律、行政法规应当办理批准等手续的合同范围。因此，此处的"设立"仅指质押权的设立，不包括质押合同的设立。针对第二个问题，注册商标专用权设立质押后，对商标权人最直接的影响，或者说能够使其受到影响的，概括起来无非是两个方面：一是债权到期得不到清偿的，债权人有权请求人民法院拍卖商标权人的注册商标专用权；二是注册商标专用权在质押期间，商标权人不得单方许可商标专用权的转让或许可使用。据此，我国《民法典》第四百四十四条第二款作出了明确规定："知识产权中的财产权出质后，出质人不得转让或者许可他人使用，但是出质人与质权人协商同意的除外。出质人转让或者许可他人使用出质的知识产权中的财产权所得的价款，应当向质权人提前清偿债务或者提存。"

二、商标专用权的消灭

（一）注册商标被注销

商标专用权的注销有两种情况：一是依申请而注销；二是依法定原因而注销。商标专用权是私权，在不妨碍相关利益人权益和有悖公序良俗的情况下，私权的放弃不应受到阻却。当然，商标专用权不是基于民事法律行为而取得，而是基于行政授权而获得。因此商标专用权的注销，首先表现为依申请而注销。根据《商标法实施条例》第七十三条第一款的规定，商标注册人申请注销其注册商标或者注销其商标在部分指定商品上的注册的，应当向商标局提交商标注销申请书,并交回原《商标注册证》。根据我国商标注册遵循自愿注册为主、强制注册为辅的原则,对于烟草制品注册商标的注销申请,除非已有了可替代的注册商标,否则当事人的注销申请将被驳回。法定的注销是指商标专用权到期且过了宽限期后仍没有申请续展的,由国家知识产权局依职权主动注销的情形。注册商标被注销后,其商标专用权的效力溯及注销申请日而失效。①

这里给我们提出了一个问题:从注册商标申请注销到被核准注销有一个时间差,在这期间的商标侵权还是不是侵权?笔者认为这期间的擅自使用不构成对商标专用权的侵权,理由是民商事主体对个人私权益的自由处分是原则,除非有悖法律或公序良俗。商标专用权人从其递交申请注销商标专用权之日起就已经实现了对该权利的抛弃,该商标即成为无权利人之商标。后面的核准注销及交回《商标注册证》只是对申请人放弃商标专用权这一事实的确认,并非该商标专用权失效的必备要件。

(二)注册商标被宣告无效

商标专用权被宣告无效的情形包括两种:一是商标在申请注册时就存在不予注册的绝对理由;二是商标在申请注册时就存在不予注册的相对理由。不予商标注册的绝对理由包括:违反《商标法》第四条规定的不以使用为目的的恶意注册;第十条规定的商标内容

---

① 《商标法实施条例》第七十三条第二款规定:商标注册人申请注销其注册商标或者注销其商标在部分指定商品上的注册,经商标局核准注销的,该注册商标专用权或者该注册商标专用权在该部分指定商品上的效力自商标局收到其注销申请之日起终止。

违法的注册；第十一条规定的商标缺乏显著性的注册；第十二条规定的有关特定三维标志的注册；第十九条第四款规定的商标代理机构的自己注册，或者以欺骗手段或其他不正当手段取得的注册。不予商标注册的相对理由包括：《商标法》第十三条规定的对驰名商标的抢注；第十五条规定的代理人、代表人和其他关系人对被代理人或者被代表人商标的抢注；第十六条规定的含误导公众地理志的注册；第三十条规定的混淆注册；第三十二条规定的损害他人在先权利的注册。

对于具有不予商标注册绝对理由的注册商标，国家知识产权局可以依职权随时宣告该注册商标无效；其他任何人均可以随时请求商标局宣告该注册商标无效。属于不予商标注册绝对理由的注册商标，宣告其无效不受时间的限制。属于不予商标注册相对理由的注册商标，除恶意注册他人驰名商标的情形外，在先权利人或利害关系人应该自商标注册之日起五年内请求商标评审委员会①宣告该注册商标无效。绝对不能注册的商标因其涉及社会公共利益，除了社会公众可以请求商标局宣告其无效外，商标局还可以依职权主动宣告其无效，这种宣告无效不受时间的限制。相对不能注册的商标往往涉及的是当事人之间的民事权益之争，所以立法规定了5年的除斥期间，且只能由利害关系人提出申请。

无论是绝对不能注册的商标宣告无效，还是相对不能注册的商标宣告无效，《商标法》都规定了救济途径：对于绝对不能注册的商标宣告无效，如果提起宣告无效的请求来自社会公众，其请求一旦

---

① 原商标评审委员会目前已更名为"复审和无效审理部"。

得不到预期的结果，相关当事人对商标局作出的决定不服的，可以自收到通知之日起15日内向商标评审委员会申请复审，商标评审委员会应当自收到申请之日起9个月内作出决定，并书面通知当事人。有特殊情况需要延长的，经国务院工商行政管理部门批准可以延长3个月。当事人对商标评审委员会的决定不服的，可以自收到通知之日起30日内向人民法院起诉。对于相对不能注册的商标宣告无效，因其涉及的是当事人之间的权益之争，因此其受理机构为商标评审委员会。商标评审委员会收到申请后，基于公平公正的考虑，将会以书面的形式通知有关当事人限期提出答辩。商标评审委员会应当自收到申请之日起9个月内做出维持或者宣告注册商标无效的裁定，并书面通知当事人。有特殊情况需要延长的，经国务院工商行政管理部门批准，可以延长3个月。当事人对商标评审委员会的裁定不服的，可以自收到通知之日起30日内向人民法院提起行政诉讼。人民法院应当通知商标裁定程序的对方当事人作为第三人参加诉讼。

关于商标专用权被宣告无效还有一个需要重点关注的问题，即该宣告无效的决定是否具有溯及既往的效力。关于这一点，现行《商标法》第四十七条作出了明确回答，其总的思路是保持生效法律文书的安定性[1]，宣告无效的最终决定或法院判决不具有溯及既往的效力。当然，为了回应公平公正的法治理念，《商标法》在第四十七

---

[1] 《商标法》第四十七条第二款规定：宣告注册商标无效的决定或者裁定，对宣告无效前人民法院做出并已执行的商标侵权案件的判决、裁定、调解书和工商行政管理部门做出并已执行的商标侵权案件的处理决定以及已经履行的商标转让或者使用许可合同不具有追溯力。但是，因商标注册人的恶意给他人造成的损失，应当给予赔偿。

条第二款和第三款分别作出了两项例外规定：一是因商标注册人的恶意给他人造成的损失，应当给予赔偿；二是不返还商标侵权赔偿金、商标转让费、商标使用费，明显违反公平原则的，应当全部或者部分返还。

（三）注册商标被撤销

注册商标被撤销大体上分为三种情况：一是商标注册完成后无正当理由连续三年闲置不用；二是注册商标在使用过程中逐渐退化为该类商品或服务的通用名称；三是以有悖法律规定的行为使用注册商标。注册商标的撤销分为依职权撤销和依申请撤销。依申请撤销的，申请人可以是任何单位或者个人；负责办理注册商标撤销事宜的机构为商标局。

1. 无正当理由连续三年不使用

注册商标的目的应该是使用，商标也只有在使用中才能体现它存在的价值。更何况商标的注册过程还消耗了一定的行政资源。因此，对于无正当理由连续三年不使用的注册商标，给予撤销具有正当性。《商标法》第四十九条第二款明确规定，注册商标没有正当理由连续三年不使用的，任何单位或者个人可以向商标局申请撤销该注册商标。对于维持注册商标专用权的使用应该有正确的界定：首先，注册商标的使用必须是有申请人参与的使用。如果是被侵权人盗用或冒用，这样的使用不应该属于维持商标专用权的使用。其次，连续三年申请人本人不使用，但许可他人以独占许可、排他许可、普通许可的方式使用注册商标的，应视为维持商标专用权的使用。

在市场经济条件下,将注册商标以许可使用的方式流入交易市场是实现商标价值的重要方式。再次,仅在类似的商品上使用,而放弃在核定的商品上使用,不属于维持商标专用权的使用。① 最后,注册商标与预售商品或服务结合连续三年投放广告,但注册商标与真实商品或服务的结合连续三年没有投放市场,应该不属于为维持注册商标专用权的使用。注册商标的使用应该是真实的使用,即注册商标与核准使用的实体商品或服务结合后投放市场的使用。所谓"练兵千日用兵一时"就是这个道理,注册商标在广告中的使用属于练兵的阶段,还没有真正地派上用场。换言之,注册商标的真实使用是为商标专用权人创造财富的过程,实现财富增长的过程。

那么,怎样来理解"无正当理由"呢?鉴于无正当理由过于庞杂,我们从梳理正当理由的角度来界定无正当理由。何谓正当理由?《与贸易有关的知识产权协定》(TRIPs)第19条第1款规定:"……出现商标所有人意志以外的情况而构成对商标使用的障碍,例如对受商标保护的货物或服务实施进口限制或其他政府要求,此类情况应被视为不使用商标的正当理由。"TRIPs 将正当理由界定为当事人"意志以外的阻却"。《商标授权确权规定》第二十六条第四款将正当理由界定为有使用的意愿且做了必要的准备,但因客观原因被阻却。② 二者虽然表述不同,但其实内涵是一致的,即主观因素外的不可预料的客观障碍。2003 年,药品生产企业 Viridis 公司申请注

---

① 参见最高人民法院行政裁定书(2015)知行字第 255 号。
② 《商标授权确权》第二十六条第四款规定:商标权人有真实使用商标的意图,并且有实际使用的必要准备,但因其他客观原因尚未实际使用注册商标的,人民法院可以认定其有正当理由。

册 Boswelan 商标，准备用于其研发的新药品，Boswelan 于 2004 年获得核准。由于新药品未获上市许可，Viridis 公司不能销售该药品且不能对其进行广告宣传，亦不能在商业活动中使用 Boswelan 商标，只能在药品的临床试验中使用，即在为数不多的受试者中使用。为此，有人于 2013 年请求撤销该注册商标。欧盟法院认为：Viridis 公司在临床试验中的"使用"属于内部使用，不属于维持商标专用权的使用。Viridis 公司则提出：只有完成了临床试验才能申请新药上市并使用，其连续五年不使用注册商标有正当理由。欧盟法院对此指出，只有出现了非源于商标权人的原因而直接导致对商标的使用不可能或不可行才能成为不使用商标的正当理由。为此，欧盟法院从多个角度论证了 Viridis 公司理由的不正当：作为药品生产企业，对新药临床试验的周期和不确定性是明知的，Boswelan 核准注册三年多之后才申请进行临床试验，临床试验中的困难与其投入不足有关。最后的结果是涉案商标被撤销。

2. 商标成为商品的通用名称

商标的显著性并非一成不变的。一方面，某些商标起初不具有显著性，因长期使用而获得显著性，"两面针"就是一个典型的例子；另一方面，一些具有显著性的商标经过使用其显著性逐渐退化，甚至完全丧失。商标显著性退化最主要的表现是，一个具有显著性的商标经过多年使用后逐渐成为某类商品或服务的通用名称而进入公有领域，失去了用来识别相同商品或服务的显著性。造成商标显著性丧失的原因可能是商标专用权人主观上的疏忽大意，也有可能是客观经济环境的变化或科学技术的发展。典型的例子如深圳朗科公司注册的"优盘",原来是某类商品(计算机存储器)商标,最后随着计算机的发展而成为存储计算机信息资料的器件。一旦商标成为某类商品或服务的通用名称,等待它的将是被撤销的命运。根据《商标法》第四十九条第二款规定,一旦注册商标成为其核定使用的商品的通用名称时,任何单位或者个人都可以向商标局申请撤销该注册商标。

从实证的角度,商标成为商品的通用名称大概率是注册商标权利人主观上的疏忽大意造成的。如果能及时维权,商标大概率不会成为某类商品的通用名称。比如爱立信在计算机通信设备等商品上注册的"Bluetooth"(蓝牙)。据此,《欧共体商标条例》第50条第2款之(2)将商标成为商品的通用名称得以撤销的原因归结为两点:第一,是否因为商标所有人的作为或者不作为;第二,该商标是否已成为某类商品的通用名称。对于商标成为商品的通用名称给予撤销的根据,《欧共体商标条例》的规定可以作为我们的参考。

3. 以有悖法律规定的行为使用注册商标

根据《商标法》第四十九条第一款的规定,注册商标专用权人在使用注册商标的过程中有下列行为或方式,可能会导致注册商标的丧失:一是商标注册人自行改变注册商标;二是商标注册人改变注册人名义;三是商标注册人改变地址或者其他注册事项的。对于以上三种情形,由地方工商行政管理部门责令限期改正;在规定的期满内没有改正或改进不符合要求的,由商标局依职权撤销商标注册人的注册商标。

针对《商标法》第四十九条第一款的表述,有两点需要讨论:

商标注册人自行改变注册商标的行为是否为违反法律的行为？擅自改变注册商标、注册人名义、地址或者其他注册事项是否需要撤销注册商标？对于第一种情况，笔者认为，对注册商标的改变应视为一种私人自由选择的行为，法律不应过多地干预。理由是：如果商标注册人擅自改变注册商标的内容，包括文字、图形、颜色，或文字、图形、颜色的组合，根据其改变的程度分为实质性改变和非实质性改变，如果发生了实质性改变的，应视其为一种新的商标，其与注册商标彼此独立。对于新旧商标的处理可以遵循以下规则：对于新商标因其没有注册而不受法律的保护；对于已注册的旧商标，如果一直是以改变后的商标形象出现，可以视为没有投放市场，连续三年后可以走撤销的通道。对于第二种情况，因其改变的是注册人名义、地址或者其他注册事项，即改变的是注册商标人的个人信息而非商标本身，因而可能会对消费者的潜在的维权事项带来障碍，因此这样的行为应加以制止，但不应伤及注册商标本身，可以对注册商标人课以罚款的处罚。

第十四章　关于商标的侵权

商标权的取得与商标权的保护是商标法的两大基石。对商标权的保护具有维护商标权人利益和保护消费者权益的双重意义。要实现对商标权的保护，前提条件是要实现对商标侵权的准确认定。商标的功能是识别相同或类似商品或服务的真实来源。因此，在商标侵权中要解决的最主要最突出的侵权形式是混淆。本章的主要内容是介绍混淆的类别，特别是认定混淆需要重点关注的要素。此外，还需要关注直接侵权和间接侵权的构成要件等。

一、关于注册商标的侵权行为

注册商标的侵权行为集中规定在《商标法》第五十七条，一共列举了七项侵害注册商标专用权的行为：一是双重相同，即同种商品使用同种商标的；二是同种商品使用近似商标，或者类似商品使用同种商标或近似商标；三是销售侵犯注册商标专用权的商品；四是伪造、擅自制造他人注册商标标识或者销售伪造、擅自制造的注册商标标识的；五是实施"反向假冒"；六是帮助侵权（间接侵权）；七是兜底规定，给他人注册商标专用权造成其他损害的。概言之，《商标法》将注册商标的直接侵权和间接侵权规定到了一个法条。而在直接侵权当中，占主导地位的当属混淆型商标侵权。

（一）注册商标的直接侵权：关于混淆型侵权的探讨

商标法将商标的功能定位于"区别符号"，即标识商品或服务的标志。因此，商标法的核心任务就是要解决同类商品或服务之间的混淆问题。以下我们围绕混淆讨论三个问题。

第一，混淆型侵权必须发生在"商标性使用"场域。根据《商标法》第四十八条规定，商标的使用必须是将商标用于商品上，或者商品的包装或容器上，或者是用于商品交易的文书上，或者是用于广告宣传、展览以及其他商业活动中。《商标法》第四十八条的规定揭示了两个道理：一是商标为"商"服务；二是商标服务的宗旨是识别商品的来源。因此，商标的混淆式侵权只能发生在"商标性使用"上。例如，1990年德国统一后，德意志民主共和国（Deutsche Demokratische Republik）及其缩写DDR，还有原国徽等象征国家的符号，均不再受《德国商标法》第8条第2款第6项有关禁止注册国名和国徽条款的限制。于是东德的缩写DDR被原告公司注册为商标用在服装等商品上，原国徽图案被注册为商标用在针织品和纺织品等商品上。被告销售生产的T恤衫上赫然印着"DDR"和东德的国徽上市销售，原告起诉被告侵权。德国联邦最高法院指出：判定一个标志是否被公众理解为指示来源的标志（即作为商标使用），是案件审理者的核心任务。公众是将服装正面的标志视为识别来源的标志，还是仅仅视其为一种装饰，取决于该标志的风格和位置，对此必须进行个案判断。在本案中，一个有常识的、理性的普通消费者看到涉案T恤衫正面的"DDR"和原东德的国徽图案时，没有理由认为它除表示东德这个国家名称和其国徽外，还有识别商品来源的含义。因此原告的诉讼请求不应得到支持。①

德国联邦最高法院认定被告未进行商标性使用的根本原因就在于"DDR"和涉案图案作为东德国名的缩写和国徽经过反复使用已经深入人心，被告将其印刷在服装的正面最醒目的地方给公众的第一反应就是该字母与图案的组合是服装的装饰物，不会将其理解为识别商品来源的标识。

第二，混淆型侵权可以发生在销售中，也可以发生在销售前和销售后。关于混淆型侵权，我们通常误认为是销售中的纠纷。其实，无论是销售中，还是销售前和销售后，均有可能发生侵权行为。例如，原告Blockbuster娱乐集团是美国知名的电影录像出租服务企业，该企业在美国注册了"Blockbuster"和"Blockbuster Video"两个商标。被告某电影出租店使用"Video Buster"的店名。Blockbuster集团为此起诉其侵犯商标权。被告抗辩认为：即使消费者在看到其店名时会误认为这是"Blockbuster Video"的店，但在其进入"Video Buster"店之后，基于两家出租店风格迥异的陈设和出租电影内容上的明显差别，会立即发现这不是"Blockbuster Video"。美国法院认为：《兰姆法》对商标权人的保护并不限于购买时对商品或服务来源产生混淆，还包括消费前潜在消费者发生混淆并保护商标权人在公众中的信誉。使用与注册商标"Blockbuster Video"相似的"Video Buster"店名有可能因混淆而造成"Blockbuster Video"潜在消费者（客户）的流失。至于这些消费者（客户）在进入出租店之后才意

---

① See I ZR 92/08 (DDR Trade Mark) 2010 (BGH), IIC 2011, 42 (3), 378-379.

识到混淆已变得无关紧要了。①

售后混淆其实是一种比较常见的经济现象，尤其是在市场发育不成熟的早期，山寨货为售后混淆的发生提供了物质基础。售后混淆是指消费者对商品的来源并没有产生混淆，而是山寨版的使用使其他人产生了混淆。售后混淆往往发生在比较贵重的知名商标的商品上。例如，某些小作坊用黄铜打造成某品牌的金项链、金镯子、金戒指等"黄金饰品"，消费者在购买时明知是假货，但受虚荣心的驱使知假买假，他们对所购假货的来源没有产生任何混淆。然而，他们在实际使用这些假"黄金饰品"的过程中，使周围的人群对这些某品牌的"黄金饰品"的来源产生了混淆，误以为这是真品。这种混淆同样损害了商标权人的利益：一是花大价钱购得真品的人无法通过对真品的消费体验到与众不同的愉悦；二是知名商品所预期的市场定位无法实现；三是知名商品现有的消费群体和潜在的消费群体会因产品的大众化而存在流失的可能。

第三，关于混淆型侵权认定的落脚点是引起了误认。《商标法》第五十七条对于混淆的情形进行了规定：一是未经商标注册人的许可，在同一种商品上使用与其注册商标相同的商标的；二是未经商标注册人的许可，在同一种商品上使用与其注册商标近似的商标，或者在类似商品上使用与其注册商标相同或者近似的商标，容易导致混淆的。概言之，就是在相同或类似的商品或服务上使用了相同或近似的商标。因此，对混淆的认定实际上就是对"相同""相似"

---

① Blockbuster Entertainment Group v. Laylco., 869 F. Supp. 505, 512 (E.D. Mich., 1994).

第十四章 / 关于商标的侵权

"近似"的判断。相同是一个事实判断,在实务中应该不是一个问题;"相似""相近"则是一个价值判断,对相同的事实,不同的人由于看问题的角度、情感倾向、学识积累、生活经历、心态情绪等的差异,会产生不同的结论。为了统一认知,最高人民法院颁布的《商标民事纠纷案件适用法律解释》第九条给出了指导性意见:商标在文字的字形、读音、含义或者图形的构图及颜色相似;商标各要素组合后的整体结构相似;商标立体形状、颜色组合近似。根据《商标民事纠纷案件适用法律解释》第九条的整体表述,在司法审判实践中满足以上任何相似之一都不足以认定原告与被告之间的商标相混淆,还需要达到"易使相关公众对商品的来源产生误认或者认为其来源与原告注册商标的商品有特定的联系"的程度。所以,对混淆的最终认定标准,归根结底是造成了相关公众对商品的来源或当事人之间有特定联系产生了误认。那么,怎么来判断达到了"误认"的程度呢?笔者认为"误认"是一种无法量化的主观判断,无法设计出一个统一的标准,只能在个案中具体问题具体分析。当然,在对"误认"认定的方法论上我们还是形成了一些共同的分析路径:

一是从涉案注册商标知名度的角度去认定。知名度高的注册商标有更强烈的显著性,构成混淆的可能性更大。例如,在新能源公司诉杭州奥普电器有限公司(以下简称"奥普公司")的关联公司商标侵权案件中,尽管一、二审人民法院均认为,奥普公司的关联公司使用的"AUPU 奥普"标志与新能源公司受让于奥普公司的注册商标"aopu 奥普"相类似,奥普公司的关联公司构成侵权[1];但

---

[1] 参见江苏省高级人民法院民事判决书(2011)苏知民终字第 0143 号。

最高人民法院再审后认为，商标权的保护强度应该与其应有的显著性和知名度相适应。本案争议的涉案注册商标在新能源公司受让之前，经奥普公司及其关联公司的使用，含有"奥普"的系列商标在涉案注册商标核定使用的金属建筑材料相关的商品中已经有了较高的知名度。与此相对应，新能源公司受让涉案注册商标后，只是攀附于转让人过去积攒的知名度，其对受让涉案注册商标的使用仅仅是通过许可他人使用的方式进行，其对受让涉案注册商标知名度的贡献尚未达到受法律保护的程度，"奥普"文字的显著性和知名度实际上是奥普公司及其关联公司的使用累积而成的。据此，最高人民法院认为，奥普公司的关联公司在浴室吊顶材料上使用"AUPU奥普"标志的行为，并不侵害新能源公司的注册商标专用权。①

二是从原告、被告注册商标构成内容或读音的角度去认定。商标作为一种区别同种商品或服务，相似商品或服务的标志，它如同人一样也有长相或形象。商标的长相或形象是由其组成内容构成的，具体包括文字、图案、字母、数字、颜色等，以及文字、图案、字母、数字、颜色等的组合。如同人一样，人会说话，商标有读音。人说话的声音不影响人的长相，但影响人的形象；商标的读音不构成商标的长相，但也影响商标的形象。原告、被告注册商标相同或相似的争议，通常是从商标的长相进行比较的，但在有些情况下，商标的文字读音也可能会成为相混淆的一个因素。例如，在"大午粮液"与"五粮液"商标侵权案中，读音也是原告、被告双方就侵权商标与涉案商标二者是否混淆的一个重要辩论点。当然，本案就

---

① 参见最高人民法院民事判决书（2016）最高法民再216号。

两个商标是否混淆最终的判决是根据二者文字、图案、字母、颜色及其组合进行的。①

三是从原告、被告所售商品或服务类似程度的角度去认定。在相同或相似商标纠纷案中，有时原告、被告双方就商标的相同或形似并不持异议，但是被告却以相同或近似商标核准使用的商品或服务不相同或不相似进行抗辩，此时原告就需要证明被告所经营的商品或服务与原告所经营的商品或服务相同或相类似。例如，北京汇源饮料食品集团在果汁等饮料类商品上注册了"汇源"文字图形组合商标，山东菏泽某罐头食品公司在水果和八宝粥类商品上也注册了"汇源"商标。本案中，原告、被告双方都认为自己注册的"汇源"商标所附着的商品既不是同种类的商品，也不是相类似的商品。北京汇源饮料食品集团遂请求人民法院认定其"汇源"商标是驰名商标，以便进行商标跨界保护。受诉人民法院认为：从相关公众的一般认识来看，饮料与罐头均属于日常消费品，消费对象和销售渠道有一定的重合，且本案中的水果罐头和果汁饮料原材料相同。因此，被诉侵权罐头商品与原告的注册商标核定使用的果汁饮料构成类似商品，被告在罐头食品的使用易导致混淆，因此无须认定原告的注册商标为驰名商标，即可判决被告的销售行为构成商标侵权。②

四是从交易渠道、消费群体、市场划分的角度去认定。根据交易渠道、消费群体和市场划分判定被告商标与原告商标是否构成混

---

① 参见最高人民法院民事判决书（2017）最高法民再 99 号。
② 参见山东省高级人民法院民事判决书（2014）鲁民三初字第 2 号；最高人民法院民事判决书（2015）民三终字第 7 号。

淆，是司法实践中重要的方法。首先，商标核准注册后，商标权人有可能改变其在核定使用的商品或服务上的使用方式或范围，从而与在先注册人的利益产生冲突并导致消费者的混淆；其次，即便原告、被告在相同或类似商品或服务上使用相同或近似商标，如果双方在商品或服务的交易渠道、消费群体或市场划分上存在较大差异，二者混淆的可能性也会大大减低。例如，何某在张家口开设了个体性质的张家口市旺顺斋饭庄，并注册了图文组合的服务商标"旺顺斋"，后停止营业。在何某注册商标之前，旺顺阁公司在北京成立，并开设了多家鱼头泡饼店。在何某注册商标之后，旺顺阁公司又许可他人使用"旺顺阁"字号成立了旺顺阁商务会馆。何某认为旺顺阁公司与旺顺阁商务会馆未经许可使用与"旺顺斋"近似的"旺顺阁"，侵犯了其注册商标专用权。双方为此发生纠纷并诉至法院。受诉人民法院查明：张家口市旺顺斋饭庄与北京市旺顺阁公司、旺顺阁商务会馆无论在营业面积、经营内容、消费水平等方面均存在很大差异。最终人民法院认为：旺顺阁公司和旺顺阁商务会馆在经营地域、规模、档次、消费对象和影响等方面上均与张家口市旺顺斋饭庄存在很大的不同。相关公众一般不会将旺顺阁公司、旺顺阁商务会馆与张家口市旺顺斋饭庄相混淆。[1] 另外，深圳某房地产公司的"香榭丽花园"与上海某房地产公司"香榭里 Champs Elysees"之争也是一个很能说明这个问题的例子。[2]

---

[1] 参见北京市朝阳区人民法院民事判决书（2008）朝民初字第 21616 号；北京市第二中级人民法院民事判决书（2009）二中民终字第 3794 号。
[2] 参见上海市第一中级人民法院民事判决书（2003）沪一中民五（知）初字第 170 号。

（二）注册商标的间接侵权：关于帮助型侵权的探讨

关于注册商标的间接侵权，《商标法》第五十七条的第六项规定"故意为侵犯他人商标专用权行为提供便利条件，帮助他人实施侵犯商标专用权行为的"。关于帮助犯的构成在主观上必须是"故意"。于法律范畴，故意包括了直接故意和间接故意两种形态。那么，商标侵权的故意，是否也包括了直接故意和间接故意两种形态呢？直接故意具有积极追求危害结果发生的主观心态，与注册商标间接侵权所界定的"提供便利条件"的帮助型侵权似乎不太相符合。因此，有人认为《商标法》第五十七条所指向的"故意"只内含了"放任"一种情形，例如发生在北京的"路易威登诉北京市秀水豪森服装市场有限公司案"。路易威登商标权人在被告管理的秀水街商厦内的某摊位上发现了侵犯其商标权的商品。原告随即致函被告，告知被侵权的事实并列出了侵权商品销售者的摊位号。半个月后，原告再次从相同的摊位买到了侵权商品，愤而起诉至人民法院。一审人民法院认为：被告作为该市场场所的提供者和管理者，在收到原告的致函之后没有采取任何措施制止出售侵权商品的摊位经营者实施其侵权行为，致使其能够在一段时间内继续实施销售侵权商品的行为，故可以认定被告为其商户的侵权行为提供了便利条件。[①] 被告不服人民法院的一审判决而上诉至二审人民法院，二审人民法院维持了一审法院的判决。可以推知，如果秀水街商厦市场管理者带着积极追求的态度帮助某摊位主侵权，其断没有勇气提起上诉为自己开

---

① 参见北京市高级人民法院民事判决书（2006）高民初字的335号。

脱。这个案例似乎有力地实证了上述结论。

但笔者坚持认为，在注册商标间接侵权中，同样存在"故意"中的抱着希望的态度积极追求危害结果发生的主观心态。因为，市场竞争的环境是非常复杂的，以上面的案件为例，若北京市秀水豪森服装市场有限公司投资了一个与路易威登商标权人具有竞争关系的企业，我们就很难断定这里的"放任"中没有积极追求危害结果发生的主观心态。除了竞争关系外，个人恩怨也有可能导致这种心态的产生。当然，还有一种可能就是注册商标侵权的帮助者与被帮助者之间存在利益输送的情况，这种情况下的积极追求危害结果发生的主观心态可能会变得更加的强烈。如果注册商标侵权的帮助者与被帮助者之间有利益输送的情况，笔者认为这就超出了商标间接侵权的范畴，应该将这种情况直接定性为注册商标侵权中的共同直接侵权。

二、不视为侵害注册商标权的行为

（一）为了描述商品或服务的特征

根据《商标法》第五十九条第一款的规定，对注册商标中含有的下列内容的描述不构成对注册商标专用权的侵害：一是本商品通用的名称、图形、型号；二是直接表示商品的质量、主要原料、功能、用途、重量、数量及其他特点；三是注册商标中含有的地名。注册商标专用权人无权禁止他人对这三者的正当使用。例如，美国教育考试服务中心（Graduate Record Examination，ETS）是美国托福

(Test of English as a Foreign Language，TOEFL）和美国研究生入学考试（Graduate Record Examination，GRE）的主持、开发者，在中国注册了 TOEFL 和 GRE 商标，核定使用的范围包括考试服务、出版物和盒式录音带等。北京新东方学校在其出版的 GRE 听力磁带和 GRE 系列教材的封面及包装上均突出使用了 GRE 字样。美国教育考试服务中心认为新东方学校未经其许可在相同商品和服务上使用了与其注册商标相同的标志，构成注册商标侵权。一审法院支持了该诉讼请求，但二审法院认为：虽然美国教育考试服务中心在考试服务、出版物和盒式录音带等出版物上合法注册了 GRE 商标，且新东方学校在 GRE 系列教材、听力磁带上突出使用了 GRE 字样，但新东方学校对 GRE 的使用是描述性或者叙述性的使用，其目的是便于向读者说明其出版物的内容与 GRE 考试有关，而不是为了表明出版物的来源，并不会造成读者对商品来源的误认和混淆。[①]

（二）为了说明商品或服务的用途

《商标法》对注册商标的保护不是为了让商标权人垄断相关的商品或服务，而是为了防止对消费者的欺骗和维护商标权人的商业商誉。因此，商标权人有权要求有关部门阻止他人以误导消费者的方式在相同或类似的商品或服务上使用相同或近似的标志，但无权禁止他人提供与自己商品或服务相配套的商品或服务，也无权阻止他人使用该注册商标说明自己商品或服务的用途、服务对象和真实来源。例如，在"百家湖"案中，原告南京利源物业发展有限公司申

---

① 参见北京市高级人民法院民事判决书（2003）高民终字第 1392 号。

请注册的"百家湖"商标于 2000 年 10 月 14 日获得了国家工商总局商标局的核准,后原告以"百家湖花园"的使用形式,在报纸上刊登多种售房广告。2001 年 9 月 6 日,被告南京金兰湾房地产开发有限公司将其在江宁区百家湖区域开发的住宅小区冠名为"枫情家园",并将"枫情家园"中新开盘的高层住宅命名为"百家湖·枫情国度",同时以该名在报纸、售楼书中进行宣传。双方因此而发生纠纷并诉至人民法院。一、二审法院对此问题的看法大相径庭。[①] 再审人民法院认为:被告的楼盘距百家湖湖面很近,完全有权如实注明商品房的地理位置。其将楼盘冠名为"百家湖·枫情国度"并在广告中使用是为了告知消费者该楼盘位于百家湖地区;而且这种使用是将"百家湖"作为地理位置进行描述性使用,以告知购房者该物业的真实来源。[②]

(三)正常的商品流转行为

在著作权的诸多权利当中,发行权因行使而穷竭,同样地,商标权也存在权利穷竭的问题。商标权的穷竭是指经商标专用权人或商标使用许可人合法将商品投放市场后,合法取得商品的所有权人无须经过商标权人的同意即可将商品以转售或赠与等方式进行正常流转。各国商标法将流转带有商标商品的初始流转权规定由商标权人享有,是为了防止商品的来源发生混淆,从而有损商标权人的利

[①] 参见江苏省南京市中级人民法院民事判决书(2001)宁知初字第 196 号,江苏省高级人民法院(2002)民事判决书苏民三终字第 056 号。

[②] 参见江苏省高级人民法院民事判决书(2004)苏民三再终字第 001 号。

益。但经过初始流转后的商品正常转售行为并不会损害商标识别来源这一核心功能，因为在转售时商品上的商标仍然能够使消费者识别商品的来源。相反，如果禁止合法获得带有商标商品的正常流通，不仅会形成垄断，而且严重违背了社会生活的常理，同时也会造成法律体系内部商标法与物权法的严重冲突。因此，对于经过商标权人许可流转后的商品，该商品上的商标权应被视为"用尽"或"穷竭"，商标权人不能阻止该商品的所有权人再次进行流转。

需要强调的是，不视为商标侵权的商品流转行为，必须是正常的商品流转行为。所谓正常的商品流转行为，是指商品从商标权人实现初始移转后，受让人要实现再次流转，受让人需要接受以下三个方面的规制：一是如果商标权人在转移商品时做了限制流转的声明，该商品只能在特定的地域或群体中进行流转。二是如果商品的再次流转有损商标权人商誉的，商标权人申明不得再次流转的。例如，德国 Tchibo 公司注册了"Tchibo"商标，其与一家不锈钢生产商签订了定制印有"Tchibo"商标的餐具。由于发现该定制的餐具存在质量问题，Tehibo 公司拒绝接收，且只允许生产商在移除了外包装上的"Tchibo"商标后才能自行销售。因为生产商没有按要求移除外包装上的商标而销售餐具，双方发生纠纷。德国杜塞尔多夫地区法院和上诉法院就能否对此案适用"商标权用尽"产生了意见分歧。德国联邦最高法院认为本案中的商品商标权尚未用尽，因为商标权人仅同意销售不带有商标的商品。[①] 三是商品的受让人如果对商品作出了实质性改变而有损商品品质的，商标权人有权阻止商品

---

① See Federal Court of Justice, Decision of 3 February 2011, I ZR 26/10.

的再次流转。商品的受让人如果对商品作出了实质性改变，本质上已经取代原有商品成为新的商品，如果新商品是对原有商品品质的提升，是否以原有商品的名义继续流转，原则上由商品新的所有人决定；如果新商品是对原有商品品质的减损，继续流转将有损于商标专用权人的市场商业信誉，商标专用权人有权阻止商品的再次流转。

（四）在先使用人在原有范围内的继续使用

商标注册后，在先使用人继续使用与注册商标相同的标识，的确极有可能在消费者中造成混淆，但对在先使用人继续使用其原有标志，商标权人应当予以容忍，否则就会剥夺在先使用人通过诚实经营所积累起来的商誉。这样做不仅有违商标法的立法目的，而且对在先使用人也是不公平的。《商标法》第五十九条第三款对在先使用人的继续使用规定了具体条件：一是在先使用人所使用的商标与注册人申请注册的商标相同或近似；二是在先使用人所使用的商标与注册人申请注册的商标用在相同商品或者类似商品上；三是在先使用人所使用的商标已经具有了一定的社会影响；四是在先使用人所使用的商标只能在原使用的范围内继续使用。

《商标法》将在先使用作为注册商标侵权的抗辩理由，其目的是维护市场公平。TRIPs 协定第 16 条第 1 款的规定也传递了同样的意蕴：商标权人的专有权利不得损害在先权利，也不得影响成员方规定以使用为基础的权利的可能性。[①] 笔者认为，商标法保护商标权人

[①] 参见王迁：《知识产权法教程》（第七版），中国人民大学出版社，2023，第 652 页。

最根本的目的实际上就是维护市场的公平交易秩序。禁止他人使用注册商标权：一是为了维护商标权人通过使用注册商标所累积起来的商业信誉；二是为了防止他人"搭便车"牟取不当的商业信誉利益，以实现公平的商业竞争。假设他人在申请商标注册之前就已经在相同或类似商品或服务上使用了与注册商标相同或近似的未注册商标，并产生了一定的社会影响，如果因为他人注册了相同或近似商标就被禁止使用了，这显然有悖于商标立法的初衷。

三、对驰名商标的特殊保护

（一）对驰名商标进行特殊保护的依据

驰名商标是商事活动的经营者经过长期商业使用或商业宣传推广而在市场上享有很高商业信誉并被相关公众广为熟知的商标。与普通商标相比，驰名商标主要有以下几个特点：一是在相关公众中具有很高的知名度。驰名商标的知名度往往跨越国界走向国际，在国内市场和国际市场的相关公众中享有很高的知名度。二是驰名商标积累了很高的商业信誉。驰名商标的商业信誉是通过经营者长期不断地为市场提供高质量的商品或服务逐渐累积起来的，是市场给予经营者的商业回报。三是某些驰名商标还能具有彰显使用者身份与地位的功能。随着社会物质的不断丰富和个人财富的增长，消费者对物质消费的品位要求也越来越高，某些驰名商标迎合了某些消费者对物质消费的心理需求，使某些驰名商标不仅具备了识别来源的功能，还有表现和彰显使用者身份与地位的功能。根据驰名商标

的上述特点，对驰名商标给予特殊保护的依据可以作如下总结：

第一，对驰名商标给予特殊保护有助于激发经营者为市场提供高质量商品和服务的积极性。对驰名商标给予特殊保护为经营者向市场提供高质量商品和服务起到了一个很好的导向作用。对驰名商标给予特殊保护本质上不是基于商标标识本身，而是基于商标标识下的高品质商品或服务，是对经营者为社会提供高质量商品或服务的一种褒奖。通过这种来自法律的特殊照顾，可以为商品或服务的市场提供者给予持续和稳定的正面引导。

第二，对驰名商标给予特殊保护有助于保障消费者和经营者的利益。所有驰名商标无不都是经历了从不知名到知名，从知名到驰名的过程。因此驰名商标的成长凝聚了商品生产者和经营者以及商品服务提供者大量的创造性劳动和智慧，对驰名商标给予特殊保护有助于驰名商标经营者有效地维护其产品信誉和市场。对驰名商标给予特殊保护，消费者可享有高质量的产品和高品位的服务，人民日益增长的对美好生活的需求也可以得到满足。

第三，对驰名商标给予特殊保护有助于促进社会主义市场经济的健康发展。驰名商标综合反映了一个企业的经营素质、管理水平、产品或服务状况、营销策略、市场地位和竞争实力，是企业在激烈市场立于不败的重要资产。对驰名商标给予特殊保护就是对高质量发展的特殊保护，就是对新质生产力的保护。驰名商标经营者为各市场主体树立了良好的市场形象，成为社会经济健康发展的重要推动因素。对驰名商标的特殊保护有助于根植诚实守信、质量取胜的市场道德；有助于塑造健康、稳定、有序的市场环境。

（二）对驰名商标的特殊保护方式

1. 禁止同类混淆

禁止同类混淆是针对未注册商标而言的。通常情况下，未注册商标不受《商标法》的保护，但对驰名商标是一个例外。《商标法》第十三条第二款明确规定，在相同或者类似的商品或服务上，不得申请注册与未注册驰名商标相同或近似的商标。《商标民事纠纷案件适用法律解释》第二条进一步规定，在相同或者类似的商品或服务上不仅不能与未注册商标整体相同或相类似，甚至不能与未注册驰名商标的主要部分相同或相类似；不仅不能在相同或类似的商品或服务上申请注册，而且还被禁止使用。这些规定的目的就是避免在相同或类似的商品或服务上出现与驰名商标相混淆的标识。例如在"苏富比案"中，受诉人民法院明确指出原告英国苏富比拍卖行虽然当时尚未在中国注册"苏富比"中文商标，但经过英国苏富比拍卖行在我国的持续宣传，"苏富比"在中国拍卖行业拥有了较高的知名度，属于拍卖行业在中国未注册的驰名商标。而被告四川苏富比公司在其拍卖活动中的相关资料中使用了"苏富比"商标标识，显然具有借助原告商业声誉引导相关公众发生混淆和误认的主观故意，客观上也会造成相关公众误认为双方具有某种联系，因此，法院认定被告的行为侵犯了原告的未注册商标权。① 一句话：从立法到司法解释，再到司法实践，掐灭任何想利用驰名商标在我国未注册之机，在相同或类似商品或服务上借驰名商标之商誉达到混淆视听之目的。

---

① 参见北京市第二中级人民法院民事判决书（2007）二中民初字第 11593 号。

2. 禁止跨类混淆

禁止跨类混淆是针对已注册商标而言的。根据《商标法》第十三条第三款的规定，对已注册的驰名商标其保护范围大大拓展：为其撑起的法律保护不仅仅限于相同或相类似的商品或服务，对不相同或者不相类似的商品或服务也不能出现与其相同或相近的标识。例如，在"TDK"商标注册案中，"TDK"本是日本著名电子产品制造商 TDK 公司的著名商标，某服装公司突发奇想将其注册在服装上，TDK 公司对此提出异议，认为该公司的行为会对其驰名商标造成损害。而该公司则以跨界注册不会造成混淆误导为由提出反驳。欧共体法院认为：虽然日本 TDK 公司的"TDK"商标注册在电子产品上，但由于日本 TDK 公司长期赞助体育赛事，将"TDK"商标注册在服装上，会导致相关公众误认为该服装公司与 TDK 公司有某种商业上的联系，从而使该服装公司可以借助"TDK"作为驰名商标的影响力扩大销售。[①] 也许有人认为这是一个 TDK 公司与某服装公司相互成就的过程，因为某服装公司扩大销售的过程，也是在推广和扩大宣传 TDK 公司的过程。其实这种认识是非常片面的：一个商标完成从普通到著名，从著名到驰名的过程，其实就如同一个人从平民到贵族的过程。此时的驰名商标不再仅仅是一个标识和区别商品来源的标志，更重要的是它已成为一种身份和地位的象征，具有了彰显使用者身份与地位的功能。只有与其相匹配的结合或关联，

[①] Akticselskabetaf 21 November 2001 v. Office for Harmonisation in the Internal Market (Trade Marks and Designs) (OHIM), Court of Justice, Case C-197/07 P, paras. 62. 67.

才能对其品位的提升发挥良性的作用。否则，一旦某种商品或服务与某个驰名商标的结合或关联不相匹配，它就会拉低该驰名商标在市场中所建立起来的商业地位和品位。一句话：任何与驰名商标的结合与关联，都必须遵循门当户对和强强联合的市场规则，这也是对已注册驰名商标禁止跨类混淆的真谛所在。

3. 防止淡化

对驰名商标的淡化主要来自弱化与丑化。弱化是指相关消费群体明知当事人所使用的商标与相关驰名商标所指示的商品或服务来自不同的经营者，但相关消费者看到该商标就会想到相应的驰名商标，从而导致相关驰名商标识别商品或服务来源的能力减弱。对驰名商标的弱化多数情况下发生在跨类商品或服务的使用上。例如上文提到的"TDK"商标侵权案，TDK公司属于电子产品行业，而被诉公司属于服装行业。虽然商标相同，但印刷在电子产品上的"TDK"商标很容易使消费者想到生产电子产品的TDK公司，印刷在服装上的"TDK"商标很容易使消费者想到生产服装的公司，即这样的跨界使用对削弱驰名商标识别商品或服务来源的能力是十分有限的。因此，驰名商标跨界使用的破坏性主要体现为对驰名商标的弱化，而非对驰名商标的混淆。当然，对驰名商标的弱化并非单纯地来源于跨界使用，同类使用也有可能发生弱化的情况，此类例子也屡见不鲜。例如，在"九粮液"侵害驰名商品案中，被告的"九粮液"商标与驰名商标"五粮液"同属酒类行业，消费渠道、消费群体高度重合，二者的场地来源、品质、价格足以使相应的消费者将二者区分开来，即二者在对应的消费群体中很难发生混淆。

但问题是当消费者在看到五粮液时，就会很自然地联想到一个叫九粮液的同类品牌，这就势必造成"五粮液"指示白酒来源的能力被减弱了。

诚然，随着对驰名商标保护力度的加大，触碰侵权驰名商标专用权的底线也大大降低了。但我们也应该用辩证的思维来看待这个问题，即并非只要和驰名商标沾上关系就构成侵权。《最高人民法院关于审理商标授权确权行政案件若干问题的意见》第十一条强调，对于已经在中国注册的驰名商标，如果出现了跨界弱化的情况时，对驰名商标的保护要注意与其驰名程度相适应，即要根据驰名商标的驰名程度来决定其保护范围。[①] 例如，在"德力西"商标注册侵权案中，"德力西"是核定使用在交流接触器、热继电器、空气断路器、照明配电箱上的驰名商标，有人欲将"德力西"注册在酒类商品上而遭到"德力西"商标所有权人的异议。在诉讼中，受诉人民法院指出：《商标法》（2001年）第十三条关于对驰名商标的保护规定，并不意味着其保护范围可以扩大到任意类别。通常只有在后商标（申请注册的商标）的全部或大部分消费者对在先驰名商标（涉案驰名商标）具有认知时，其才可能使相关消费者将二者联系起来，从而才有弱化该驰名商标的可能性，才会给商标专有使用权人造成损害。鉴于被异议商标的相关公众中仅有少部分公众知晓该驰名商标，被异议商标的大部分相关公众并不会误认为二者有关联，因此，

[①] 《最高人民法院关于审理商标授权确权行政案件若干问题的意见》第十一条规定：对于已经在中国注册的驰名商标，在不相类似商品上确定其保护范围时，要注意与其驰名程度相适应。对于社会公众广为知晓的已经在中国注册的驰名商标，在不相类似商品上确定其保护范围时，要给予与其驰名程度相适应的较宽范围的保护。

"德力西"商标所有权人的异议不成立。① 与此相反，对于一些家喻户晓的驰名商标的保护则是相当地体贴入微。例如有人欲将"STARBUCKS"和星巴克商标注册到眉笔、成套化妆用具等商品上，最高人民法院认定此类商品虽与咖啡馆服务在物理属性上差距较大，但在"STARBUCKS"和星巴克具有较高显著性和知名度的情况下，只要存在消费对象重合，相关公众在上述商品上看到"STARBUCKS"和星巴克商标时，就会很容易联想到在咖啡馆服务上的"STARBUCKS"和星巴克商标，从而损害星巴克公司的合法利益。② 即便有人欲将"STARBUCKS"和星巴克注册到地板这类大范围跨度的产品上，基于"STARBUCKS"和"星巴克"的高度知名，最高人民法院同样认定不应允许。③

对驰名商标的丑化也是导致驰名商标淡化的原因之一。对驰名商标的丑化会导致驰名商标品位的减低、商誉的下降，最终导致忠诚消费群体的流失。特别是有人将驰名商标的标识或主要部分与一些档次低、格调不高，甚至伤风败俗的产品或服务嫁接在一起，这种行为对驰名商标品位与商誉的损害尤甚。例如在尤某申请注册"YiLi+伊利"商标案中，尤某指定商标使用的商品为水龙头、卫生间洗手干燥器等卫生设备。在商标申请注册异议期间遭到内蒙古伊利实业集团股份有限公司的异议。在本案行政诉讼中，受诉人民法院认为：伊利公司在奶制品上对其注册商标"伊利"的使用已产生

---

① 参见北京市第一中级人民法院行政判决书（2009）一中行初字第2029号。
② 参见最高人民法院行政判决书（2016）最高法行再33号。
③ 参见最高人民法院行政判决书（2016）最高法行再100号。

并具有了唯一对应伊利公司产品的标识性效果。而且"伊利"商标具有极高的知名度，当他人将"伊利"作为商标注册并使用在其他商品或服务上时，难免使人将其与伊利公司的"伊利"商标建立相当程度的联系。尽管尤某注册申请的商品类别在生产、销售等方面与伊利公司没有关联之处，消费者大概率不会相信生产奶制品的伊利公司会去生产与奶粉不相干，甚至相抵触的水龙头、马桶之类的商品。但是，这种贬损式的使用不仅客观上带来了减弱"伊利"作为驰名商标的显著性的后果，而且其使用在卫生器械和设备上的行为易使消费者将其与不洁物发生联想，这种使用会造成贬损"伊利"商标声誉的后果。最终商标注册申请人的商标注册申请被驳回。①

4. 禁止他人使用侵权的注册商标

商标注册申请一旦获得通过即取得排他使用权。未注册的商标不能以注册商标与其相同或近似为由排斥注册商标的使用，相反，已注册商标却有权禁止相同或近似未注册商标的继续使用。但注册商标的排他使用权不是绝对的，存在两种例外的情形：一是侵害了他人的在先权利。例如，在先权利人认为注册商标专有使用权人侵犯了其外观设计权、企业名称权和著作权的，有权请求宣告注册商标权无效。② 二是注册商标与他人的驰名商标发生冲突。在注册商标与他人驰名商标发生冲突的情况下，驰名商标权人有权请求人民法

---

① 参见北京市第一中级人民法院行政判决书（2009）一中行初字第1589号。

② 参见《最高人民法院关于审理注册商标、企业名称与在先权利冲突的民事纠纷案件若干问题的规定》第一条第一款规定：原告以他人注册商标使用的文字、图形等侵犯其著作权、外观设计专利权、企业名称权等在先权利为由提起诉讼，符合民事诉讼法第一百一十九条规定的，人民法院应当受理。

院宣告其注册商标无效。① 当然，根据《最高人民法院关于审理涉及驰名商标保护的民事纠纷案件应用法律若干问题的解释》第十一条的规定，驰名商标权人请求人民法院宣告他人注册商标无效必须满足两项条件：第一，被控侵权注册商标的注册期限未超过5年（恶意注册的不受5年期限的限制）；二是被控侵权注册商标在提出注册申请时原告的商标尚未驰名。

5. 宣告他人注册商标无效不受时间限制

根据《商标法》第四十五条的规定，商标注册申请成功后有5年异议期，5年异议期期满，注册商标进入安全期和稳定期。但是对于因恶意申请与驰名商标发生冲突的注册商标则始终处于不安全状态：驰名商标所有人对于他人恶意注册与本人驰名商标相同或相近的商标，请求国家知识产权局宣告该注册商标无效不受五年争议期限限制。在民事领域，判断一行为恶意与否，通常是以"知道或者应该知道"作为判断标准的。但这里的恶意除了适用民法"知道或者应该知道"的判断标准外，还蕴含了故意攀附他人驰名商标已建立起来的商誉和知名度，并借此推销自己商品和服务的投机意图。给予驰名商标所有人对恶意攀附的商标注册人不受时间限制的异议权，彰显了立法对驰名商标所有人的特殊保护。"美的延森"商标案充分说明了这一点。2000年，某燃气用具厂申请将"美的延

---

① 参见《最高人民法院关于审理涉及驰名商标保护的民事纠纷案件应用法律若干问题的解释》第十一条规定：被告使用的注册商标违反商标法第十三条的规定，复制、摹仿或者翻译原告驰名商标，构成侵犯商标权的，人民法院应当根据原告的请求，依法判决禁止被告使用该商标。

森"商标用在煤气灶、煤气热水器、电热水器等商品上，并于2012年获准注册。2013年，美的电器公司请求宣告该注册商标无效。受诉人民法院认为，美的电器公司的"美的"系列商标在"美的廷森"商标申请注册日前就已在空调、电风扇等电器商品上享有较高声誉，其已属于驰名商标。纠纷双方均地处广东省佛山市顺德区，两商标核定使用的商品均为家用电器，某燃气用具厂明知美的电器公司的商标在空调器、电风扇等商品上具有盛誉，仍然注册容易导致混淆或误导的商标，其攀附美的公司意图明显，某燃气用具厂申请注册商标具有明显恶意。所以，尽管美的公司提出无效宣告请求时已超过5年最长除斥期限，但该注册商标仍然可以宣告其无效。[1]

---

[1] 参见北京市高级人民法院行政判决书（2017）京行终字第1542号。

本篇结束语

商标权的取得、利用与保护构成商标法律体系的核心框架，平衡私权与公共利益，推动市场有序竞争。我国以注册制为主导，兼顾使用在先原则，通过严格审查显著性、合法性等要件，遏制恶意抢注，保障商标识别功能。驰名商标的跨类保护与未注册驰名商标的特别救济，凸显对商誉积累的尊重，体现"使用产生价值"的实质公平。

商标权的动态流转通过转让、许可、质押实现价值释放，但需警惕权利滥用。商标消灭机制中，"连续三年不使用"规则促进商标实际使用，避免资源浪费；无效宣告制度则纠偏瑕疵注册，维护市场纯净。侵权认定以"混淆可能性"为核心，结合"商标性使用"标准，兼顾直接侵权与间接责任，同时通过描述性使用、权利用尽等例外平衡公私利益。

驰名商标保护通过禁止跨类混淆、反淡化规则突破传统边界，抵御商誉弱化与丑化风险，但需警惕认定泛化对公平竞争的冲击。面对数字经济与全球化挑战，商标法需强化数据治理、探索共存协议、深化国际合作，在坚守"防止混淆"内核的同时，以开放姿态适应新业态，护航创新与高质量发展。商标法的演进，终须在保护创新活力与维护市场秩序间寻得动态平衡。

本书结语

知识产权既是知识经济的制度选择，也是经济全球化的选择。在经济全球化的背景下，一个国家经济的质量主要是由知识产品来塑造，一个国家在国际市场中的地位靠知识产品来奠定。知识产权的立法，其逻辑起点是尊重知识，鼓励创新，为知识产权的所有者筑起法律保护的屏障。著作权法的立法目的是鼓励优秀文化的创作和传播，促进社会主义文化的发展与繁荣；专利权法的立法目的是鼓励创新，促进科学技术进步；商标法的立法目的是保护商标专用权，促进社会主义市场经济的健康发展。概括起来：三部法律的核心是知识，三部法律的关键是产权，三部法律的落脚点是创新。产权之所以是三者的关键，是因为在市场经济条件下，合法获取经济利益是激发社会大众内心创造力最活跃的因素，是激发社会大众创新创业最强的引擎，是创新创业投入产出最有效的补偿机制。知识的产权化，是人类法治文明所结出的最璀璨和绚丽的法律制度成果之一。用知识产权鼓励创作以丰富人类文化，用知识产权鼓励创新以促进科学技术进步，用知识产权鼓励创业以促进市场经济健康发展，是人类社会不断走向文明、进步和繁荣的不二选择。在加快实现中国式现代化和加快形成新质生产力的历史进程中，落实好实践好知识产权法是实现全面依法治国的重要内容，是全面建成社会主义现代化强国的重要抓手。

参考文献

［1］阿伯特，科蒂尔，高锐.世界经济一体化进程中的国际知识产权法：上册［M］.王清，译.北京：商务印书馆，2014.

［2］博登浩森.保护工业产权巴黎公约指南［M］.汤宗舜，段瑞林，译.北京：中国人民大学出版社，2003.

［3］曾陈明汝.商标法原理［M］.北京：中国人民大学出版社，2003.

［4］邓小平.科学技术是第一生产力［M］//邓小平文选：第三卷.北京：人民出版社，1993.

［5］邓小平.在全国科学大会开幕式上的讲话［M］//邓小平文选：第二卷.北京：人民出版社，1994.

［6］恩格斯.论封建制度的瓦解和民族国家的产生［M］//马克思，恩格斯.马克思恩格斯文集：第四卷.北京：人民出版社，2009.

［7］菲彻尔.版权法与因特网：上；下［M］.郭寿康，万勇，相靖，译.北京：中国大百科全书出版社，2009.

［8］黄晖译.法国知识产权法典（法律部分）［M］.北京：商务印书馆，1999.

［9］兰德斯，波斯纳.知识产权法的经济结构［M］.2版.金海军，译.北京：北京大学出版社，2016.

［10］利普希克.著作权与邻接权［M］.联合国教科文组织，译.北京：中国对外翻译出版公司，2000.

［11］刘波林.保护文学和艺术作品伯尔尼公约（1971年巴黎文本）指南［M］.北京：中国人民大学出版社，2002.

［12］刘波林.罗马公约和录音制品公约指南［M］.北京：中国人民大学出版社，2002.

［13］刘春茂.中国民法学·知识产权［M］.北京：中国人民公安大学出版社，1997.

［14］刘春田.知识产权法教程［M］.北京：中国人民大学出版社，1995.

［15］罗素.人类的知识：其范围与限度［M］.张金言，译.北京：商务印书馆，1983.

［16］马克思，恩格斯.德意志意识形态［M］//马克思，恩格斯.马克思恩格斯文集：第一卷.北京：人民出版社，2009.

［17］梅因.古代法［M］.沈景一，译.北京：商务印书馆，1959.

［18］沈关生.我国商标法制的理论与实践［M］.北京：人民法院出版社，1993.

［19］世界知识产权组织.著作权与邻接权法律术语汇编［M］.刘波林，译.北京：北京大学出版社，2007.

［20］王迁.知识产权法教程［M］.7版.北京：中国人民出版社，2023.

［21］吴汉东，胡开忠.无形财产权制度研究［M］.北京：法律

出版社，2001.

［22］吴汉东.知识产权法［M］.北京：中国政法大学出版社，2002.

［23］吴汉东.著作权合理使用制度研究［M］.北京：中国政法大学出版社，1996.

［24］吴汉东，曹新明，王毅，等.西方诸国著作权制度研究［M］.北京：中国政法大学出版社，1998.

［25］吴汉东等.知识产权基本问题研究［M］.北京：中国人民大学出版社，2005.

［26］习近平.全面加强知识产权保护工作 激发创新活力推动构建新发展格局［J］.求是，2021（3）：4-8.

［27］习近平.在中国科学院第十九次院士大会、中国工程院第十四次院士大会上的讲话［M］.北京：人民出版社，2018.

［28］小野昌延，江口俊夫.商标知识［M］.魏启学，译.北京：中国财政经济出版社，1981.

［29］谢尔曼，本特利.现代知识产权法的演进：英国的历程（1760—1911）［M］.金海军，译.北京：北京大学出版社，2012.

［30］张今.知识产权新视野［M］.北京：中国政法大学出版社，2000.

［31］张序九.商标法教程［M］.北京：法律出版社，1997.

［32］张玉敏.知识产权法学［M］.北京：中国检察出版社，2002.

［33］郑成思.世界贸易组织与贸易有关的知识产权［M］.北

京：中国人民大学出版社，1996.

［34］郑成思.信息、新型技术与知识产权［M］.北京：中国人民大学出版社，1986.

［35］郑成思.知识产权法［M］.北京：法律出版社，1997.

［36］郑成思.知识产权法教程［M］.北京：法律出版社，1993.

［37］郑成思.知识产权价值评估中的法律问题［M］.北京：法律出版社，1999.